THE

SEA WOLVES

A HISTORY OF THE VIKINGS

維京傳奇

來自海上的戰狼

LARS BROWNWORTH

拉爾斯・布朗沃思 著　黃芳田 譯

中文版序

歐洲究竟是什麼？這塊地中海以北的大陸在古代或中世紀早期的確並未被認為是一塊獨特的地方。德意志帝國宰相俾斯麥說得最好，將之稱為「只不過是地理上的表達」，是個歷史上的創造物，除了地理上的遇合之外，並沒有實質上的統一關聯。而且這地理位置在東部邊界上也有點模糊不清。

然而，不管「歐洲」一詞的界定多麼朦朧不清，如今卻已成為寰宇公認的字眼，一連串在文化上獨特的國家在十九世紀末興起，成為主宰全球的勢力。因此，可能比較好的問法應該是：歐洲人究竟何時開始自認為歐洲人？

西元八世紀期間，歐洲仍然沒擺脫過去而沉迷在與北非和中東曾共享過的古羅馬時代中，到處仍可見到過去輝煌時代所留下的有形提醒物：傾頹的古羅馬建物、半掩埋的大理石雕像、法典，以及所有受過教育的人用來溝通的語言。歲月使得許多古羅馬的成就化成半為人所記得的殘夢——如有位中世紀作者就聲稱自己見過的廢墟是由巨人所建，因為凡人不可能造出這樣的規模——但這仍足以激發起一種信念，認為可以再重建古羅馬世界。

這不僅是個單純的政治統一夢想而已。古羅馬人治下的歐洲是由成千上萬里馳道連結許多無城牆城市的非凡組合，並受到羅馬軍團的保護。邊疆之外是無遠弗屆的貿易網，深入到無名之地，遠至連神話上都沒出現過。雄心勃勃的商賈越過寒冷的山丘與炙熱的荒地去尋找東方貨物，足跡遠超過亞歷山大大帝的士兵願意涉足的範圍之外。西元一六六年，廣大的新商業關係似乎即將展開，羅馬特使抵達了中國首都洛陽，獲得了漢桓帝朝廷的接待。

但這番勝利已算是帝國的顛峰，到了二世紀結束時，羅馬帝國已開始轉向內在（turn inward），及至五世紀時，西半部羅馬帝國已經完全瓦解，疾病與蠻族入侵毀了歐洲，倖存的城市則在其昔日陰影中苟延殘喘。隨之而來的長期政治衰落使得西歐淪為偏執、混亂又千瘡百孔的空殼，誠如史學家肯尼斯·克拉克（Kenneth Clarke）頗為誇張的形容，文明千鈞一髮地「九死一生」。

那個偉大夢想看來無望地遙不可及。歐洲包圍在更強大、厲害的鄰國之中，似乎注定繼續成為一灘死水，永遠要受他國的擺布。然而接下來兩個世紀裡，卻反而可見到歐洲異乎尋常地復甦了，它會轉型成為充滿信心、活力的諸國組合，首次意識到自身的新興身分。

諷刺的是，這個大轉捩點卻是始於一場入侵。在九世紀之交，維京人從冰封的北方之地一擁而出，將西歐與中歐的弱小王國攪得天翻地覆，一波又一波的北歐「海狼」緊接著第一批劫掠者之後來到，尋找掠奪財物、土地或光榮陣亡的機會。不列顛大部分島嶼都淪陷在他們的劍下，歐洲大陸的首都如巴黎與亞琛也遭劫掠。他們往東沿著尚未納入地圖的中歐流域南下而攻占了基輔，並進攻拜占庭帝國的強大首都君士坦丁堡。

儘管這些過程十分痛苦，但這些暴力行徑卻宛如誕生現代歐洲必經的陣痛，除舊布新的創造性毀滅，掃除了舊有秩序，以便讓新穎有活力的事物在原處生長。維京人遠非單純的蠻人，他們是律法制定者（英文「法律」一詞就是源自於古諾斯語），並把新穎的陪審團制度引入了英格蘭。他們也是老練的商人與探險家，在冰島殖民，俄羅斯因他們而得名，他們興建了都柏林，並建立起延伸至北美與中國的貿易網。

也許最重要的是定居法蘭西北部的維京人，這些住在諾曼公國（不久就簡稱為「諾曼地」）的居民，為如何創建一個成功的中世紀國家提供了榜樣。他們是中世紀了不起的企業家；浪跡天涯的急進冒險家，白手起家，深刻改變了歐洲的面貌。在兩個世紀期間，他們發動了連串非凡的征服，從北海到北非海岸打造出王國。到十一世紀結束時，歐洲四大國之中有三個是由諾曼人創建或徹底改造而成的。

新的擴張精神興起了，自從羅馬帝國的輝煌時期以來，這是歐洲首次懷著信心望向邊疆之外。遠比維京人更強大的敵人位於他們四周，歐洲的東、西、南面皆受伊斯蘭包圍。在四個世紀的侵略中，哈里發的軍隊已併吞了北非以及西方的西班牙，直抵東方的中國邊界。羅馬本身也遭到攻擊，穆斯林曾在義大利短暫建立過一處灘頭堡，基督教世界的邊界一直遭到蠶食。如今歐洲終於準備反攻了。

一〇九五年，教宗烏爾班二世在法蘭西的克萊芒演講，為新的樂觀精神定出了一個目標，最終回應此呼籲者多達十五萬人，拋下了他們所知的一切而肩負起這看來像是傻子的使命：行萬里路深入敵境為基督教世界征服耶路撒冷。於是第一次的十字軍東征開始了，這是個廣大而最終成為悲劇時代的開端，或許也是史上最受誤解的時期。十字軍東征曾被描述為東西方對抗的倒數第二來源，殖民主義的起源，甚至是恐怖主義的根源。實則卻是遲來而且最終也沒成功的嘗試，企圖要扭轉四百年來伊斯蘭的征服。

十字軍東征失敗意味著東方香料與絲綢的傳統陸路貿易路線此時不通了，因此，歐洲人開始另覓抵達中國利潤豐厚市場的通路，結果迎來了大航海時代，及遠超過所有羅馬帝國前輩的新貿易路線發展成果。原來，過去並非指南而是序幕而已。

這就是《諾曼風雲》、《維京傳奇》、《十字軍聖戰》講的故事。從九世紀到十三世紀形成歐洲的歲月是如何成為關鍵，讓人了解到歐洲之所以成為歐洲，以及它如何從一池渾水轉型成了世界強權。

目次

第四部　維京故土

人名、地名與其他

人名

艾拉（Ælla, d. 867），活躍於九世紀中葉的諾森布里亞國王，根據傳說，他處決了朗納爾・洛德布羅克。他於八六七年死於「無骨者」伊瓦爾及異教徒大軍之手，咸信此乃為朗納爾復仇。

「決策無方者」埃塞爾雷德（Ethelred the Unready, c. 968-1016），在維京人最後一波大舉入侵時，擔任英格蘭國王。

埃塞爾伍爾夫（Aethelwulf, c. 795-858），威塞克斯國王，阿爾弗雷德大帝之父。

埃塞爾斯坦（Athelstan, c. 894-939），盎格魯—撒克遜第一位接受「英格蘭國王」稱號的君主。

約克的阿爾琴（Alcuin of York, c. 735-804），英格蘭學者，查理大帝宮廷裡數一數二的知識分子。

阿爾弗雷德大帝（Alfred the Great, c. 849-899），大敗異教徒大軍的威塞克斯國王。為中世紀英格蘭王國奠下基礎。

胸有城府的奧德（Aud the Deep Minded, c. 834-900），都柏林國王白色奧拉夫的挪威妻子，後來定居冰島。

「保加利亞人屠夫」巴西爾二世（Basil the Bulgar-Slayer, 958-1025），創立「瓦蘭金衛隊」的拜占庭皇帝。

比亞尼·赫爾約夫森（Bjarni Herjólfsson），活躍於十世紀的挪威探險家，率先發現美洲大陸。

「鐵漢」比約恩（Bjorn Ironside），朗納爾·洛德布羅克之子，西元八六〇年與其弟哈斯泰因領導深入地中海的傳奇襲擊。

布賴恩·博魯（Brian Bóruma, c. 941-1014），愛爾蘭的至尊王，力圖在他治下團結該島。於克朗塔夫戰役中喪生。

曼島的布羅迪爾（Brodir of Man），十一世紀丹麥維京傭兵，根據傳說，他在克朗塔夫戰役中殺死了布賴恩．博魯。

克努特大帝（Cnut the Great, c. 985-1035），英格蘭、丹麥以及部分挪威的維京國王，他是「八字鬍」斯萬之子，並從「決策無方者」埃塞爾雷德，及其子「鐵漢」埃德蒙手中征服了英格蘭。

高隆（Columba, c. 521-597），愛爾蘭傳教士，將基督教傳播到蘇格蘭，居功至偉。他在蘇格蘭西部愛奧納島上建立的修道院成為早期維京人的襲擊目標。

庫斯伯特（Cuthbert, c. 634-687），英格蘭的主保聖人，遺骸保留在林迪斯法恩島上的修道院，該修道院成為維京人首次大襲擊的目標。

查理大帝（Charlemagne, c. 747-814），即查理曼，法蘭克國王，第一位再創西羅馬帝國的君主。

禿子查理（Charles the Bald, 823-877），法蘭克皇帝，「虔誠者」路易之子。他與朗納爾在第一次巴黎圍城時交鋒，並繳納金錢請對方離去。

胖子查理（Charles the Fat, 839-888），法蘭克皇帝，查理大帝的曾孫，法蘭克帝國分裂前的最後一任皇帝。為解除維京人於八八六年發動的巴黎圍城，支付金錢請他們離去。

糊塗查理（Charles the Simple, 879-929），法蘭克國王，胖子查理的堂弟，為阻止維京人的襲擊，而讓他們在諾曼地定居。

「鐵漢」埃德蒙（Edmund Ironside, c. 989-1016），英格蘭國王，「決策無方者」埃塞爾雷德之子，他同意與維京國王克努特平分英格蘭。

「血斧頭」埃里克（Erik Bloodaxe, c. 885-955），挪威與約克的維京國王，「金髮」哈拉爾之子。

「紅鬍子」埃里克（Erik the Red, c. 950-1003），殖民格陵蘭的挪威維京人。萊夫・埃里克森與弗蕾迪絲之父。

弗蕾迪絲（Freydis），活躍於十世紀，是「紅鬍子」埃里克之女；文蘭的早期殖民者。

加薩爾（Garthar），九世紀的瑞典商人，第一位意圖航往冰島的人，他在該島待了一個冬天。

哥德弗雷德（Godfred），八世紀晚期的丹麥維京軍事領主，負責建造了丹麥長城的初期部分。

戈德溫（Godwin, c. 1001-1053），威塞克斯伯爵，「懺悔者」愛德華的權貴幕僚，托斯提格與哈羅德之父。

老人高姆（Gorm the Old, d. 958），丹麥首任國王，「藍牙」哈拉爾之父。

古斯倫（Guthrum, d. 890），入侵威塞克斯期間成為異教徒大軍的領袖。

好人哈康（Håkon the Good, c. 920-961），挪威的第三任國王，「金髮」哈拉爾的幼子，「血斧頭」埃里克的弟弟。

哈夫丹（Halfdan, d. 877），朗納爾·洛德布羅克之子，異教徒大軍其中一名領袖，曾經於八七一至八七二年短暫控制過倫敦。

「藍牙」哈拉爾（Harald Bluetooth, c. 935-986），丹麥與部分挪威的維京王；老人高姆之子，促成丹麥改信基督教。

「金髮」哈拉爾（Harald Fairhair, c. 850-932），挪威第一任國王，「血斧頭」埃里克與好人哈康之父。

「灰袍」哈拉爾（Harald Greycloak, d. 970），「血斧頭」埃里克之子，挪威國王，遭「藍牙」哈拉爾刺殺。

「無情者」哈拉爾（Harald Hårdrada, c. 1015-1066），挪威國王，聖奧拉夫的同父異母

兄弟。曾在瓦蘭金衛隊服役，征服了挪威，死於斯坦福橋戰役。

哈拉爾・克拉克（Harald Klak, c. 785-852），丹麥維京軍事領主，法蘭克國王「虔誠者」路易曾試圖利用他來使丹麥基督教化。

哈羅德・戈德溫森（Harold Godwinson, c. 1022-1066），英格蘭最後一任盎格魯—撒克遜國王，在黑斯廷斯戰役中死於征服者威廉之手。

哈斯泰因（Hastein），活躍於九世紀，可能是朗納爾・洛德布羅克的兒子，與其兄「鐵漢」比約恩領導深入地中海的傳奇襲擊。

海爾基（Helgi, d. 912），瑞典維京人，繼承留里克並將羅斯首都從諾夫哥羅德遷到基輔，亦以其斯拉夫名字「奧列格」著稱。

霍里克（Horik, d. 912），丹麥軍事領主哥德弗雷德之子，在巴黎劫掠之後放逐了朗納爾・洛德布羅克。

殷格夫・亞納遜（Ingólfur Arnarson），九世紀時冰島第一批永久定居者。定居下來並為雷克雅維克命名。

基輔大公英格瓦（Ingvar of Kiev, d. 945），瑞典維京人，在基輔繼承了海爾基，率領羅斯攻打君士坦丁堡。

「無骨者」伊瓦爾（Ivar the Boneless），活躍於九世紀，朗納爾・洛德布羅克最有名的兒子。率領異教徒大軍成功攻打了英格蘭。

萊夫・埃里克森（Leif Erikson, c. 970-1020），「紅鬍子」埃里克之子，第一位登陸北美洲的歐洲人。

「虔誠者」路易（Louis the Piou, 778-840），法蘭克皇帝，查理大帝之子，試圖應付維京人攻擊歐洲大陸未果。

梅爾・塞克納爾（Máel Sechnaill, 948-1022），前任愛爾蘭至尊王，布賴恩・博魯死於克朗塔夫戰役後，他又再度申索此頭銜。

納都德（Naddodd），九世紀維京探險家，發現冰島要歸功於他。

奧丁（Odin），維京神話中的主神，稱之為「眾神之父」。

奧拉夫・哈拉爾森（Olaf Haraldsson, 995-1030），奧拉夫二世，挪威主保聖人。力圖讓挪威基督教化，於蒂克萊斯塔大戰役中喪生。為「無情者」哈拉爾的同父異母兄弟。

奧拉夫・西特里克森（Olaf Sitricsson, c. 927-981），約克與都柏林的維京王，「獨眼」西特里克之子。

白色奧拉夫（Olaf the White, c. 820-871），都柏林的維京王；與「無骨者」伊瓦爾共治。

奧拉夫・特里格瓦森（Olaf Tryggvason, c. 960-1000），挪威的維京王，試圖強迫挪威基督教化，死於斯沃爾德戰役。

基輔的奧麗加（Olga of Kiev, c. 890-969），基輔攝政，基輔的英格瓦之妻。她接受基督教信仰，為羅斯的歸化基督教奠定了基礎。

朗納爾・洛德布羅克（Ragnar Lothbrok），九世紀傳奇的丹麥維京人物，於八四五年成功領導襲擊巴黎，為「無骨者」伊瓦爾、哈斯泰因、哈夫丹、烏巴以及「鐵漢」比約恩之父。

「渡鴨」弗洛基（Raven Flóki），九世紀挪威維京人，為冰島命名並開始在此殖民。

羅洛（Rollo），九世紀挪威維京人，在法國定居並建立了諾曼地。

羅斯的留里克（Rurik the Rus, d. 879），瑞典維京人，在諾夫哥羅德定居並在俄羅斯建立第一個維京人國家。

西格弗雷德（Sigfred），九世紀維京軍事領主，於八八五年領導圍城巴黎但不成功。

「獨眼」西特里克（Sitric One-Eyed），九世紀末都柏林與約克的維京王，「無骨者」伊瓦爾之孫，試圖創造一個愛爾蘭—英格蘭的王國。

「白鬍子」西特里克（Sitric Silkbeard, c. 970-1042），都柏林的維京王，愛爾蘭最後一位維京大人物。發動一場針對至尊王布賴恩・博魯的叛亂，但在克朗塔夫戰役之前便撤出了。

斯諾里・斯蒂德呂森（Snorri Sturluson, 1179-1241），冰島詩人，著有《挪威王傳奇史詩》，敘述古北歐人諸王歷史。

斯萬・埃斯特里德森（Sven Estridsson, c. 1019-1074），丹麥維京王，與其鄰居「無情者」哈拉爾打了一場十五年的仗。

「八字鬍」斯萬（Svein Forkbeard, c. 960-1014），丹麥的維京人，「藍牙」哈拉爾之子，於一〇一三年征服英格蘭。

基輔大公斯維亞托斯拉夫（Sviatoslav of Kiev, c. 942-972），基輔的統治者，繼承了英格瓦，在試圖渡過第聶伯河時遭到伏擊，頭骨被用來做成了酒杯。

索爾（Thor），最著名的維京神祇，尤其深得農夫與水手之心。

索爾芬・卡爾塞夫尼（Thorfinn Karlsefni），十一世紀維京探險家，曾試圖在文蘭永久定居。

「魔鬼」索爾吉斯（Thorgils the Devil），九世紀維京海上之王，建立了都柏林。

索瓦爾・埃里克森（Thorvald Erikson），九世紀維京探險家，萊夫・埃里克森的兄弟，第一個在美洲遇害的歐洲人。

托斯提格・戈德溫森（Tostig Godwinso, d. 1066），國王哈羅德・戈德溫森的弟弟，一〇六六年邀請「無情者」哈拉爾攻打英格蘭。

烏巴（Ubba），活躍於九世紀，朗納爾・洛德布羅克之子，異教徒大軍的領袖之一。

基輔大公弗拉基米爾（Vladimir of Kiev, c. 958-1015），基輔的統治者，讓羅斯歸化基督教，並為瓦蘭金衛隊招聘了第一批維京人。

地名

阿馬（Armagh），愛爾蘭的宗教中心，聖派翠克安葬之地。

布萊特列（Brattahlíð），「紅鬍子」埃里克在格陵蘭的農場。

君士坦丁堡（Constantinople），拜占庭帝國首都。

丹麥（Denmark），維京王國的最南邊。

第聶伯河（Dneiper River），羅斯大河，通往君士坦丁堡的水路。

多勒斯塔德（Dorestad），法蘭克帝國的重要貿易中心；在今日荷蘭的迪爾斯泰德附近韋克（Wijk bij Duurstede）。

都柏林（Dublin），維京人在愛爾蘭設立的最重要城市。

埃塞克斯（Essex），盎格魯─撒克遜英格蘭早期小國之一，控有倫敦周圍一帶的土地。

東盎格利亞（East Anglia），盎格魯─撒克遜英格蘭早期大國之一，位於英格蘭島東南部。

東部殖民地（Eastern Settlement），「紅鬍子」埃里克在格陵蘭始建的最大殖民地。

弗里西亞（Frisia），北海東南部沿岸地區，在今天的荷蘭與德國。

格陵蘭（Greenland），地球上最大的島嶼，十世紀期間維京人在此定居。

赫布里底群島（Hebrides），蘇格蘭海岸西北處的群島。

赫德比（Hedeby），丹麥半島上最重要的貿易中心；靠近今天的什勒斯維希。

冰島（Iceland），北大西洋的火山島，剛好位於北極圈下方；九世紀期間維京人在此定居。

愛奧納島修道院（Iona Abbey），蘇格蘭西海岸外的修道院，由聖高隆所創立。

肯特（Kent），盎格魯─撒克遜英格蘭早期小國之一，控有坎特伯里一帶的土地。

基輔（Kiev），羅斯國東部最重要的城市；俄羅斯第一個中央集權國家首都。

林迪斯法恩島（Lindisfarne），庫斯伯特安葬之地，他是北英格蘭的主保聖人；西元七九三年首次遭到維京大襲擊的地點。

麥西亞（Mercia），盎格魯—撒克遜英格蘭早期大國之一，位於英格蘭島中部。

米克拉加德（Miklagård），維京人對君士坦丁堡的稱呼，意指「偉大的城市」。

諾森布里亞（Northumbria），盎格魯—撒克遜英格蘭早期七個王國中最北邊的一個。

挪威（Norway），斯堪地那維亞半島上最西邊的維京人王國。

諾夫哥羅德（Novgorod），中世紀羅斯國的第一個大城市。

奧克尼群島（Orkney Islands），位於蘇格蘭北部，設得蘭群島西南部的群島。

雷克雅維克（Reykjavik），冰島首都。

設得蘭群島（Shetlands），位於蘇格蘭北部大約六十英里外的群島。

舊拉多加（Staraya Ladoga），羅斯人所設立的第一個前哨。

蘇塞克斯（Sussex），盎格魯—撒克遜英格蘭早期的小國之一，位於英吉利海峽海岸。

瑞典（Sweden），斯堪地那維亞半島上最東邊的維京王國。

文蘭（Vinland），維京人對北美洲的稱呼；很可能即為紐芬蘭。

威塞克斯（Wessex），盎格魯—撒克遜英格蘭早期的大國之一，位於英格蘭島的西南部。

西部殖民地（Western Settlement），維京人在格陵蘭的第二個殖民地；位於東部殖民地的西北方。

約克（York），諾森布里亞大城，維京人在英格蘭的權力中心。

伏爾加河（Volga），羅斯通往裏海以及許多伊斯蘭市場的主要水路。

其他

阿爾廷議會（Althing），所有維京自由人的大會，通常要為重大決定投票時召開。

克朗塔夫戰役（Battle of Clontarf），愛爾蘭史上最著名的戰役，乃愛爾蘭至尊王布賴恩・博魯對抗愛爾蘭和維京叛亂者聯盟的戰爭。

斯蒂克萊斯塔大戰役（Battle of Stiklestad），流亡國王奧拉夫・哈拉爾森與其前臣民之間的戰爭。

丹麥錢（Danegeld），乃英格蘭與法蘭克國王為了要說服維京人離開他們的國土而付出的賄賂費。

丹麥律法實行區（Danelaw），最初由古斯倫持有並讓維京人定居的英格蘭北部地區。

丹麥長城（Danevirke），一座規模龐大的土牆，沿著日德蘭半島頸部延伸，用來防禦法蘭克帝國以保護丹麥。

黑番（Dubgaill），意指「黑色外族人」，是愛爾蘭人對丹麥維京人的稱呼。

白番（Findgaill），意指「白色外族人」，是愛爾蘭人對挪威維京人的稱呼。

愛爾蘭番（Gallgoidel），意指「外族愛爾蘭人」，愛爾蘭人對維京人與愛爾蘭人混血兒的稱呼。

哥提（Gothi），因聲望、律法知識以及寬宏器度而受敬重的冰島長者。

希臘火（Greek Fire），拜占庭的機密燃燒武器。

聖索菲亞大教堂（Hagia Sophia），拜占庭以及東正教世界的主要主教座堂。

挪威王傳奇史詩（Heimskringla），冰島吟遊詩人斯諾里．斯蒂德呂森所著的古北歐諸王歷史。

亞爾（Jarl），維京人中的貴族。

哈扎爾人（Khazars），強大的蠻族，控制了伏爾加河通往裏海之地。

定居書（Landnamabok），中世紀冰島之書，詳述了定居冰島的細節。

焦土者之旗（Land-Waster），「無情者」哈拉爾的旌旗。

朗福特城堡（Longphort），維京人的海岸堡壘，使他們得以在敵人領域內過冬。

諸神的黃昏（Ragnarok），北歐神話中的最後戰役，在此戰役中諸神會敗給冰之巨人。

渡鴉旗（Raven Banner），朗納爾．洛德布羅克的女兒們在一天內織成，此旗標誌著奧丁的祝福。

斯克瑞林人（Skræling），維京人對北美大陸土著的稱呼。

埃普特河畔聖克萊公約（Treaty of St. Clair-sur-Epte），羅洛與糊塗查理之間的協定，因此而創建了諾曼地。

瓦蘭金衛隊（Varangian Guard），君士坦丁堡皇帝們的維京人貼身侍衛。

約西元八〇〇年的盎格魯—撒克遜王國

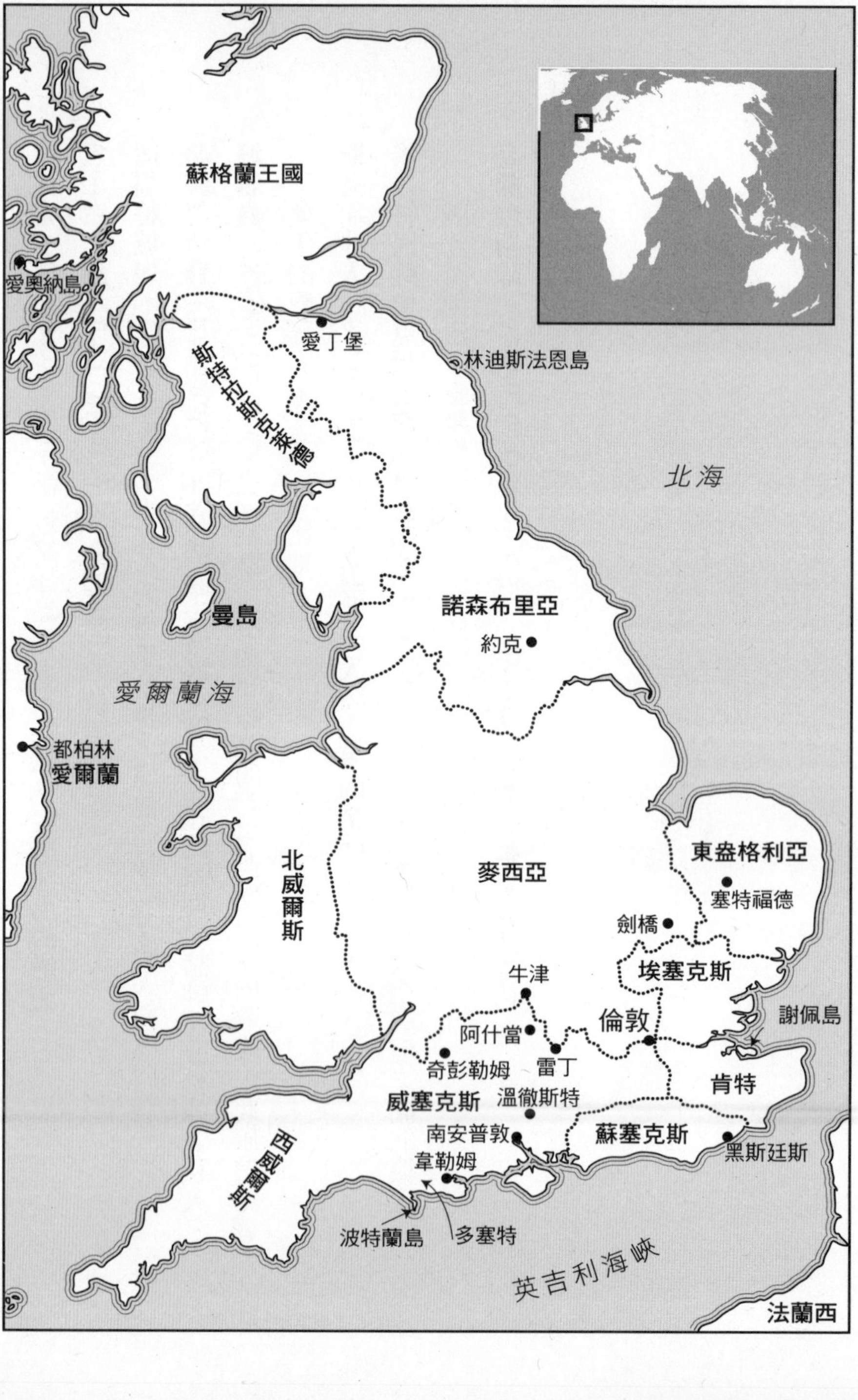

八至十二世紀維京人侵略路線圖

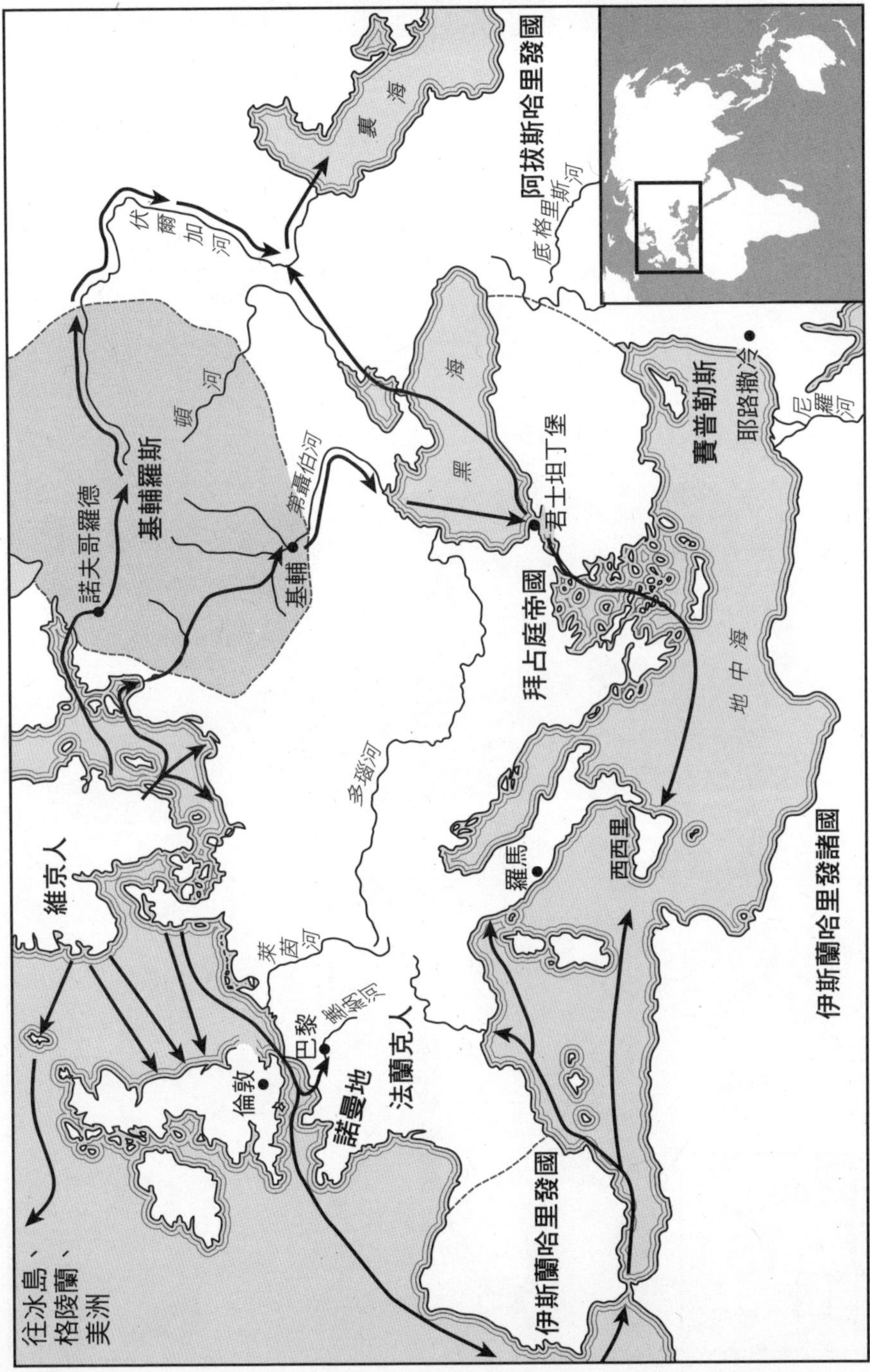

十一世紀在弗拉基米爾治下的基輔羅斯

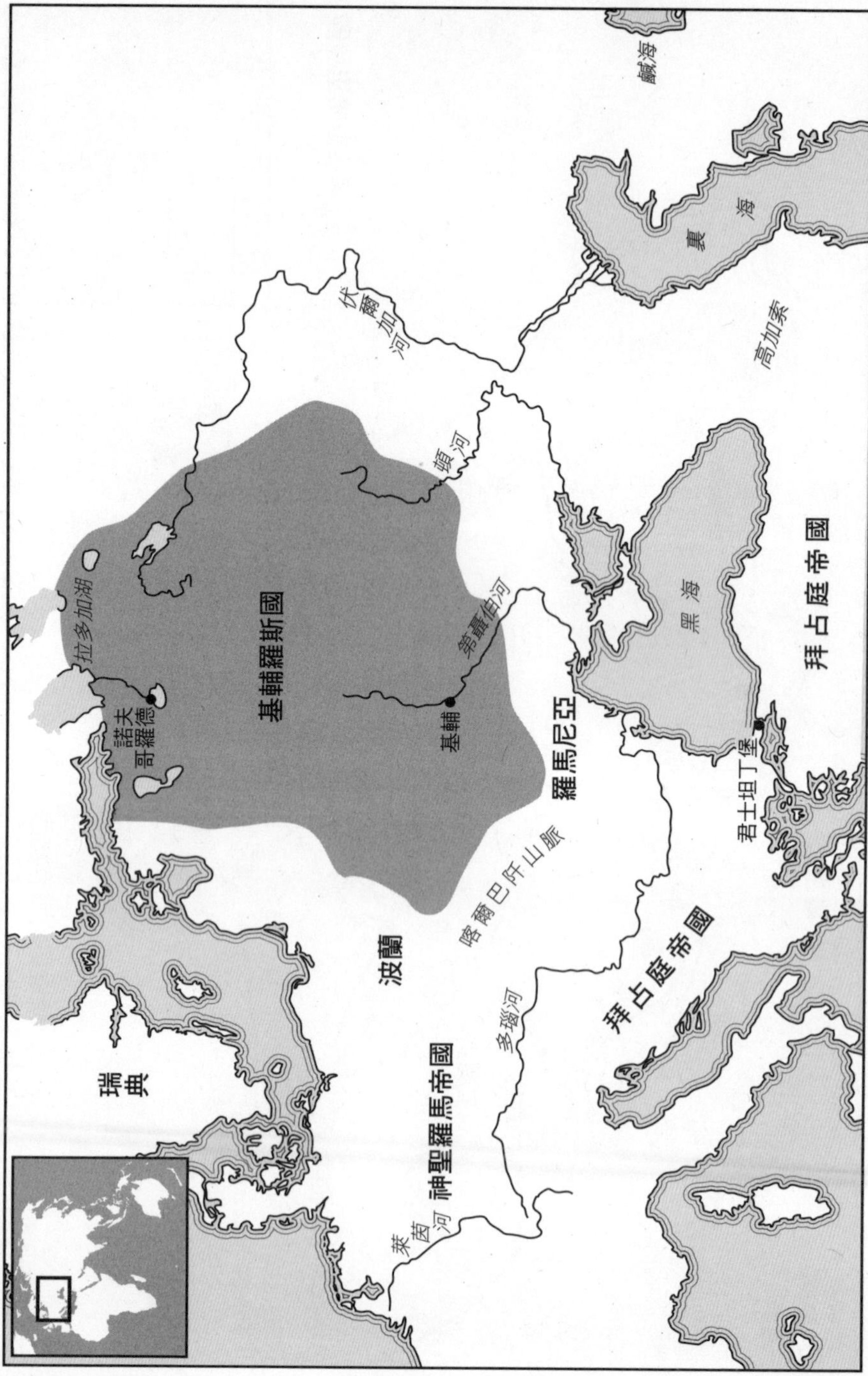

西元一〇六六年的諾曼地和英格蘭

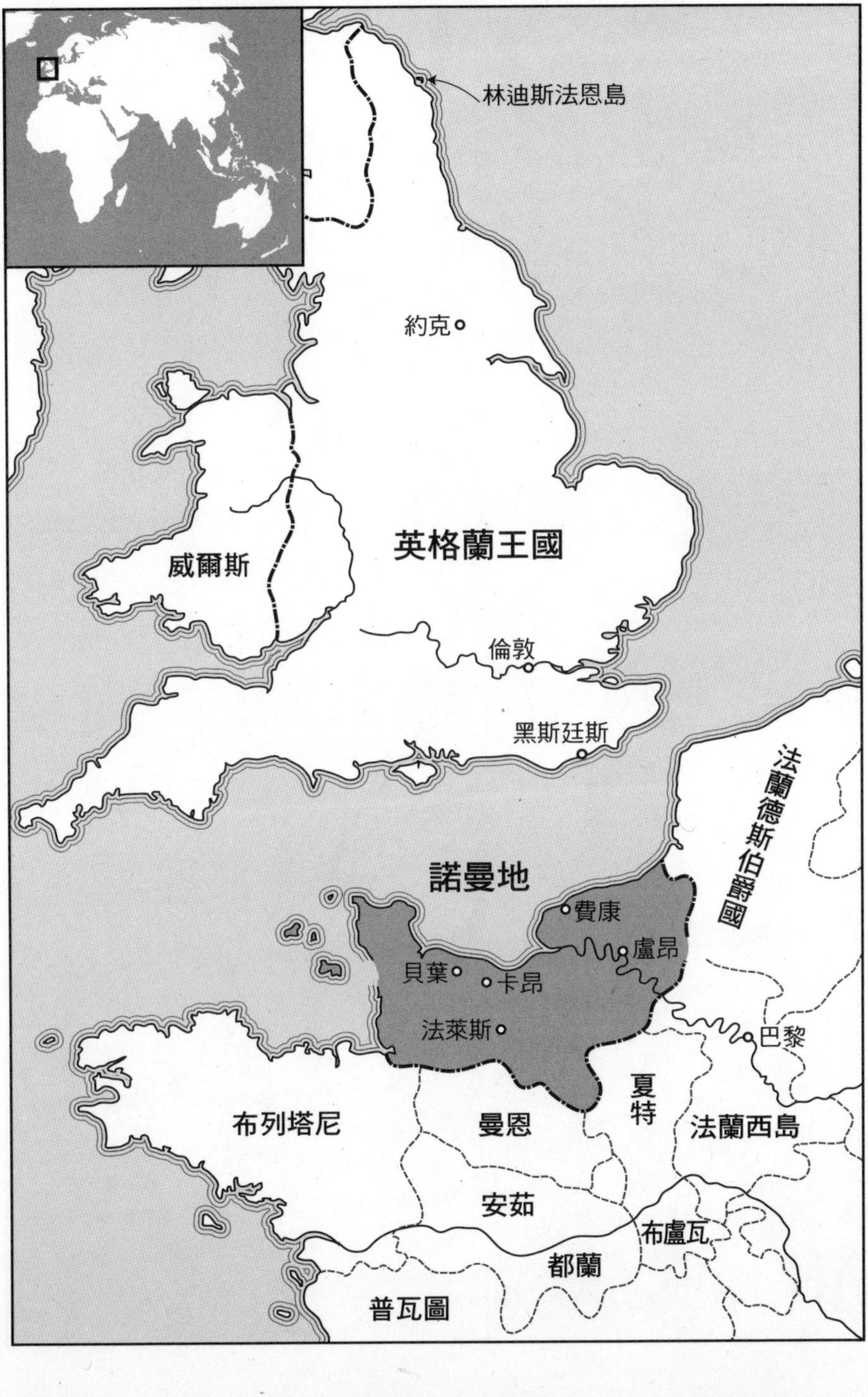

維京人西進路線圖

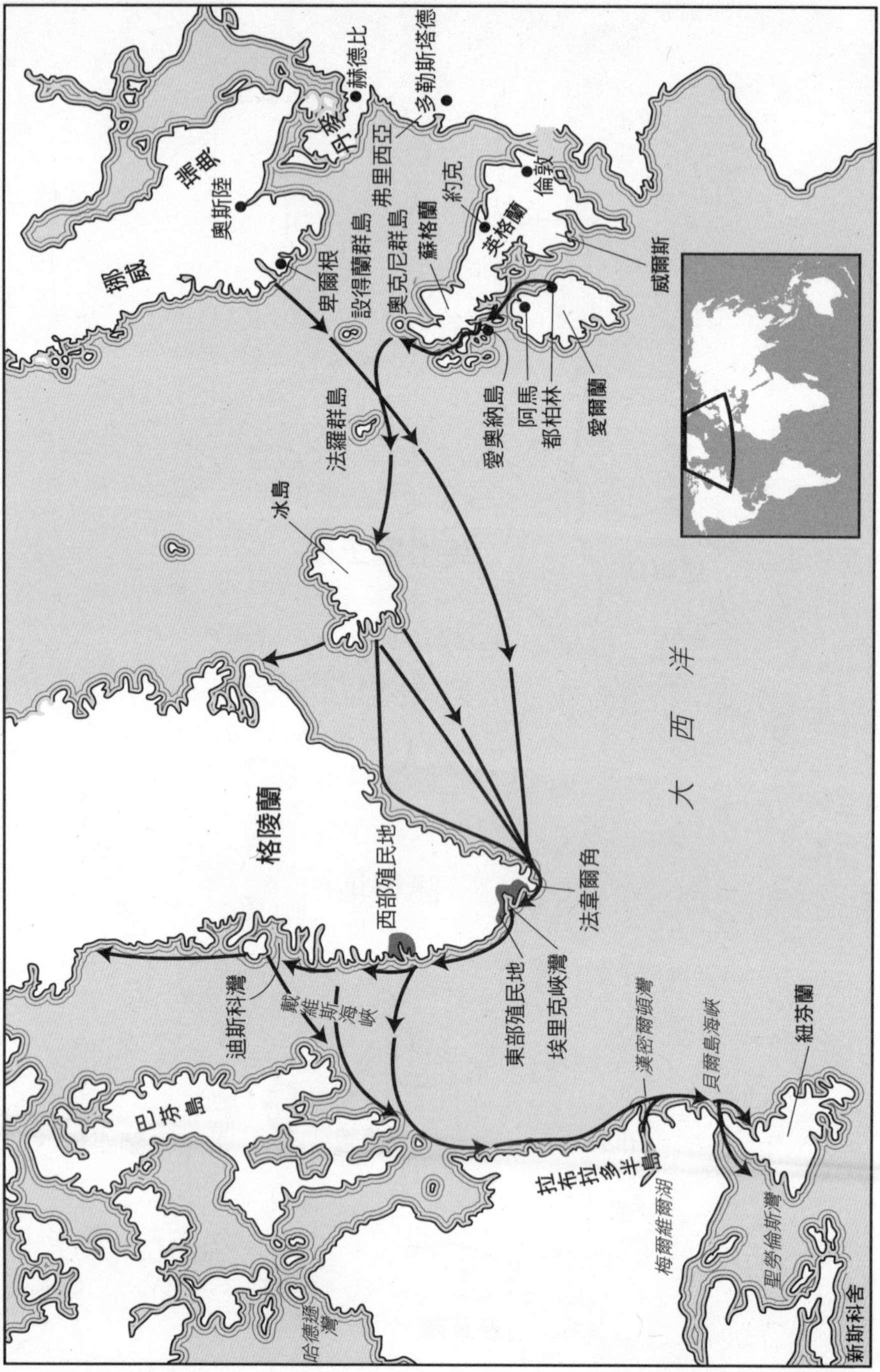

挪威
瑞典
奧斯陸
丹麥
赫德比
多勒斯塔德
弗里西亞
卑爾根
設得蘭群島
奧克尼群島
蘇格蘭
約克
英格蘭
倫敦
威爾斯
愛爾蘭
都柏林
阿馬
愛奧納島
法羅群島
冰島
大西洋
格陵蘭
西部殖民地
東部殖民地
法韋爾角
埃里克峽灣
迪斯科灣
戴維斯海峽
巴芬島
哈德遜灣
拉布拉多半島
漢密爾頓灣
梅爾維爾湖
貝爾島海峽
紐芬蘭
聖勞倫斯灣
新斯科舍

前言　北方之鎚

如果你想要另一個人的命或者他的土地，就要早起。懶惰的海狼是沒份取得土地的。沒有戰役是睡在床上贏得的。

——智者薩蒙德（Sæmund the Wise），〈埃達〉（Edda），奧丁語錄

在距今天蘇格蘭西海岸不遠處，坐落著愛奧納小島（Iona），一處滿是白沙灘的綠色海角，升起於北海。如今這裡是個安靜的沉思之地，比較沒受到在其迷人廢墟裡徘徊的旅行團，抑或是來參觀的學童們的打擾。但即便是那些知情的人，也很容易忘掉在十二個世紀以前，這充滿詩情畫意的海灘曾是難以想像的暴力場景所在。

愛奧納修道院是蘇格蘭基督教的象徵中心，西歐最古老也最重要的宗教中心之一。隱修道院是在六世紀期間由愛爾蘭僧侶高隆（Columba）創立的，後來成為將信仰傳遍蘇格蘭的中心。

在早期的世紀裡，僧侶們來此大西洋的「曠野」，尋求與世隔絕的地點，興建簡樸如蜂巢狀的石造陋屋，他們得以在此專心祈禱以及遵守安貧與服從的誓言。然而，久而久之，這個小聚落變成了重要的朝聖地點，一座大規模的中世紀學習中心。隱修道院發展出一所為僧侶而設的訓練學校，內有「繕寫室」，這是為謄寫手稿而設的特別房間，在此生產出的藝術作品聞名全歐洲，其中首推《凱爾經》（*Book of Kells*），這是新約四福音書的泥金裝飾手抄本，被當時的愛爾蘭人形容為「西方世界最寶貴之物」。

除了宗教典藏之外，愛奧納還自詡擁有眾多王室人物的墳墓，他處無法相比，因為大多數早期的蘇格蘭國王，包括因莎士比亞劇作而聞名的兩位（馬克白及其受害者鄧肯國王）都葬在這所修道院的墓窖內。

幾世紀以來，該島一直宛如太平綠洲，受其居民的信仰及周圍浩瀚之洋的保護。然而到了七九四年，層層蕩漾開來的恐懼感穿透了這寧靜。流言傳到僧侶耳中，提及東方發生了可怕的襲擊，那些姊妹隱修道院都遭受陌生的北方異教徒摧毀。第二年年初，就在僧侶們正慶祝一個聖日時，多艘船首雕刻宛如蛇龍的船隻駛進大修道院下方的海灘。

襲擊者從船上跳下到海岸線上的一處白沙灘，這地方後來冠以「殉道者海灣」之名，用以紀念那些遭殺戮的人。襲擊者朝向那些建築物前去，一路砍殺遇到的僧侶，砸開門戶，意圖抵抗者一律格殺毋論，鮮血滲透了禮拜堂的石地板。看似值錢的東西一律搶走，就連死屍上或臨死之人身上富麗的法衣都被扯下來帶走。

倖存的僧侶們四散而逃，這些攻擊者就放火燒大修道院，然後帶著可觀的贓物衝向海灘，彷彿眨眼之間就已消失無蹤，只留下一具具血淋淋的屍首、燃燒中的建築，以及支離破碎的聚落。

曾做為點綴此處景觀的十二座石雕大型十字架，完整留存下來的只有聖馬丁的高十字架。十字架背面遭摧毀的教堂的那一面，刻有聖經人物亞伯拉罕高舉著劍，彷彿正在警示剛剛才發生的可怕事件。

然而對不列顛群島的襲擊，只不過是北方大鎚敲在毫無準備的歐洲的開端而已。在未來幾世紀裡，類似愛奧納島這樣屍橫遍野、斷垣殘壁的景象，在歐洲已處處可見。

這突如其來的暴力造成很多歐洲居民不知所措、焦慮不安，我們從盎格魯—撒克遜僧侶阿爾琴（Alcuin）的文字中，依然可以感受到那種震驚和絕望之情，在早先的某一次襲擊之後，他在查理大帝的皇都亞琛（Aachen）寫下了這段話：

……我們現在落到異教徒手中的這種恐懼，是不列顛前所未有過的。

「維京人」一詞仍然讓人想起金髮蠻族從龍船上跳下來劫掠隱修道院的畫面，這是不爭的事實，堪稱三百年維京時代期間加害西歐基督教王國所留下最明確的創傷證明，這已經烙印進了我們的集體記憶裡。

即使到現在，這些北方戰士也還有些未解之謎，「維京人」一詞的來源也撲朔迷離。九世紀的紀錄稱這些劫掠者為「北方人」、「丹麥人」、「諾斯人」或「異教徒」。倒是經常成為他們攻擊目標的盎格魯—撒克遜有一詞 wicing，意指「海上的劫掠者」，卻是在十一世紀才首度出現。比較好的解釋則來自於維京人本身。在古斯堪地那維亞半島語中，vic 意指小灣或海灣，而靠近奧斯陸峽灣的維克區（Vic）則是用來生產刀劍的鐵礦產地。「維京人」一詞很可能最初只是用來指維克區的人，但逐漸就包含整個斯堪地那維亞半島的劫掠者。

無止境的種種推測已集中到，為什麼維京人會突然在八世紀期間從他們的領土向外湧出？種種理論包括人口過剩到政治壓力、氣候變遷以及技術創新等不一而足。[1]然而，有一點卻相當明確，這些北歐人如巨浪般一波波離開家園是有其週期性的。斯堪地那維亞半島人首次的移民紀錄實際上比「維京時代」早了大約五個世紀。當西羅馬帝國蹣跚步向最後的崩毀時，源自於今天瑞典南部的哥德人就侵略了帝國，最後定居在法國南部和西班牙。

但哥德人不會認為自己是「斯堪地那維亞半島人」或「維京人」，就像八世紀的劫掠者也不會承認一樣。雖然他們有共通的語言，但維京人卻從來都不是單一的民族，而大部分在維京時代就住在斯堪地那維亞半島的人則從來都沒離開過家園。人們懷疑，那些劫掠者可能只是少數，懷著各自不同的理由鋌而走險。因此，單一的解釋必然都是不完整的。而讓事情更複雜的則是，維京人的故事大部分都是從別人口中道

1 作者注：這是歷史上最流行的解釋。史學家威爾．杜蘭（Will Durant）曾頗詩意地形容為「婦女的生育力……壓過了土壤的肥沃富饒」。

出，而且是經由維京人受害者編撰出的故事，包含歐洲南邊和東邊那些更古老、更文明的國家在史籍中提到的參考資料，以及考古學家帶給我們的誘人管窺。

維京人所以消失，部分原因是因為他們的藝匠大多以木頭為材料，夏季都花在伐木上，然後將之建成飲宴廳、船隻，後來則建造木質的教堂，創造了他們的文明。其中只有最後一項還多少完整保存下來，而這些代表著維京世界的落日餘暉。

維京人自身寫下來的東西很少，他們所使用的盧恩字母比起用來寫史詩或史籍，拿來當符咒或碑文會更加合適。等到冰島吟遊詩人斯諾里．斯蒂德呂森（Snorri Sturluson）寫下《挪威王傳奇史詩》（*Heimskringla*）時，維京時代已經結束四個多世紀了。

不過這些故事反映出一個古老得多的口語講述傳統，縱然不是字字確切，卻讓我們得以親耳聽見維京詩人為打發北國漫漫長夜，而道出的故事精神。就像《伊里亞德》描繪出古希臘人的樣貌一樣，這些故事也以同樣方式道出了維京人的精神：一位真正的戰士離鄉背井到外頭博取財富，打造了宏偉廳堂並豐厚獎賞忠心追隨他的人。榮耀與王位只能在戰場上贏得。

在這種精神激勵之下，年輕的維京人啟程航向斯堪地那維亞半島南方和東方那些金光閃閃的島嶼企求揚名萬世。他們的成功可從未幾就迴響在歐洲教堂裡充滿焦慮的祈禱聲中看出。法國北部海岸的聖瓦斯特大修道院更在日常經文裡加上了此句：「神啊！解救我們脫離將我們國土化為焦土的北方人之手。」[2]從東方的君士坦丁堡到西方的美洲大陸，這很快就會成為許多人共同擁有的憂愁。

2 作者注：這份禱文常被引用的版本：「主啊！解救我們脫離北方人的怒火。」其實從未在九世紀期間使用過。

序幕 維京黎明

劍的時代，風的時代，狼的時代，人與人之間不再存有慈悲。

——摘自斯蒂德呂森的散文〈埃達〉中的「弗盧斯保的末日預言」（Völuspá Doomsday Prophecy）

神聖之島林迪斯法恩並不像是個暴力血腥時代故事的起始之地。要說有什麼區別的話，它如今倒更像是個存在於歲月之外的地方，一個不起眼、給人印象不深的彈丸之地，矗立於北海之上。島上的植被稀疏，多石的山坡緩緩向潮汐起落的海岸傾斜，沒有太多植被可以保護土地免受北國寒冷的天氣與浪濤的侵襲。

早在六世紀期間，這座島就成為一群僧侶的棲身小飛地，他們正在尋找靈修隱居之所，一個可以從滾滾紅塵世界退隱的所在。不到一個世紀，僧侶就在島嶼南邊海角興建了一座小修道院，此地很適合安靜地祈禱，因此吸引了一位名為庫斯伯特（Cuthbert）的僧侶，他後來成為諾森布里亞（Northumbria）的主保聖人。庫斯伯特生平以熱心和聖潔著稱，在島上度過了二十三年的歲月。歸功於他死後的無數奇蹟，他的長眠之地也成了英格蘭盎格魯—撒克遜百姓心中最受歡迎的朝聖之地。

再也沒有其他修道院更能象徵八世紀末晚期歐洲人的新信心了。歸功於不列顛以及歐洲大陸一批強勢的統治者，一套自羅馬治世結束以來就未曾見過的安全感又重現於西歐。雖說以往繁榮歷史時期的破敗遺址仍處處可見，但農人、工匠與僧侶等群體都在中世紀初期確信又穩定的節奏中得以安居樂業。

政治上，英格蘭共分為七個王國，四個大王國與三個小王國，最強的大國是麥西亞王國（Mercia），差不多控制了該島從威爾斯到北海的整片中部地區。其他三個大國則分別是：諾森布里亞，國土從愛丁堡延伸到東北部的亨伯河（Humber）；沿著英格蘭東部海岸沼澤地區的東盎格利亞（East Anglia）；以及威塞克斯（Wessex），包括康沃爾（Cornwall）的整個英格蘭西南部。三個小國則是位於英吉利海峽海岸的蘇塞克斯（Sussex）；控有倫敦的埃塞克斯（Essex）；以及控有坎特伯里周圍地區的肯特（Kent）。

八世紀期間英格蘭相當繁榮，北部地區尤其經歷了文化上的百花齊放，足以讓史學家們刮目相看，將之註記為「諾森布里亞文藝復興」，而這還是在更知名的義大利文藝復興之前六個世紀的事。繪畫、金屬製品、雕刻以及建築皆蓬勃發展，而且就是在這段期間誕生了偉大的盎格魯—撒克遜泥金裝飾手抄本，包括有林迪斯法恩島的《福音書》、《凱爾經》，以及《杜羅經》（*Book of Durrow*）。[1]

英格蘭到處都有修道院開辦的學校，產出的學術水準之佳，以致查理大帝決定要資助他自己開辦的學校（宮廷學院）[2]時，聘用的教職員都是英格蘭學者。

像位於英格蘭和蘇格蘭北部海岸的亞羅（Jarrow）、林迪斯法恩島和愛奧納島的修道院，都是這段文藝盛放的主要獲益者。伴隨華麗的封面和泥金裝飾內頁的福音書

1 作者注：這三本泥金裝飾手抄本其中的林迪斯法恩島《福音書》，被廣泛認為是不列顛中世紀藝術的最偉大成就之一。

2 作者注：宮廷學院到最後變成了巴黎大學。

出現的，還有鑲了寶石的聖物匣[3]、精美象牙製成的主教權杖（主教的職位象徵），以及鑲有金銀的法衣。曾經見證這番文藝復興的八世紀，似乎要安然地靜待八世紀在不斷增長的繁榮與和諧中落幕。西元七八七年，盎格魯—撒克遜的編年史上記載了英格蘭的農夫在「極度的安寧中」下田耕作。由於太心滿意足了，以致有位編年史家忘我到寫下「即使頸上架著重軛的耕牛也願意將脖子伸進最愛的枷鎖中」。然而在那年秋天，英格蘭南部的威塞克斯波特蘭島（Portland）瞭望台，窺見離岸不遠處出現三艘不明船隻時，大事就開始不妙了。

無論在何時窺見船隻（不管來者善或不善），海防警衛都有責任通知國王指派的地方長官，也就是該地區或城鎮的首席行政官。波特蘭島的地方長官比杜希德（Beaduheard）必然認為這些陌生人只是些商人，可能還騎著馬到海灘，指引他們前往一座莊園，好在那裡申辦做生意需要的許可證。然而，我們不知道實際上他究竟是怎麼打算的，因為在他還沒來得及開口前，對方就亂箭齊發，立即殺了他及其手下。

可憐的比杜希德就這樣倒楣地成為歐洲歷史上第一個接觸維京人者，而他的家人更是連懲戒凶手的心願都無法實現。因為等到國王的人馬趕到時，維京人老早就消失了，要不帶著從死屍身上搜刮來的財寶，沿著海岸遠航，要不就是打道回府了。民眾剩下能做的就只有埋葬那些屍首，並希望陌生人不再回來。

襲擊消息迅速傳開來，緊張的當地百姓開始採取預防措施，以防這些劫掠者再度出現。英格蘭海峽兩岸都招募農夫服役做為農民的「稅收」，組成當地的突擊部隊，可以很快應徵投入防禦。有些修道院也採取了類似的預防措施。七九二年，肯特多所修道院被要求提高針對「異教徒水手」的防禦措施。然而，維京人並非單純的海盜，而且很快就顯露出英格蘭的準備很令人洩氣的不足。維京人先前幾次襲擊只不過是試探性的攻擊，蒐集情報以了解收穫和可能的抵抗。七九三年他們再度重拳出擊。

維京人的目標並非像預期的一般，例如多塞特（Dorset）或南安普敦（Southampton）這類富裕的貿易中心，這些地方戒備森嚴，而且鄰近大量人口聚集之處，可以隨時串連發動抵禦。狡猾的維京人反而選了林迪斯法恩島的修道院，這裡與世隔絕、香火鼎盛，而且只由毫無戒心的僧侶防守。

在過去一個世紀裡，英格蘭的修道院已積累令人難以置信的財富，此事實經由口耳相傳或透過貿易活動而傳到了維京人的家園。修道院本來就是商人販賣進口貨物的

3 作者注：聖物匣是裝聖人遺骨的容器。

對象，例如用於聖餐的葡萄酒、供教會製作法衣的高級衣料、用來當作鑲板和聖物匣的貴重金屬。除了透過虔誠信徒的贈禮而積累了大量財富之外，修道院也扮演起原始銀行的角色，因為當地大亨經常利用大教堂做為保險庫來存放他們的財產。對維京人來說，襲擊一間修道院就等於是中了大獎。

此外，就維京人而言，最棒的是這些富有的目標幾乎形同無人防守。歐洲各地的修道院都興建在無遮無掩的海岸地區，認為大海足以保護它們的側翼，但這看法如今證實錯得太可怕了。透過當時留下的記載，仍可感受到事情發生後的震撼，一位神職人員在遭逢第一次襲擊之後寫道：「簡直不可能，竟然可以這樣從海上入侵。」

即使從修道院的標準來看，林迪斯法恩修道院也是富有的，成為維京人的首選目標也就不意外了。這所經由諾森布里亞國王親自授予的修道院，擁有無與倫比的聖物收藏，其中包括成為聖徒的英格蘭僧侶庫斯伯特，以及同樣著名的愛爾蘭傳教士高隆的遺骸，後者將基督教傳到蘇格蘭。光這兩位僧侶的名氣所產生的利潤豐厚的朝聖貿易，就足以讓這座修道院富有得驚人。各路人馬的維京人已經在這地區活躍了一段時日，到了七九三年六月八日，其中一群維京人從今天的挪威出發，執行了一次殘酷而高效的攻擊。

一位無名的諾森布里亞僧侶記載了這起事件：

來自北方地區的異教徒偕其海上武力來到不列顛，宛如螫人的大馬蜂，如同可怕的海狼蔓延向四面八方，搶劫、破壞並屠殺⋯⋯。

試圖反抗的僧侶被碎屍萬段或拖到海灘去淹死，無一倖免。聖物匣都被打破，匣內的東西遭棄之在地。掛在禮拜堂牆上裝飾用的富麗壁毯全都被扯了下來，祭壇遭到砸毀，遍地橫陳著殘殺過的屍體，「就像街上的糞便一樣」。

這場浩劫衝擊了整個歐洲，要是英格蘭的基督教中心都會淪陷，那麼肯定沒有誰是安全的了。心急如焚的僧侶們試圖解釋這場浩劫，便宣稱在這場攻擊之前，天象早有預警：幾週前就曾滿天閃電，據說還有幾條惡龍在修道院上空來勢洶洶地盤旋。

這場浩劫一般咸認為要歸咎於英格蘭教會道德鬆懈的報應。這場襲擊之後幾星期，有封信四處流傳，信上引述《耶利米書》第一章第十四節：「耶和華對我說，必有災禍從北方發出，臨到這地的一切居民。」於是要求改革的呼聲四起。學者阿爾琴寫信給林迪斯法恩大主教時，就以令人毛骨悚然的清晰筆法，指出了前因以及理所當然的報應：「這要不是一場更大苦難的開始，就是居民的罪孽要遭受報應。誠然這並非偶然發生的……留下來的人，要懷著正念挺立，勇敢應戰，捍衛神的陣營……。」

然而不管多少的自我反省，都無法阻止維京人的洶洶來勢。隔年，位於東岸的亞羅以及西岸斯凱島（Skye）的幾間修道院受襲。到了七九五年，愛奧納島大修道院遭洗劫一空，幾乎當地所有人，包括僧尼、農民還有家畜，都被拖到海邊屠殺。這是大屠殺來臨前的嚴峻先兆。阿爾琴安坐在查理大帝的首都揮筆，捕捉到那份煎熬苦楚：「如果連同庫斯伯特等那麼多位聖人都保護不了自己的話，不列顛的教堂又能指望誰來拯救呢？」

第一部　劫掠者

第一章　家鄉的維京人

老家是最好的，儘管它也許很小……。

——智者薩蒙德，〈埃達〉

維京最令人膽寒的一點就是，外人對他們幾乎一無所知。西元八世紀期間，他們的家園是在已知世界的邊緣，一個又冷又荒涼不宜人居的地方，羅馬帝國的文明之手從未觸及於此。斯堪地那維亞（這塊土地劃分為現代的挪威、瑞典和丹麥三國）是最偏遠的地方，它從南面的日德蘭半島（Jutland）延伸到北極圈的克尼夫謝洛登角（Knivskjellodden），長達一千兩百四十三英里，這距離占了歐洲長度的一半。它包括歐洲大陸最多山國家之一的挪威，以及最平坦之一的丹麥，丹麥的最高點只達海拔五百六十英尺。

這三個在維京時代之初都尚未存在的國家，丹麥國土涵蓋了日德蘭半島和五百多個小島，氣候最為宜人，有墨西哥灣流與北大西洋洋流帶來的溫暖。此國地貌由多岩海灘、綠野以及橡樹與榆樹森林拼湊組成。由於西海岸與現代德國接壤，因此該國的年輕人也就很自然地往西去探索。丹麥的維京人四散向外發展，越過那些低地國家[1]和法國，終而渡過英吉利海峽進入不列顛，然後從那裡進行襲擊，遠及西班牙甚至義大利。雖然英格蘭最早是受到來自現今挪威的劫掠者的侵擾，但由於太多丹麥人在他們的水路上出沒，以致於盎格魯—撒克遜人的文獻資料在提及維京人時，都稱他們為「丹麥人」，而不管他們是來自於哪裡。

涵蓋現代挪威與瑞典的斯堪地那維亞半島主要部分，氣候就遠不如丹麥那麼宜於人居了。兩個地區當中，瑞典這部分擁有比較好的農耕地，其海岸東望俄羅斯，因此該地大部分的維京人都往那個方向發展，不過多半是從事貿易而不是當劫掠者。他們的成就按理說最不為人所知，但其中卻又有歷史最悠久的部分，因為他們在基輔建立了最早的俄羅斯國家。

維京人領域中地勢最崎嶇的部分是在挪威，而且幾乎有三分之一位在北極圈內。綿長的西海岸有許多岩石島嶼以及令人嘆為觀止的峽灣做為屏障，因而抵擋了大西洋的嚴寒襲擊，而峽灣也提供了一條可通航至北極圈的沿海路線，稱為「北方通路」（northern way），因而有了「挪威」（Norway）這個名字。[2]不令人意外地，當挪威的維京人冒險進入北海時，他們就向西挺進，有時當劫掠者，有時則殖民。這群人在格陵蘭建立了殖民地，並於西元一〇〇〇年左右抵達了新世界。

在維京時代期間，瑞典和挪威都人煙稀少，土地大致上無法養活大量人口。挪威可用的農地被狹長的峽灣分割開來，峽灣則通往內陸山區，廣大、難以逾越的森林、沼澤和湖泊封鎖了絕大部分的南部地區以及瑞典西部。在夏天有數量驚人的獵物可供狩獵，例如馴鹿、麋鹿、狼、熊、貂熊和狐狸，但漫長的冬季就成為對那些沒有做好準備者的懲罰了。或許就是因為這種物資匱乏，因此好客的精神也就彌足珍貴，而不能盡地主之誼的行為則很可能會開啟延續數代的流血世仇。

1 作者注：現代的荷蘭與比利時。

2 作者注：挪威沿海地區大約有十五萬個島嶼。

為了消磨時間，他們發明了許多遊戲，包括類似曲棍球的「球戲」（Knattleikr），既吸引大批群眾卻又經常造成受傷。雖然的確也存在著幾種較不暴力的棋盤遊戲[3]，但維京人還是首重良好體能。他們最熱門的活動通常是比試力氣，如摔角、鬥劍，努力將對方按到水裡；或考驗耐力，如攀爬峽灣、滑雪、滑冰以及長距離游泳；或者比試敏捷性，如雙手同時擲矛，或者在船划動時從船欄外的一槳躍到另一支槳上。

在這些比賽中勝出的人從不羞於廣為傳播自己的榮光。有位挪威國王奧斯坦（Øystein）就曾對其兄弟（也是共治者）吹噓說：「我的滑冰技術好到不知道還有誰能跟我競爭；但你就不比一頭牛好到哪裡去。」

當斯堪地那維亞人不下場互鬥時，偶爾也會驅使動物彼此互鬥，這種血腥運動中最熱門的則跟馬有關。兩匹公馬會被帶往一處母馬遭隔離的地方，並讓牠們聞到母馬的氣味，接著兩匹公馬就會開始互鬥，通常結局是較孱弱的一方會死去。雖然維京人普遍不認同濫殺無辜，但仁慈卻不宜成為一名戰士的美德。有一名冰島男子就因為拒絕參與將俘獲的幼兒拋到空中，再用矛頭接住的遊戲，而被譏為「戀童者」[4]。

這些娛樂消遣在我們聽來很殘忍，但在其他方面維京人卻是出乎意外地文明，他們不同於一般粗魯蠻人的刻板印象，反而很注重儀表而且極為講究衛生。[5]他們精心打扮自己，一般每天至少洗一次澡，還用含鹼量豐富的肥皂，既可以漂白毛髮又可減少蝨子。考古工作者在挖掘維京人遺跡時，都曾發現過珍藏的鑷子、刮鬍刀、梳子，甚至清潔耳朵的工具。

當時的歐洲飲食中沒有糖，因此幾乎不知蛀牙為何物，儘管他們的孩子有一半在十歲前就死掉了，但活下來的那些可預期都能活到五十幾歲，這在當時已經是很長壽的年齡了。男性平均身高為五英尺八英寸，女性則為五英尺三英寸，不算高大，但肯定比他們接觸的南方人要高。[6]

婦女地位雖然絕對不平等，但女性在維京文化中所擁有的權利要比任何基督教國

3 作者注：Hnefatafl是一種類似西洋棋的棋戲，而Kvatrutafl則類似雙陸棋。

4 作者注：他是奧爾維．巴納卡爾（Olvir Barnarkarl），發現冰島之人的姻親，其事蹟記載在中世紀冰島的《定居書》中。

5 作者注：起碼照當時的標準而言是如此。阿拉伯作家伊本．法德蘭（Ibn Fadlan）曾描述居住於俄羅斯的瑞典人，是「神所創造出最骯髒的種族」，並繪聲繪影地道出他們行為的細節：上完廁所後不擦屁股；公開進行性行為；前一秒才將鼻涕擤到水中，後一秒又用同樣的水來清洗。

6 編按：男性約為一百七十二公分、女性約為一百六十公分。

家的婦女都要來得大。很多女孩早婚，甚至十二歲就嫁了，但當丈夫遠行時，妻子就全權管家，並負責做出所有重大決定。[7]若她的婚姻維持了二十年的話（雙方都可以隨意解除婚姻），她就有合法權利，可以擁有其丈夫所累積的一半財富。[8]不像歐洲其他地方，女性是可以繼承財產、休夫，並且在婚姻結束時討回嫁妝。至今已發現了好些感人的盧恩字母石塊歌頌了婦女，如丹麥國王「老人高姆」（Gorm the Old）盛讚他的妻子為「丹麥的美好裝飾」，到一塊無名石刻上所宣稱的「再沒有比哈絲米拉更好的主婦了」。[9]

維京人鼓勵兒女協助父母管理家務，教導女兒釀酒和製造乳品的技藝，指導兒子如何在滑雪時狩獵，以及做木工或金屬工。他們玩的遊戲都是為將來長大成人做準備而設計。男孩子最愛的運動是背負重物跳高以及全副武裝地游泳；一名成長完全的維京人是預期要能游上數英里距離。

社會秩序是靠嚴厲的懲罰來維持。男人通姦被抓會遭吊死或被馬匹踩踏而死，縱火犯則會被綁在樁上燒死，而且根據丹麥歷史學家薩克索．格拉瑪提庫斯（Saxo Grammaticus）的記載，殺害手足的人則會被倒吊在一條活生生的惡狼旁邊。公然藐視群體（後來則是國王）決定的造反者則五馬分屍，或跟暴怒的公牛拴在一起。

令人驚訝的是，在這樣暴力的時代，維京人居然也認為一個有文化的人應該要懂音樂。有篇廣為流傳的冒險傳奇提到挪威國王高德蒙（Godmund）聘用了一位樂師，他演奏起來充滿活力，以致連刀叉和盤子都飛舞了起來。事實上，維京人的宮廷裡要是沒有了詩人、樂師和舞者就不算是個完整的宮廷。十三世紀的《奧克尼歷史傳奇》（*Orkneyinga Saga*）裡談到羅根瓦爾・卡里・科爾森（Rognvald Kali Kolsson）這位國王的朋友、在政治上有權有勢者，認為彈奏豎琴是他最自豪的技藝之一。

維京人的慶典活動可能比歐洲其他地方的都要喧譁，宴席可以持續相當一段時

7作者注：一夫多妻在富人間相當常見。婚姻通常是奉父母之命，維京人相當認真對待取得允許婚嫁的習俗，根據十二世紀的《冰島人之書》（*Book of Icelanders*），男子若試圖違反女方父母意願而娶他們的女兒的話，女方父母可以合法殺死他。

8作者注：若丈夫無法提出正當的離婚理由，就有可能會被丈人家殺死。例如穿異性的服裝就被視為很正當的離婚理由，女人穿男人的馬褲或男人穿低胸女襯衫，都可成為離婚理由。

9作者注：有關婦女所能取得的自治權，最好的例子大概莫過於阿拉伯史家哈桑—伊本—迪亞（Hasan-ibn-Dihya）所留下的資料，他曾記載穆斯林派駐維京都柏林大使館的一樁故事。他們抵達時，正好首領「魔鬼」索爾吉斯出遠門去了，於是就由他的妻子接待這位大使，並履行了「國王的一切職責」。

間，例如丹麥國王斯萬·埃斯特里德森（Sven Estridsson）有回就一連舉辦了八天的宴會，而且總是要飲酒作樂。在這些慶典場合就是要痛快喝酒，而比賽通常也以鬥智為主，雙方都盡力表現出不受到酒精的影響。由於拒絕人家敬你的一角杯麥酒或蜂蜜酒，會被視為對待客之道的大不敬，除非你屬於老病纏身，否則要保持不醉就更難了。[10]

宴飲和招待是很重要的，因為一年之中有接近六個月時間，維京人得要捱過陸地上天寒地凍的冰雪冬天，以及海上惡劣的暴風雨。雄偉的大地景觀與嚴酷的生存條件造就出維京人既粗暴的能幹卻又獨立的特質，他們看重勇氣，瞧不起軟弱。例如在那些向東發展的瑞典人中，其風俗習慣是父親會在新生兒子的小床裡放一把劍，並說：「我不會留下財產讓你繼承，你只能靠這把劍去為自己贏得，否則你什麼也沒有。」這種態度，也就是說生活、榮耀和財富得要自己去爭取，成為整個維京時代的北歐人特色。在被問及信仰什麼時，有位十世紀的維京人回答：「我相信自己的力量」。

維京人雖然有很多神明，但卻沒有「宗教」一詞。[11]沒有膜拜的「正式」方式，沒有放諸四海皆準的教義，也沒有一個中央教會，但倒是有一套廣泛，因地不同而變化的普遍信念。[12]他們視宇宙為一個同心圓，有九個世界，其中大多數是隱形的，分布在三個不同的境界中。最外層「厄特加爾」（Utgard）住滿了巨人和怪物，他們在黑暗中盤旋，只有眾神守望的眼睛才攔得住他們。中間那圈是「米德加爾」（Midgard），是人類和眾神居住的地方。人類和眾神與矮人和黑暗精靈共享著大地，矮人和精靈有能力製造具有魔法的禮物，但他們卻滿懷猜忌地守衛著他們囤積的寶貝。穿過一條沒有人類能夠越過的「搖晃的天國道路」（Bifrost，意指彩虹橋），兩個眾神部落：阿薩神族（Aesir）和華納神族（Vanir）就住在傳說中的阿斯嘉德（Asgard），也就是英靈神殿（Hall of the Slain），那些死去的英雄豪傑在此宴飲，等待最後那場大戰。一位戰士所能得到的最高榮耀就是獲選晉身其中。奧丁大神的處女侍衛：女武神，會挑選在戰場上英勇陣亡的戰士，她們的工作就是要在末日來臨之前，將名為瓦爾哈拉

10 作者注：有時這也會引起麻煩，因為主人家本質上很可能會不顧賓客意願而強迫他們喝酒。《埃吉爾傳奇》（*Egil's Saga*）中提到主角出席宴會，主人不斷向他勸酒，等到他意識自己再也喝不下去時，埃吉爾一把抓住主人，把他推向一根柱子，同時口中忍不住噴出的嘔吐物差點就讓主人窒息而死。

11 作者注：最接近意思的是 sithr 一詞，指的是「習俗」。

12 作者注：顯然也有少數的「無神論者」，他們排斥所有神明並認為死亡就是最後的結局。然而這想法應該並不常見，因為實際上所有維京人的殮葬都包括死後要用的物品。

（Valhalla）的英靈神殿填滿。

最裡面那圈則是「尼福爾海姆」（Niflheim），也就是冥界。在那裡慘澹無色的暮光中，女神赫爾（Hel）看守著死去的男女、孩童之靈。但這個陰森的所在並非對為惡者的懲罰，而是大多數人的命運。例外者則是那些和阿薩神族住在一起的勇者，以及那些被逐出社會者，例如犯了通姦、謀殺、違背誓言的人，他們注定要成為邪靈，陰魂不散地在其墓塚中流連。[13]

銜接這三個主要世界的是一株巨大的梣樹，叫做「世界之樹」（Yggdrasil）；其根上面坐著諾倫三女神（Norns，「預言」、「存在」、「必然」），她們織出了眾神、巨人和人類的命運。她們的任務是要保衛這棵樹，免受巨龍尼德霍格（Nidhogg）之害，這頭巨龍會大啖惡人死屍，並啃咬世界之樹的樹根。

英靈神殿的十三位主要神明之中，奧丁和索爾是最重要的，但誰更有威力卻沒有定論。上層階級的人，尤其是在丹麥和瑞典南部者傾向於膜拜奧丁，而農人則偏愛索爾。[14]

「眾神之父」奧丁是詩歌、瘋狂、戰鬥以及魔法之神，能賜予人勇氣或剝奪他們的智力。他曾倒吊於一株神聖之樹九日，因此獲悉盧恩符文的祕密，得以看到未來，比起其他神明更熱衷追求智慧。為了啜飲一口知識之泉，他犧牲了一隻眼睛，他有兩隻寵物渡鴉：福金（Huginn）和霧尼（Muninn），每天盤旋著地球，飛回來後就對著奧丁耳朵竊竊私語，向他報告發現的祕密。[15]在戰鬥中，他是令人畏懼的神明，他的魔法長矛「永恆之槍」百發百中，他那匹有八條腿的天馬斯雷普尼爾（Sleipnir）能飛馳於空中、水中，在陸上也一樣迅捷，但他通常都是靠智慧打贏戰爭。[16]

索爾則相反，腦筋不靈光，靠蠻力來壓制敵人。這位神明有紅頭髮、可怕的眼睛，揮舞著那把法力無邊的雷神鎚，可以剷平高山或者讓死者復活。他發揮人類保護

13 作者注：《拉克斯達拉傳奇》（*Laxdæla Saga*）講到「畸形足索羅夫」（Thorolf Clubfoot），一個性情暴躁又不善與人往來的農夫，死後變成了介乎殭屍和吸血鬼之間的鬼怪，在一個冬天去騷擾他的家人。最後他兒子在白天將他的屍體挖出來燒掉，形容其父「屍體未腐，但慘不忍睹，三分不像人，七分倒像妖魔；黑如瀝青，腫脹如牛」。

14 作者注：丹麥斯克羅東王朝（Skloldung）宣稱奧丁是他們的一位祖先。

15 作者注：福金意指「思想」，霧尼意指「記憶」。

16 作者注：奧丁有時也會靠著使詐贏得比賽，有一個著名例子就是他與冰之巨人瓦夫蘇魯特尼爾（Vafthrudnir）鬥智。當他發現這位巨人對於各方世界的知識都不亞於他時，奧丁就使詐詢問對方：在點燃兒子的火葬堆之前，我跟死去的兒子說了什麼悄悄話。這個問題當然只有奧丁自己才知道答案。

者的作用，跟那些威脅要毀滅人間的冰之巨人對抗。索爾那透過兩隻神奇山羊拖行的戰車的所到之處，就會有暴風雨隨之而至，可以從山顛的閃電看到他的戰鬥。

雖然索爾一向都很受人歡迎（尤其最受那些冒險出遠洋者的歡迎），但他受歡迎的程度卻在維京時代晚期更加增長，也許是因為索爾被視為最能抵擋基督教侵蝕的神明吧！

維京人對未來所抱的信念並不太樂觀，因為在北方冬季漫長又冰冷的黑暗中，人們一定很容易認為一切溫暖到頭來必將消散，能使狼群無法近身的時間就只有這麼長，就連維京的眾神也無法長生不死。最後的決戰，也就是眾神的黃昏，終會在所有神明、英雄豪傑、諾倫三女神和偉大的世界之樹消亡時降臨。陰影之龍尼德霍格會從它的死屍盛宴上興起，釋放出一個長達三年的冬季，讓兄弟互鬥，讓世界陷入混亂。怪物般的狼群會追逐太陽與月亮，抓住它們並將之撲熄。火之惡魔和冰之巨人會突破阿斯嘉德的城牆，赫爾的死者則會掙脫並重獲自由，壓倒聚集起來對抗他們的神明與英雄豪傑。然而，還是有一線希望的，兩個分別出自奧丁和索爾的孩子將會逃過「斧頭、風和狼的時代」劫難，並重整新世界。

這場冬日浩劫雖然難逃，但卻也沒能阻止維京人向眾神求救——尤其是在海上。

畢竟，維京人的天地是海洋與陸地各半的。當陸上獵物稀少時，來自大海的禮物，如海豹、鯨魚以及海象的肉，讓維京人得以維生。挪威驚心動魄的峽灣、瑞典的海岸以及丹麥的島嶼，要旅行於這些地方，只能走海路。海洋在很多方面把斯堪地那維亞的世界聯繫在一起，結果就變成維京人也是透過海洋這塊稜鏡來看他們的世界。他們稱那道將其半島一分為二的中央山脈為「龍骨」（Kjølen），彷彿斯堪地那維亞自身就是一艘翻轉的船。幼兒睡的搖籃形狀如船，兒童玩的是玩具船，而大人設計的房舍也像船——有時還是用廢棄船隻的零星部分建造的。婦女配戴的鉤扣和胸針也是船形的，有些男人甚至騎的馬蹬都塑造成龍頭船首狀。連死後也拒絕跟自己的船分開，地位高的男女配得上全套裝備、裝飾富麗的船隻，加上屠宰的動物、武器、財寶和奴隸（不管自願與否）一起葬在一座大土堆之下。[17]次級的戰士則安置在簡單的船裡，以便有交通工具載他們前往永恆。至於窮得負擔不起真正船隻的人，則葬在土坑裡，坑上覆以排列成船狀的石頭。

17 作者注：著名的維京葬禮形象是一艘燃燒中的船駛向英靈神殿，出自於一位阿拉伯作家之手，此君曾在伏爾加河目睹過一場瑞典維京人的喪禮。雖然兩種葬儀都有，但維京人似乎還是偏愛土葬多於火葬。

多虧了這種對海洋的重視，因此維京人很了解他們南邊的世界。斯堪地那維亞有豐富的天然資源，包括毛皮、高品質的琥珀以及龐大的鐵礦藏，到了九世紀，這些北方人已經和他們南方以及東方的地區做了幾世紀駕輕就熟的貿易了。

「斯堪地那維亞」（Scandinavia）一詞，實際上是西元一世紀期間由古羅馬地理學家老普林尼（Pliny the Elder）創造出來的。他誤認瑞典最南端是個島嶼，以住在那裡的一個部落命名，稱之為「斯堪尼亞」（Scania）。他的當代同仁塔西陀（Tacitus）在該世紀末撰寫著作時，採用「瑞尼人」（Suiones）一詞來描述當地居民（後衍生出瑞典人，Swedes），形容他們「武裝精良、貪得無厭、精通於駕駛奇形怪狀的船隻，船的兩頭都有船首……」。

在西元最初那幾個世紀跟古羅馬人的接觸中，這些「奇形怪狀的船」只用來貿易而非搶劫。他們的貨品，尤其是良馬以及黑狐皮，在羅馬市場上極受重視。反之亦然，羅馬的貨物，主要通常是武器、玻璃和珠寶，透過日耳曼人的中介而流向北方，有時仍可在早期斯堪地那維亞墓穴裡尋得。這些貿易活動也帶來了拉丁和希臘字母的知識，這些文字稍稍適合刻在硬質的表面上，形成了最早期盧恩文字的基礎。[18]

當他們直接往來時，古羅馬人學會了尊敬北方人的勇猛。六世紀期間，史學家約達尼斯（Jordanes）於君士坦丁堡記載，形容斯堪地那維亞人是「厲害」的對手，有「非凡」的身材。這部分要歸功於當地嚴酷的氣候，他告訴讀者說，北方的冬天是無窮無盡的黑暗，夏天則是連續不斷的白日。[19]這就使得住民得靠鳥蛋和獸肉來維生，因為小麥在極北之地無法生長。在這冰天凍地的景致下有著一大群未開化部落，在有如羅馬皇帝的首領的帶領下遷徙。約達尼斯提到三十幾個不同的「民族」處在現代的挪威與瑞典，還特別提到其中的一支——哥德人——是如何進入羅馬帝國。

首次的「維京人」入侵是經由陸路，而且整整花了好幾個世紀的時間。哥德人從瑞典南部移民到黑海，在三世紀時渡海進入羅馬帝國領域。他們在西元三七八年獲得大勝，在巴爾幹阿德里安堡戰役（Battle of Adrianople）中殺掉了羅馬皇帝瓦倫斯（Valens），一百五十年內就征服了義大利、法國南部以及大部分的西班牙。

18 作者注：維京字母有二十四個符號（字面意義是「奧祕」），大致脫胎於希臘和拉丁字母的草書。這些文字是設計用來刻在硬質表面上，而不是為了書寫流利，因此不適用於書寫文獻。大部分長篇史詩都是靠記憶並透過遊走四方的吟遊詩人來流傳。

19 作者注：這是文獻首次提到「永晝之地」（land of the midnight sun）。

史學家普羅科匹厄斯（Procopius）記載了古羅馬人收復這些領土大部分經過，以一種敬畏之情描述這些北方部落，稱他們是「比住在他們周圍的那些人都還優越」。繼哥德人之後更有一波波移民潮；盎格魯人、朱特人（Jutes），以及撒克遜人，這些都是源自於丹麥以及德國北部的部族，此後他們相繼入侵不列顛。等到普羅科匹厄斯下筆的年代，他們正把原住民逼往威爾斯地區。

這段早期歷史可恰如其分地稱為「移民時代」，絕大部分是經由陸路而非水路，而且除了哥德人之外，並沒有影響到斯堪地那維亞大部分的人群。後來使得維京人得以大舉襲擊的原因，是在第八世紀末造船技術起了革命性的變化。

早期維京人的船隻乃抄襲自古羅馬人或塞爾特人，而且是靠固定在船上的長槳來划動船隻而不是靠手划船槳[20]，就像當時所有的船隻一樣，速度既慢，在波濤洶湧的海面上也很容易翻船，只適用於貼近海岸的短程航行。然而，到了八世紀某個時期，維京人發明了龍骨，這簡單的附加構造成了航海史上最大的突破，不僅穩定了船隻，使得船隻宜於航海，而且更提供一個可以安插桅杆的底座，可以在上頭加上一面巨大的風帆，有時會大到八百平方英尺，用來做為推進船隻的主動力。這個發明有著立竿見影的驚人影響力，因為在只有少數歐洲人敢冒險遠離陸地的年代，維京人早就挾其原木材、動物和食物等一船船貨物縱橫於大西洋，航行將近四千英里的距離。

為了有助於在長途航行中操舵，維京人使用一種特別的長槳，他們稱之為Styrabord，也就是「舵板」，為了順應大多數水手的慣用手，舵板安置在靠近船尾的右側，好讓船比較容易控制。從這個詞我們得到了航海術語「右舷」（starboard），指船的右側。其相反詞的出現也是拜維京人之賜，雖然比較間接；當船隻抵達港口時，通常以左側來停靠，以免損傷舵槳，久而久之，「靠港側」（port）就成了「左舷」的簡稱。

維京人後來發展出多種不同的船隻，例如貨船、渡船和漁船，但稱為「長船」（longships）的軍艦卻是更具力量、靈活性和速度的出色組合。這種為了在水面上滑行而打造的長船，可以採用當地材料，而且不用依靠製造地中海船隻所需的那種特定工法。[21]南方的船隻成本高又笨重，靠眾多複雜的鉚釘和支架固定在一起，而且有好

20 作者注：古羅馬的史料來源暗示維京人早在三世紀就採用小型風帆了，但卻並非普遍使用，一直到八世紀中才無異議地採用了風帆。

21 作者注：然而製作長船還是得花很多時間。照現代的估計，熟練的維京工匠可以在七個月內造一艘長船，差不多等於需要工作四千個小時。

幾層艙面。維京人的船則相反，是用橡木板[22]重疊而成的瓦疊式外殼的船，而且維京人總是用新砍下來的橡樹製作船隻，不經過乾燥處理，這使得船隻順著風浪而彎曲。維京人的船隻多半沒有甲板，除非造來裝載貨物，這麼一來橫越漫長的大西洋就成了嚴酷的任務。風浪大時，海浪經常從兩舷打上船來，而且船上最多只能搭個簡陋帳篷，當驟雨和暴雪來襲時，保護作用也不大。

雖然他們的船缺乏舒適，但卻具有更致命性的簡易。維京長船沒有較大型越洋船隻的那種龍骨，但相對吃水淺的船身卻可以在幾乎任何地方搶灘，而不像其他船隻只能在深水港口靠岸。[23]這樣一來就使得長船有可能溯河而上，有些還輕得可以抬起來遊走於河流系統之間的陸地。[24]

維京詩人稱長船為「海上之馬」，但他們其實更像是潛行覓食的狼群。遭維京人襲擊的倒楣受害者稱這些北歐人為「海狼」，將其視為在人類住家外的黑暗中梭巡的食肉猛獸。長船可容納百人，但也只需要十五個人就足以應付航行於外海。長船靈活得足以溜過沿岸的防禦，空間大得足夠儲放幾週掠奪來的贓物，堅固得能越過狂風暴雨的大西洋，又輕巧得能夠搬運通過河流之間的陸地。

但是最令人膽寒的則是它們的速度，航速平均可達四海里，如果順風或順流的話，甚至可高達時速八到十海里。這就確保了維京人總是能出其不意地現身。斯堪地那維亞的一支艦隊可以在三星期內航行九百英里來到塞納河的河口，平均每天航行四十英里。[25]他們划起槳來也幾乎一樣快，一支維京艦隊划船溯塞納河而上一百五十英里（不但是逆流而且還兩度抵擋法蘭克人的攻擊），三天內就到了巴黎。他們所面對的中世紀軍隊，假設對方能行經一條平坦的古羅馬道路，平均每天也只能行軍十二到十五英里，精銳騎兵也只能挺進二十英里。

22 作者注：斯堪地那維亞到處都有橡樹，但丹麥尤其多。僅僅一株橡樹的樹幹就可以做成龍骨，而樹枝則可做成船肋。這對維京人來說是一大便利，因為他們沒用鋸子，而是順著紋理將樹木劈開，以便讓船隻有更好的堅韌度。

23 作者注：這稍稍代表了維京人的對外威脅性，因為峽灣很深，維京人其實並不需要這種吃水淺的船身。就以挪威的松恩峽灣（Sogne）為例，峽灣水深達四千二百九十一英尺（一千三百零七公尺），深入內陸幾英里。相反地，北海平均深度才三百一十二英尺（九十五公尺）。由此可見維京人顯然是針對外國海岸設計長船。

24 作者注：長船的船身也很薄，維京水手和大西洋之間大概只有一英寸（二點五四公分）厚的木板之隔。

25 作者注：就像朗納爾．洛德布羅克在西元八四五年所做過的，一八九三年，人們複製了一艘出土維京古船「王者號」，僅靠十二名船員出航，二十八天內就從挪威的卑爾根到達加拿大的紐芬蘭。

就是這種比敵人快五倍速的行動能力，使得維京人的出手攻擊如此致命。由於船身吃水淺，得以通過橋下或者航行於淺水區，凶猛的龍形船首，還有塗飾鮮豔掛在船舷的盾牌，閃亮宛如龍身鱗甲，這景象在心理上必然就已先聲奪人。在一次迅如閃電的突襲中，他們可以連續攻擊幾座城鎮，對方甚至還沒來得及將軍隊投入戰場，他們就已消失無蹤了。他們的受害者若想要挑戰維京人的海上霸權則連門兒都沒有，因為從西元八〇〇至一一〇〇年，北大西洋上的大海戰都是涉及維京人彼此之間的互鬥。

隨著九世紀的到來，維京時代的天時、地利、人和全都齊了。斯堪地那維亞的海上優勢是無與爭鋒的，擁有主要貿易路線的知識，以及眼前一個毫無戒心的世界。唯一剩下要做的，就是選擇一個合適的目標。

第二章　查理大帝的眼淚

許多人都是說得比做得更英勇。

——《強者格雷提爾傳奇》（*The Saga of Grettir the Strong*）

傳說八世紀末時，有一回查理大帝視察法蘭西海岸，在早餐桌前看見了窗外幾艘維京人船隻，他的主人家以為那些維京人是商人，但這位皇帝心裡有數，並警告說那些人是「來勢洶洶的敵人」。隨即，法蘭克人拔劍衝到那處海灘，但維京人逃得無影無蹤。失望的廷臣回到宮裡，迎接他們的卻是令人大吃一驚的景象。那位偉大的查理大帝，羅馬皇帝兼維護天下秩序者，正在哭泣。沒人敢上前打斷他，查理大帝凝望大海好一陣子之後，解釋說：

我的忠僕們，你們可知道我為何如此痛哭？我並不害怕那些一文不值的壞蛋們傷害我；但想到在我有生之年他們膽敢來侵犯這塊海灘，我就感到傷心；我心痛如絞，因為已經預見他們會對我的後代及臣民做出何等邪惡之舉。[1]

雖然這情節顯然是杜撰的，但查理大帝幾乎不需要有什麼預言天分，就能預見維京人對他王國構成的危險。事實上，多年來他早已為了防禦維京人而預做準備。但諷刺的是，正是最初這些準備吸引了劫掠者的注意，而要間接負上部分的責任。

法蘭克人早在查理大帝之前一個世紀左右，就跟斯堪地那維亞有接觸了，維京人的皮草、琥珀、羽絨和磨刀石在法蘭克人的市場上都很受到歡迎，在這個大帝國的貿易中心例如萊茵河的多勒斯塔德（Dorestad）以及布洛涅（Boulogne）附近的康特維克（Quentovic）[2]，隨處可見丹麥商人的身影。然而，到了查理大帝時代，這種活躍就改變了。在他之前，法蘭克人在今天的德國西部與法國東部維持了一個強大安定的王國，當查理大帝在七六八年於法蘭克登基後，就立刻向四面八方開疆擴土，到了八〇〇年已攫取了部分庇里牛斯山、巴伐利亞，以及義大利北部的大部分，打造出自古羅馬皇帝時代以來未曾見過的偉大國度。那年聖誕節，在一場精心策劃的行動中，教宗利奧三世（Leo III）在查理大帝頭上加冕，並稱他為新的西羅馬皇帝，那是一個空缺了三個多世紀的頭銜。[3]

查理大帝重新鑄造古羅馬式的錢幣，也蓋起嶄新的帝王宮廷，他甚至還考慮要迎娶拜占庭女皇，讓地中海北部再度成為羅馬的內湖。在萬能的查理大帝主持下，一個新的法蘭西和平時代似乎開始出現，好像沒有什麼事物能超出他的能力與雄心。學者阿爾琴曾記錄了維京人第一次襲擊林迪斯法恩島的經過，暗示說這位法蘭克皇帝甚至有能力帶回那些遭劫掠者擄走的男童和僧侶。

1 作者注：這段外傳故事是由瑞士僧侶「口吃者」諾特克（Notker the Stammerer）所寫的，這是為皇帝曾孫「胖子查理」（此君對維京人可說再熟悉不過）編寫的一系列查理大帝故事中的一段。

2 作者注：也就是現代荷蘭的迪爾斯泰德附近韋克（Wijk bij Duurstede），以及法國的拉卡洛特里（La Calotterie）。

3 作者注：西羅馬帝國是在五世紀期間隨著最後一位皇帝羅慕路斯・奧古斯都（Romulus Augustulus）於四七六年被迫退位而崩解的。

額外加上的帝號或許能讓這位皇帝的招牌擦得更亮，但卻也引起邊疆每個人的戒心。法蘭克擴張版圖的傾向加上查理大帝顯著的能力，成了危險的組合。八世紀時流行一句俗語：「如果一名法蘭克人跟你是朋友，那他一定不是你的鄰居。」

如果丹麥人之前不這樣認為的話，那到了西元八〇四年他們就會認同這句俗語。那一年，查理大帝終於打垮德國西北部的撒克遜人，了結一場持續了三十年的戰爭。法蘭克人現在成了丹麥人的鄰國，斯堪地那維亞人有理由相信下一個就輪到他們。

查理大帝計畫打造的一支艦隊，引起了周邊國家的戒心，這是他那強大的陸上帝國之前所缺乏的武力。查理大帝表明這是為了阻絕丹麥海盜進入易北河的通路，因為這條河保護著法蘭克帝國的東北側。查理大帝曾嘗試處理這個問題，方法是在河上建了兩座加強防禦工事的橋梁，以便部隊可以隨時且輕易地過河。帝國的另外兩條大河也獲得類似的防禦；一條用錨和繩索連結的浮橋守衛著多瑙河，這條位於法蘭克東部的大河可以通到帝國領土的中心，此外在萊茵河與多瑙河間也開始興築一條運河，讓部隊能夠迅速前往受威脅的邊界。[4]

當這位皇帝宣布要新增一支北海艦隊時，丹麥半島上的居民都正確無誤地懷疑查理大帝的真正目標，其實是位於丹麥邊界，什勒峽灣（Schlei）的港口赫德比

（Hedeby）。該城鎮已經成為維京人貨物的轉口大港，甚至成為法蘭克那些最大市場的競爭對手。丹麥人設立了通行收費站以及斯堪地那維亞的第一所鑄幣廠，做起興隆的生意，而且開始搶占時間更古老、悠久的法蘭克帝國貿易中心的地位。

一手促成赫德比發展的是位維京人軍事首領，哥德弗雷德（Godfred），法蘭克的編年史稱他為「國王」，但與其說他「是」丹麥的統治者，不如說他是「在」丹麥的統治者。許多丹麥人或許已經承認他的權威，但即使是在構成今日丹麥大部分的日德蘭半島上，哥德弗雷德也有著很多各自為政的敵手。[5]

哥德弗雷德用後來成為真正維京人作風的方式，將他襲擊法蘭克城鎮所俘獲的商人帶回赫德比，來增加人口。為了捍衛這座城鎮，抵抗查理大帝，他開始修建「丹麥長城」，這是一道龐大的土牆，牆頭有木圍柵，這座長城最後延伸橫越日德蘭半島從

4 作者注：對這些工程中的大部分而言，查理大帝的雄心超越了他手下工程師的技術能力，該運河不久就廢棄了，而那支不靈光的艦隊在落到繼承人手中之後，就任由它留在港口中朽壞。

5 作者注：一些史學家推測哥德弗雷德意欲鞏固自己在丹麥的勢力，逼得較弱的對手走投無路，故鋌而走險做起海盜，所以早期維京劫掠者多少有部分是因此而激發。

北海到波羅的海的狹長地帶。

能安全躲在這些壁壘裡之後，哥德弗雷德就開始去騷擾他的強大鄰國，他洗劫了一些法蘭克城鎮，並迫使查理大帝其中一個盟友換邊站，改變效忠對象。為了回應此情況，一小支法蘭克人的軍隊因此向北挺進，丹麥長城也就首次面臨考驗。哥德弗雷德的士卒堅守陣地，而查理大帝則因為忙於別處的叛亂，就決定用金錢買得和平。雙方同意以艾德河（Eider）為永久邊界，而顯然也學乖了的哥德弗雷德則將人質送往帝都亞琛，以表誠意。[6]然而，這一切卻原來是個詭計。等到隔年初查理大帝率軍離去忙他的作戰季節時，哥德弗雷德就率領兩百艘長船到弗里西亞（Frisia，位於現在荷蘭海岸），展開一場掠奪襲擊。讓他離去的代價是搶得了一百磅重的白銀，這是從被圍困的商人和農民那裡搜刮來的，他手下的維京人也將能到手的財物統統裝上船。臨去時為了表示蔑視，哥德弗雷德宣布將弗里西亞海岸北部這片土地收歸己有。

儘管這回維京人來襲的船隻數目龐大，但襲擊規模卻相對地小，而經驗豐富的查理大帝也壓根不相信他的邊界是永久不變的。這份條約最終還是會被破壞；真正刺痛查理大帝的其實是他帝國的一部分被外人侵占了。

查理大帝該怎麼回應並未立即地顯而易見。他所擁有的船艦難以發動攻擊，因此在海上作戰根本是天方夜譚，而陸上攻擊又有其本身的風險。查理大帝才剛跟撒克遜人結束一場打得遍體鱗傷的三十年戰爭，如今已年近七十歲，不想再陷入另一場戰爭泥淖了。

總之，首要之務就是先遏制哥德弗雷德，保護海岸，由於法蘭克人缺少一支真正的艦隊，但或許維京人自身就可以提供一支艦隊。十幾年來好些獨立行動的丹麥人不斷地襲擾法蘭克人的海岸，其中有些比較大的群體也樂得向查理大帝收取黃金，做為保護法蘭人的報酬。就在丹麥人保護查理大帝免受來自海上的侵襲時，查理大帝趁機召集軍隊，攻打丹麥長城。

結果這支遠征軍一直沒有出發。那年夏天，就在最後的準備工作做好時，哥德弗雷德卻被自己一個手下砍死了。在隨之而來的一片混亂中，凶手身分不明，後來有人宣稱凶手是他那心懷不滿的兒子，他對哥德弗雷德不久前娶了另一個女人而感到憤怒；其他人則說是國王的侍衛幹的。但不管是哪個，這場威脅總算消失了。[7]查理大

6 作者注：如今是德國最西邊的城市。

7 作者注：國王的侍衛成員。

帝顯然很懊惱，白忙一場卻未能還擊，好像上了當一樣。為他寫傳記的艾因哈德（Einhard）稱這位皇帝說：「唉！天不見憐，竟然沒讓我見到自己這雙基督徒的手，血刃那些狗頭惡魔。」結果最後查理大帝還是未能用北方人的鮮血洗滌雙手。四年後他駕崩，由其子路易繼位。

少了名君掌舵，查理大帝的帝國開始崩垮，起初這衰敗似乎難以察覺，其子路易看來就像是較為年輕、更有修養的查理大帝，他有著文質彬彬的宮廷，也持續贊助藝術活動，因此廷臣管他叫「溫文爾雅的路易」。即使在戰場上，他也表現得不辱其先人之名，其父在位期間，就將捍衛西南邊疆的重任託付予他，而他也極盡防守之責。查理將法蘭克的威勢強加於庇里牛斯山南邊的巴斯克地區以及潘普洛納（Pamplona），並洗劫過穆斯林控制的巴塞隆納。但凡威脅到路易權威者都遭受無情壓制，尤其這些威脅是來自於其自身家族的話。他登基時就強迫所有姊妹都要進修道院，以免將來有來自她們夫婿的威脅。

這看似前途光明的新統治卻在西元八一七年有了突如其來的轉變，因為路易遭逢了一場幾乎致命的意外。當時路易在亞琛主教座堂做完禮拜，經由一道銜接教堂和皇宮的木廊回宮途中，木廊卻坍塌，造成許多廷臣受傷或死亡。受傷的路易驚魂未定之餘，開始考慮皇位繼承的問題。他指定長子洛泰爾（Lothair）為正帝（senior emperor），並將其餘國土劃分給另兩名兒子及一位姪兒。[8]

皇帝的傷養好了，但這個計畫分割國土的消息卻傳到了義大利，路易的侄兒，如同國王般統治著義大利的伯納德（Bernard），發現自己將會被降級成為封臣，馬上就起兵造反了，但等到路易突然率軍出現在勃艮地時，毫無準備的伯納德也就不戰而降了。他同意跟伯父見面求饒，並希望能保有義大利。然而，路易卻沒有原諒他的心情，伯納德被押解回亞琛以叛國罪名受審，做為對家族其他成員殺雞儆猴的例子，看誰還敢謀反。結果罪名成立，剝奪了他的財產並處以死刑。

後來為了表示寬大，路易將刑罰改為弄瞎雙眼，兩天後執行此刑。但執行任務的士兵下手卻毫不留情，他們用燒紅的鐵棍狠狠下手，結果伯納德熬不過這場折磨，兩天後就在痛苦中死去。

自從姪兒死後，路易就判若兩人。首先，他深深陷於宗教信仰中，在內疚驅使之

8 編按：senior emperor是羅馬皇帝戴克里先創立的一個治理模式。他先任命兩位稱為「奧古斯都」的正帝（senior emperor），再任命兩位稱為「凱撒」的副帝（junior emperor），即所謂的「四帝共治制」。

下，他更加無節制地展示他的宗教信仰。神職人員成了重要的諫官，他還捐助財產給很多教堂和修道院，因此獲得最為人所知的外號「虔誠者」路易。甚至當這些都無法減輕他的罪過感時，這位皇帝採取了很不尋常的舉動，他在教宗、群集的神職人員以及帝國貴族們的面前公開懺悔其罪。這種明顯的謙卑也許令人欽佩，然而卻也帶來削減其帝王權威的嚴重影響。

當時的國家正在淌血，廣大的邊疆受到充滿敵意民族的包圍，這些人可以在帝國軍隊趕到之前就消失在他們的森林中或海面上。一位好皇帝被迫至少每年要發動一次大規模的軍事行動，做不到這點的話就會被解釋為軟弱無能。

皇帝不能耀武揚威之處，就會爆發亂事，必須以暴虐的力量來對付叛亂，俘獲的敵人照例弄瞎雙眼、弄成傷殘、用酷刑折磨或吊死。查理大帝曾在凡爾登斬首四千五百名撒克遜貴族，做為造反的懲罰，並遷移全部人口以擺平他們。

所有這一切都被當作平定天下的必要手段而足以接受。因此，當路易謙卑地在教宗面前鞠躬，背誦出一大串罪過，甚至包括小過失在內時，這就讓他在臣民以及敵人眼中都自貶了身價。這不是一位皇帝該有的表現。查理大帝似乎想要沐浴於敵人之血中；但他兒子卻像是想要進修道院。

北方邊疆的維京人充分察覺了這情況。查理大帝的防禦工事，尤其是那些加固的橋梁和軍隊，都仍然強大到足以挫敗一次大規模的進攻，但也有些不祥跡象顯示這情況很快就會改變了。有位法蘭克主教曾路過弗里西亞，從「某些北方人」那裡得到協助，這些北方人知道那些流向大海的河流的逆流路線。維京人顯然清楚了解港口以及海路，而帝國卻缺乏一支能自衛的艦隊。

然而，法蘭克人卻似乎對此危險渾然不覺。日子過得比過往許多代都要繁榮，他們正享受著帝國統治帶來的好處。法國北部桑斯（Sens）的大主教對皇帝的保護信心滿滿，甚至到拆除了城牆用以重建教堂的地步。沿海城鎮也同樣脆弱。從巴黎到入海處之間的塞納河沿岸已發展出蓬勃的葡萄酒貿易業，而弗里西亞海岸則散布著港口。由於法蘭克人有辦法取得高品質的白銀（這是斯堪地那維亞基本上見不到的商品），因此錢幣取代了以物易物，帝國市場也日益儲備更多的貴重金屬。

唯一會阻撓一場大攻擊的是維京人內訌。自從哥德弗雷德死後，丹麥半島就陷入動盪。有位名叫哈拉爾·克拉克（Harald Klak）的戰士奪取了大權，但即位不久就被哥德弗雷德的兒子霍里克（Horik）驅逐了。哈拉爾·克拉克向路易求救，很滑頭地以皈依基督教做為交換條件。皇帝接受了，於是在美茵茲附近的因格爾海姆（Ingelheim）

的皇宮裡舉行了盛大典禮，哈拉爾及其四百名手下在浸禮池中領了洗。「虔誠者」路易則負起哈拉爾的教父之責。

從幾個理由來看，這是個勝利時刻。路易顯然不像他父親那樣是個軍人，但眼前卻有個良機，能夠在可預見的將來讓丹麥人保持中立。要是能扶持哈拉爾登上丹麥王位，然後讓他的臣民歸化成為基督徒的話，就能平定北方邊疆了。

這個計畫的第一部分做得天衣無縫，哈拉爾在弗里西亞獲賜一塊土地，並負起防衛此地免受維京人掠奪的任務，同時又集合一支遠征軍以奪回他的王位。有一支法蘭克軍隊做他後盾，他得以迫使其對手霍里克承認他才是統治者。然後他邀路易派一名傳教士來協助丹麥人皈依基督教。皇帝選了一名撒克遜教士傳教士安斯格（Ansgar），此君旋即在赫德比興建了一座教堂。[9]然而到了這階段，路易的雄圖大略卻開始崩解。

丹麥人對基督教並不怎麼感興趣，起碼認為基督教並非他們唯一的宗教信仰。而且他們似乎也對哈拉爾．克拉克沒興趣，一年後，他又被粗壯的異教徒對手霍里克放逐而流亡。更糟糕的是，哈拉爾回到他位於弗里西亞的領土上，又幹起海盜營生，把餘生用在掠奪他教父的財產上。[10]

哈拉爾．克拉克被趕走之後，北方就像決了堤，劫掠者開始湧現到加洛林王朝的海岸。北歐最大的貿易中心兼銀幣鑄造主要中心多勒斯塔德，從八三四到八三七年間，每年都遭到劫掠。霍里克曾派遣使節團去向路易聲稱，他跟多勒斯塔德的受襲毫無關係，而且他已經拘押並懲處了那些該為此負責的人。起碼後面這項聲明可能是真的。畢竟那些成功的劫掠者是潛在的對手，而霍里克可不想步上哈拉爾．克拉克的後塵。[11]個別出去掠奪的維京人並不需要國王的邀請，就會發動攻擊。法蘭克帝國顯然搖搖欲墜，路易剛愎自用的統治，加上他未經深思而打算把第二次婚姻所生的一名兒子，也放在繼承者之列，讓情勢加劇，導致了一連串的內戰。最終路易其他幾個兒子廢掉他的帝位，雖然他隔年就復位了，但聲望卻自此一蹶不振。

這麼一來對帝國造成非常巨大的破壞，不僅有此起彼落的造反，路易的餘生幾乎都花在敉平這些叛亂上，他的分身不暇更使得維京人藉機大舉入侵。大量維京人開始同時攻擊海岸，放火焚燒村莊、奪取戰利品，擄走居民，只留下老人與病者。

9 作者注：安斯格最終因其功勞而獲封聖，被稱為「北方使徒」。

10 作者注：路易叛逆的兒子洛泰爾後來賞賜給哈拉爾一座島嶼，酬謝他「對其父造成如此多的損害」。

11 作者注：然而諷刺的是，這條政策反而注定了他的滅亡。幾年後，他遭到因叛國罪而被流放的姪子殺害。

西元八三六年，霍里克親自率領一場針對安特衛普[12]的大攻擊，當霍里克手下幾名戰士死於這場襲擊後，他居然還有膽子要求賠償金，賠償他損失的士卒。路易的回應是集合大軍，於是維京人就消失了，但也只是跑到了弗里西亞而已，然後在那裡繼續他們的劫掠。八四〇年期間，這位皇帝終於下令建造他父親的北海艦隊來對付維京人，但卻在幾個月後就駕崩，什麼也沒完成。

路易的兒子們非但沒有團結起來抵禦共同威脅，反而在其後三年爭鬥不休，帝國就在他們身旁崩解，有時甚至還意圖利用維京人來攻擊彼此。長子洛泰爾將老哈拉爾・克拉克迎入其宮廷，因哈拉爾襲擊他弟弟的領地而賞他土地。但最終事實證明，這是個異常糟糕的主意，這樣一來不但讓維京人摸熟了法蘭克人的領土，也讓他們有了門路。哈拉爾及源源不絕志同道合的維京人都很痛快地大肆劫掠帝國海岸地區。

這些攻擊是靠速度，而非靠人多勢眾。到了九世紀中葉，典型的維京「軍隊」也只不過包括幾艘船，以及可能才一百人左右而已。有些人會留守在船上，其他人則向四面八方劫掠。早期日子裡，他們對擄人還不感興趣，所以會把人殺掉或者把帶不走的東西都燒掉。

人數少是個弱點，但攻擊速度卻足以彌補這點。大部分維京人遠行時都不願意遠離海岸或者河流系統，而且通常避免對陣酣戰。他們的裝備往往遠遜其對手法蘭克人；因此維京人一旦陷於原野就會不知所措，部分原因是他們缺乏歐洲當時常見的盔甲，法蘭克的編年史甚至稱他們是「裸體的」。由於幾位法蘭克統治者很明智地勒令禁止販售武器給維京人，違者處死，因此他們不得不從死屍身上去搜刮頭盔和武器。

唯一不遜色於法蘭克人的武器裝備是維京人的劍。維京劍的最初設計可能是模仿自八世紀的法蘭克，名為「伍夫伯特」（Ulfberht）的鐵匠的名字後來成了劍中名牌。維京人很快就學會了自行鑄劍，而斯堪地那維亞也處處都發現過有「伍夫伯特」銘文的武器，典型的維京劍是雙刃的，劍尖較圓，由幾股鐵枝扭在一起打造而成。這種焊接方法創造出相當堅固又輕巧的劍刃，萬一斷了還可重新鑄造。劍顯然是一名戰士最珍貴的財產，而且還取了如「奧丁火焰」和「咬腿者」等名，代代相傳做為傳家寶。

除了劍之外，維京人的優勢在於老練的情報蒐集能力及可怕的適應力。他們能預先判讀法蘭克人大部分的軍事調動，而且還能趁政局變化之際迅速採取回應。最可怕的是他們的靈活性。十幾個或甚至幾百個「兄弟們」就可組成一支較大規模的軍隊，

12 作者注：在今天的比利時。

然後又可隨意分成多個小組。這麼一來，敵人想要大敗他們或甚至預測該把防禦力集中在何處，就成了幾乎不可能的事。

維京人通常也比對手務實得多，他們會毫不猶豫地穿越樹林，隨機應變利用石造教堂等建築來當堡壘，並挖暗坑來阻撓追趕的騎兵。他們在夜間發動攻擊，而且不像那些法蘭克貴族，維京人願意迅速挖好壕溝、構築土方防禦工事，而不怕弄髒雙手。他們大多數時候都能慎選獵物，而且時機掌握得非常精準。早先的北歐人都會盡量避開教堂；但維京人卻以教堂為目標，且通常選在節慶期間攻擊，因為這時整座鎮上到處都是有錢人，各個都是潛在的人質。

基督教的社群已不抱有什麼希望。從八一九到八三六年間，位於羅亞爾河口的努瓦爾穆捷（Noirmoutier）修道院年年都遭到劫掠，後來還成了傳統，每年春、夏兩季島上的僧侶就會撤離，等到襲擊季節過了才回來。最後到了八三六年，僧侶們終於受夠了，於是就帶著他們的主保聖人遺骸，以及藏寶庫裡所剩下的一點財物，逃往東部去另覓一處安全的避風港。接下來三十年裡，他們從一處避難所被趕到另一處，最後終於在靠近瑞士邊界的勃艮地定居下來，這已是盡可能最遠離維京人和大海之處了。

有位努瓦爾穆捷修道院的僧侶在極度絕望中，呼籲基督徒同胞們停止內鬥，並團結起來防衛自己：

船隻的數量愈來愈多，眾多的北方人繼續增加……所經之處，城鎮淪陷於其手，所向披靡……幾乎沒有一個地方，幾乎沒有一座修道院受人尊敬，所有居民都逃之夭夭，敢說這話的人少之又少：「留在原地，留在原地，還擊，為你的國家戰鬥，為你的兒女，為你的家人而戰！」在他們的癱軟無力中，在他們的相互內鬥中，他們以貢物為代價去買回本該手持武器捍衛的東西，並讓基督教王國沉淪。

這位僧侶的忠告被當成了耳邊風。等到法蘭克人內戰結束時，查理大帝的帝國已化為三個王國，每個都嚴峻地暴露其弱點。西邊的法蘭克王國成了後來法蘭西王國的基礎，東邊的則成為現代的德國，而在上述兩者之間的狹長地帶的第三個王國，「洛泰爾尼亞」（Lotharingia），則被鄰國吞併掉了。[13] 維京劫掠者的數量愈來愈多，而且

13 作者注：實際上，洛泰爾尼亞唯一保存至今的是法國「洛林」（Lorraine）這個地名。

愈來愈大膽，不再是兩三艘船一起航行，而是由十或十二艘船組成的艦隊。更糟糕的是，他們開始改變戰術了。八四五年，他們回到努瓦爾穆捷島上，但這次一反以往的襲擊，維京人加強了島上的防禦工事，用來做為冬季的棲身所。維京人以往的做法都是在天氣溫暖的月份裡發動襲擊，然後在初雪下落前回老家去。然而，現在他們打算不再把時間浪費在往返運輸上，而是更有系統地蒐羅戰利品。

從他們新建的根據地發動襲擊，如今就可以溯河而上來到更遠的地方，將更多城鎮甚至城市都納入劫掠範圍內。盧昂、南特還有漢堡都遭到了洗劫，維京人的艦隊則劫掠了勃艮地。隔年他們攻擊烏特勒支和安特衛普，然後溯萊茵河而上，遠至奈美根（Nijmegen）。然而這些襲擊跟八四五年由丹麥國王霍里克所指揮的那場比起來，卻是小巫見大巫。霍里克沒有忘記法蘭克人曾支持他的對手哈拉爾．克拉克，現在他終於可以報仇了。

第三章　朗納爾・洛德布羅克

割下來的腦袋就不會再有壞主意了。

——智者薩蒙德，〈埃達〉

朗納爾・洛德布羅克（Ragnar Lothbrok）無疑是霍里克宮廷中最精采的成員。其姓氏「洛德布羅克」意思是「毛絨綁腿褲」，指的是他上戰場時所打的奇怪皮革綁腿，而他聲稱此物具有某種魔力，可以保護他。根據一則傳說，他的第一任妻子被一條毒龍般的巨蟒囚禁，為了拯救妻子，他將一條皮褲丟入滾燙的瀝青中烹煮，然後沾滾上沙子，保護自己免受有毒的巨蟒咬傷。這件很不正統的裝備保護了他，讓他有足夠的時間殺死巨蟒，救回新娘。

朗納爾出身不詳[1]，他後來成為眾多維京傳奇裡的英雄人物，以致於在歷史上的成就反而變得隱晦不明。口耳相傳的故事填補了這中間的空白，大部分的故事都很迷人，但也幾乎全都是訛傳。根據那些故事，我們知道他的第二任妻子亞絲拉琪十分美麗，據傳麵包師傅一見到她就渾然忘我到把麵包烤焦了。此外，亞絲拉琪的精明程度也跟朗納爾不相上下。當時仍處在喪妻之痛的朗納爾同意娶她為妻，只要亞絲拉琪來看望他時能夠「既沒穿衣服但也沒有脫衣服，既沒有禁食但又沒有飽餐一頓，既沒有人陪著妳來但又不是獨自一人」。最終亞絲拉琪贏得了他的心，因為她看上去裸體，但卻用長髮遮身，她前一晚只吃了一顆洋蔥，並帶了一條牧羊犬作伴前來。

一些口耳相傳的故事無疑會讓朗納爾很高興，他聲稱自己是奧丁大神的直系後裔（霍里克也同樣如此聲稱），這做法是拐彎抹角地認為自己夠格坐上王位。然而在維京人世界的規矩卻是，統治就得要靠實力，而非血統，於是朗納爾在八四五年率領了一批維京人去攻擊巴黎。

朗納爾可不是個普通的海盜，他是第一批「海上王者」之一。「海上王者」指的是已經從劫掠中獲得了足夠的財富與勢力的維京人，他們會被視為王者，他們贏得的尊敬程度是依其武力大小而定。在一個所謂「軍隊」不過只有數百人的時代，朗納爾指揮的卻是一支由一百二十艘長船組成的艦隊，以及五千多名戰士組成的大軍。

這些海狼從丹麥出海向南航行，花一個多星期就來到塞納河的河口，從那裡划船逆流而上，掠奪盧昂和卡洛利維那（Carolivenna，今天的紹西，Chaussy），距離富有的聖丹尼斯大修道院大約九英里。他的手下毫不客氣地搶劫所有找得到的財物，並有系統地劫掠該條河流能輕易抵達的肥沃地區。每次新的攻擊都讓當地人心惶惶，百姓及聖丹尼斯的僧侶全數紛紛逃難，並帶走他們的神聖遺物以及貴重物品。然而，他們卻碰上了法蘭克國王「禿子查理」（Charles the Bald），國王力圖遏止這股難民潮，命令他們回老家和教堂去。查理已經集結了一支軍隊去迎戰這些劫掠者，而且很小心地挺進。[2]

朗納爾給這位國王出了個難題。維京人以迅如閃電的戰術馳名，讓敵軍措手不及，只有占上風時才會交鋒。如果查理接近了一邊河岸，朗納爾和手下就乾脆溜到另

1 作者注：雖然朗納爾是個歷史人物，但有些人認為「洛德布羅克」是杜撰出來的傳奇。

2 作者注：禿子查理是「虔誠者」路易的兒子。

一邊河岸，避開作戰。由於國王想一決勝負，因此就將部隊一分為二，分別沿著河岸挺進。

不幸的是，對法蘭克人而言，查理軍隊的戰鬥力早已不若當年查理大帝的時代，水準下滑的程度經常是一場糊塗，而且出了名的輕率與沒效率。朗納爾用上全部軍力攻擊了法蘭克人較小的那支部隊，輕而易舉就讓對方全軍覆沒，嚇壞的查理只能在另一頭河岸上無力地看著這一幕。但更糟的還在後頭。一百一十一名遭俘獲的法蘭克士兵，都被運到塞納河的一座島上，當著查理部隊的面將他們全數吊死，獻祭給奧丁大神。

此舉一方面是為了履行宗教儀式，一方面則是算計好要引發心理恐懼的戰術。從現代人的眼光看來，維京人凶殘得令人毛骨悚然，但他們的殘暴也有分寸，他們很少摧毀莊稼，而且儘管有例行性的劫掠，但也從未侵擾阿基坦地區（Aquitaine）的葡萄園，因為敲詐勒索可以獲得更多的錢財。說到處決俘虜，維京人也遠遠不及查理大帝在凡爾登對待撒克遜俘虜的惡行，後者勒令斬首了四千五百人，做為逆反的懲治。

朗納爾的這招產生了預期效果。法蘭克人心生膽怯了，當朗納爾向他們進攻時，很容易地就擊潰他們。查理被迫帶著殘兵撤退到聖丹尼斯大修道院，誓言不計代價防守。照理來說，後有敵軍應該會讓朗納爾感到憂慮才是，但在評估這支軍隊的素質之後，他清楚認定如今是進軍毫無防守的巴黎的良機。

從很多方面來看，中世紀的巴黎都是維京人的理想目標，不僅因為它富庶，而且它大部分地區都局限在塞納河中央的西堤島上。但朗納爾對該城的第一眼必然會感到失望。雖然朗納爾的戰略是挑一個宗教節日進攻，那時教堂裡會擠滿了可能的人質，但維京人襲來的消息卻早在他的軍隊到來前就傳開了，因此大部分居民都已經逃之夭夭。維京人湧進巴黎，四面八方地穿過街道去尋找掠奪機會，他們已經在歐洲襲擊劫掠了將近五十年，卻從來沒這樣落空過。

多虧了事前的警告，使得僧侶們得以將大部分財物移走，聖日耳曼大修道院設法逃過了大部分的破壞。六星期後他們重返時，只發現幾處附屬建築被燒毀，修道院教堂外表毀損而已。唯一真正的「傷亡」是酒窖，維京人設法破門而入搜刮一空。

巴黎城本身就跟聖日耳曼大修道院一樣讓維京人洩氣，很多預期中可獲得的珍寶，都被嚇壞的居民帶去周圍的鄉下地區。維京人原本大可派出軍隊搜索，但這麼一來就有可能遭到查理軍隊的伏擊或突擊。

事實上，朗納爾每多待在巴黎片刻，處境就愈糟。法蘭克國王已經一直在增援，此時已組成可觀的大軍，足以堵住維京人的逃路。更令人憂心的是，維京人開始出現染上痢疾的跡象，這會更進一步削弱他們的戰鬥力。待在人去樓空的聖日耳曼德佩修道院的朗納爾主動跟查理聯絡，暗示說若能提供適當的貢物，他就很願意離去。

這位法蘭克國王正好也有心談判，雖然他的軍隊人數龐大，但卻對軍隊素質或指揮官們的忠誠度沒有信心，而且他也為造反的附庸、野心勃勃的家人，以及長期叛亂頭痛不已。雙方使節在聖丹尼斯修道院會面，法蘭克人提出了很不尋常的條件，維京人不但可保有掠奪物並平安離去，而且國王還會支付他們六千磅的黃金和白銀來解決法蘭克人的憂愁。

這是英國人所謂的「丹麥錢」（Danegeld）的首度紀錄，也就是絕望的國君們為了要請維京人離開所施行的愈來愈無效的一連串賄款。賄款的大部分費用是向教會徵收的，後來又以特別稅的方式向百姓徵收。首當其衝遭受維京人攻擊的是百姓，現在卻要他們付錢給折磨他們的人。更糟糕的是，「丹麥錢」似乎更增加了維京人的侵襲劫掠而非阻止了他們，因為提供保護費根本就是在吸引其他維京人起而效尤。不管查理的權宜之計多有道理，但卻很不明智地相信黃金可以取代鐵製的武器，發揮阻卻維京人的效用。

查理花了將近兩個月才籌得所需的款項，這是巴黎人唯一的一絲希望（雖然當時看來並非如此）。在這段期間，痢疾造成朗納爾軍隊慘重的死傷，死去的維京人是如此之多，以致於巴黎人視之為奇蹟，聲稱是姍姍來遲的聖日耳曼因為這些北方人玷汙了他的修道院，而降下的懲罰。

朗納爾一收到付款後，就把贓物全都裝上船，連同從城門上拆下來的一根沉重鐵棍，以證明他拿下了這座城市。他從容地沿著塞納河順流而下，好整以暇一路掠奪沿海商港和漁港。他和手下抵達丹麥時已經變得難以想像的富有，聲名大噪。朗納爾親自把戰利品送給國王霍里克，誇耀說他不費吹灰之力就到手了，唯一遇到的抵抗只有那位死了很久的聖日耳曼。朗納爾的弦外之音再清楚不過，查理大帝的時代已經過去了，法蘭克人沒什麼好怕的。

朗納爾也許沒錯看禿子查理，但並非每個法蘭克統治者都如此軟弱。查理那位強勢的同父異母兄弟「日耳曼人路易」（Louis the German），是霍里克南邊的近鄰[3]，

3 編按：日耳曼人路易是東法蘭克王國的國王（840-855），也是「虔誠者」路易的兒子。路易的三個兒子分領西法蘭克王國（禿子查理）、中法蘭克王國（洛泰爾一世）、東法蘭克王國（日耳曼人路易）。

一點也不覺得維京人的襲擊有趣，馬上就派了一個代表團去見丹麥國王，要求歸還法蘭克人所有的貨物。這可不是說了就算的要求，只消路易一句話，就能派一支帝國大軍湧入丹麥，而這支軍隊不管是數量還是素質，都不是霍里克有辦法抵擋得了的。如今讓這位維京國王感到尷尬的是，因為朗納爾在眾人前吹噓時，這些東法蘭克人的代表都在場，而他們表明，霍里克要是想阻止一場戰爭的話，就得接受日耳曼人路易做他的封建君主。

霍里克別無選擇唯有讓步。雖然屈從讓他很不爽，但起碼還有好的一面。他現在有個冠冕堂皇的藉口可以沒收那些贓物，因為這些戰利品已經使得朗納爾在丹麥大獲人心，這是很危險的事。從巴黎到手的戰利品，外加丹麥人擄獲的所有基督徒俘虜，不久後就在送去日耳曼人路易的路上。雖然霍里克控制不了個別的維京劫掠者（朗納爾大多數手下似乎都已經離開了他的領土），但他的確撤回了官方對這些劫掠行動的支持，以緩和日耳曼人路易的怒火。霍里克似乎很嚴肅看待這回的歸順，他在位期間不僅定時送禮並派遣使節出訪，而且還在一次聰明的政治行動中除掉了潛在的對手們，據說他圍捕了幾名留在丹麥的朗納爾手下，並處決了他們。

朗納爾本人則似乎逃過了這場清算，至於他後來的下場，各家說法不一。法蘭克人說他死於痢疾[4]，但這可能純屬一廂情願的說法，因為在其後英格蘭與愛爾蘭的編年史裡都提到過他，說他成功襲擊了愛爾蘭海岸，也侵擾過蘇格蘭北部及其西部諸島。

他的流亡，不管是出於自願接受還是官方驅逐，都為他的神話成長提供了養分；在大西洋海岸灘頭出沒的傳奇戰士，就像個早期的法蘭西斯・德瑞克[5]。他的財富必然是維京人的夢想之物。十二世紀期間，一位旅行學者在蘇格蘭北部奧尼克群島上一座古墳牆上，刻下獻給他的一段銘文：「此丘墳築於朗納爾・洛德布羅克（墓）之前……他的兒子們都很英勇，雖然他們是隱藏著的人……很久以前這裡就藏了一大批財寶，找到財寶的人是幸福的。」

這裡指的是四位追隨他腳步的兒子，但他們卻似乎並沒有為朗納爾帶來多少安慰。根據十三世冰島的一篇傳奇史詩所述，朗納爾承認自己對名利的渴望有部分是出

4 作者注：這裡又引出另一種臆測，認為朗納爾死於痢疾之說源自於他的綽號「毛絨綁腿褲」，沾滿他渣滓穢物的綁腿褲又黑又黏，的確像是用瀝青煮過的。

5 譯者注：法蘭西斯・德瑞克（Francis Drake, 1540-1596），英國著名私掠船長、探險家和航海家，據悉他是在麥哲倫之後第二位完成環球航海的探險家。

於恐懼，生怕他的兒子們——尤其是長子「無骨者」伊瓦爾（Ivar the Boneless）——會蓋過他的鋒芒。也許正是這一點才驅使他無情地勇往直前。

不管怎樣，這家人很快就獲准重返丹麥。八五四年，霍里克以及大部分王室成員都被一位心懷不滿的姪兒殺掉了，新統治者歡迎流亡者回國。朗納爾也許趁此機會回國，也許沒有；他的結局就跟他的發跡一樣不清不楚。然而，幾乎所有的故事都不約而同認為他有著維京人般的死法，他死於一場襲擊中。有幾個故事談到他的死因，有說他是在安格爾西島（Anglesey）一場混亂的攻擊中遇害，有說他是在愛爾蘭海岸跟其他維京人爭奪地盤時戰死。

然而，流傳最廣的故事則是他在英格蘭海岸遇上了反常的風暴而沉船，生還者紛紛爬上灘頭，諾森布里亞的盎格魯國王艾拉（Ælla）制伏了這些人，並抓到了朗納爾。由於艾拉的領地一直是維京人最鍾愛的襲擊目標，國王要享受這個良機，好好修理這些折磨過他的人。他想出一個很特別的處決方式，將朗納爾丟進一個毒蛇坑裡，讓他被毒蛇活活咬死。[6]等到朗納爾那條知名的褲子保護他免遭蛇咬時，艾拉就把他拉出坑來，剝光他的衣服，然後再把他丟回坑裡。這頭老狐狸此時赤裸躺著，受了致命傷，不屈地抬頭望著艾拉，唱出了維京人的戰歌：

> 我很高興知道，奧丁會準備好盛宴的長凳，很快地我們就會暢飲著彎角杯中的麥酒。來到英靈神殿的戰士不會哀嘆自己的死亡，我不會在唇邊掛著恐懼的話語，進入奧丁的殿堂。阿薩神族會來迎接我，死期將至而毫無哀嘆。我渴望離去，女武神正在召喚我回家，我笑著面對死亡。
>
> ——朗納爾·洛德布羅克，《十三世紀冰島傳奇》

他在臨死時喘息說出了最後遺言，警告艾拉：「當公豬嚎叫時，豬崽就來了。」

這個故事無疑是杜撰的，但起碼有真實的一面。林迪斯法恩島和愛奧納島只不過是維京人後來席捲英格蘭的牛刀小試。當朗納爾的兒子「鐵漢」比約恩（Bjorn Ironside）聽到父親死訊時，據說他緊握手中的長矛，在木柄留下了印痕；他弟弟哈夫丹（Halfdan）則拍碎了一個棋子，因過度用力而手指流血。要是諾森布里亞國王真的殺了朗納爾，那麼希望他最好趕緊享受勝利，因為豬崽已經上路了。

---

6 作者注：這應該很難實現，因為英國並沒有現成的毒蛇供應。

第四章　魔鬼索爾吉斯

大海朝愛爾蘭噴出如洪水般的異族，以致再也找不到港口、碼頭、要塞、堡壘、城堡，因為全都淹沒在一波波洪水般的維京人和海盜中。

——九世紀愛爾蘭，《阿爾斯特編年史》（*Annals of Ulster*）

維京人對英格蘭的大舉入侵，至少有部分源起於愛爾蘭。霍里克手下以及朗納爾那一代人的襲擊是著眼在法蘭克諸王國，但他們的下一代卻開始向西尋找更好的新地點。

但這並非因為法蘭克人防衛能力變好了，而是原本看來源源不絕的法蘭克黃金似乎開始有漸漸枯竭的跡象。朗納爾襲擊巴黎後十五年內，法蘭西的西部主要河流全都留下有維京劫掠者的足跡。起初他們只會破壞跟洗劫，搶奪任何到手的聖餐用具和聖物匣。然而，他們很快就領悟到勒贖可以獲得更多的錢財。就以聖丹尼斯修道院的院長來說，光是靠一位肉票就可以勒索六百八十六磅的黃金，以及三千磅的白銀，實在太划算了。

有的維京人則在擔任傭傭兵方面頗有意外收穫。當某些維京人開始襲擊塞納河時，有位名叫威蘭（Weland）的北歐人自告奮勇願意幫忙趕走這些維京人，條件是給他兩千磅的白銀以及一些家畜。禿子查理接受了條件，但籌錢所花的時間太久，威蘭的開價漲到了五千磅。付清白銀之後，威蘭很盡職地去面對塞納河的劫掠者，但卻沒攻打他們，反倒同意收下劫掠者的六千磅白銀，讓他們安然離去。結果威蘭連劍都還沒拔就成了千萬富翁。

到了該世紀末，已經有四萬多磅的白銀流入維京人的口袋，而法蘭克諸王則開始讓他們的錢幣貶值。海岸地區因為人口移往內陸而日漸荒涼，有些宗教社群則前往比較安全的地區尋求庇護。更糟的事實是，從維京人的角度來看，當地的反抗日益頑強。

應該說，禿子查理終於有努力過。他的兩座主要王宮都在法蘭西北部，靠近皮卡第（Picardy）。為了守衛王宮，他開始發動一場有系統性的防禦戰。查理在塞納河與羅亞爾河上築起了加強防禦工事的橋梁，大幅削弱了維京人的攻擊力。這些橋梁發揮扼守作用，可以輕易守衛並阻止維京人的船隻進一步逆流而上。要通過橋梁的唯一方法就是包圍戰，而包圍戰所需的配備卻正是典型輕裝的維京劫掠者所欠缺的。查理在威脅最為嚴重的鄰近地方建起了城堡，雖然這些預防措施並未能阻止維京人的攻擊，但卻成功地扭轉了形勢。面對日益稀少的回報，維京人開始轉而另覓其他較簡易的目標。

在劫掠林迪斯法恩島後的多年中，維京人將大部分注意力都轉到法蘭克王國，但現在又轉回來到不列顛群島。英格蘭、蘇格蘭以及愛爾蘭雖然不及法蘭克諸王國富有，但卻在政治上分裂，並擁有大批修道院，尤其是愛爾蘭，大量的修道院房舍成了誘人的目標。這座島盛產珍貴物產，早已輸出到北歐大部分地方，不但金、銀、銅儲量豐富，還有祖母綠、藍寶石、紫水晶、黃玉和淡水珍珠。起碼從西元前二〇〇〇年以來，愛爾蘭工匠就已製造出品質很高的金屬製品，而「凱里鑽石」（Kerry diamond，一種可在海岸岩石中發現的閃亮寶石），則用來裝飾聖物、首飾，甚至用在書籍封面。

地方的繁榮，再加上愛爾蘭人虔誠的宗教信仰，產生出一種偉大的文化繁盛。愛爾蘭正處於黃金時代，其修道院是日益走入黑暗時期的歐洲的光明學習中心。愛爾蘭製作出華麗的泥金裝飾手抄本，並培養出傑出學者，將愛爾蘭的學問輸出到西歐各角落去。

在政治上，該島也逐漸趨於統一，部落間的戰爭雖然打得你死我活，但隨著時間推移卻也形成了一些小王國。這些王國鬆散組成兩個主要聯盟，北方的小王國以塔拉（Tara）國王為首，而南方的小王國則受蒙斯特（Munster）諸王所支配。傳統上，塔拉是兩者中較強勢的一邊，偶爾其君主也被承認為「阿德里」（Ard Ri），也就是「至尊王」（High King）。

然而，這種原始性的團結卻未能針對維京人的猛攻做好準備，因為在防守方面有著嚴重缺陷。大多數的小國王只是口頭上效忠他們的上層，基本上也不見得聽話。每支上戰場的軍隊都由若干部落組成，各有其首領指揮，各自行動，而不是以整體為單位來行動。不管個別的士兵多英勇或武功多高強，這樣的軍隊在對抗更有紀律的敵手時是靠不住的。即使能贏得勝利，也無法從中獲利。

就在丹麥人忙著撕裂查理大帝的帝國時，他們的挪威兄弟們則圍攻了蘇格蘭北部並襲擊了愛爾蘭。就在襲擊林迪斯法恩島兩年後，他們洗劫位於蘇格蘭東北部海岸島上的聖高隆大修道院。蘇格蘭斯凱島上的宗教社群，以及都柏林以北四十英里遠處的凱爾斯修道院，都很快相繼遭到劫掠。僧侶遭屠殺，建築遭焚燒，大部分牲口都被帶走。不到十年，維京人已經繞過了北部岬角，開始往不列顛群島西海岸的海灣沿途掠奪而去。

這些早期的襲擊，就跟在英格蘭和法蘭克帝國從事此勾當的同行一樣，通常規模小，僅僅兩三艘船去測試一下當地人的抵抗力。而如今他們已熟能生巧，最愛去找那些地處孤立且易於經海上抵達的受害地區。即便是最有名的愛爾蘭修道院也可能遭到襲擊，而且在當地武裝部隊出現之前，劫掠者就已經逃之夭夭。

成功的襲擊吸引了愈來愈多的維京人，於是在其後二十年間，大量的洗劫掠奪使璀璨的愛爾蘭文藝復興葬送於火海中。即便是偏遠的斯凱利格麥可島（Skellig Michael），雖然位在愛爾蘭西南海岸外八英里、海拔五百英尺之上，島上的修道院看似堅不可摧，結果也照樣不堪一擊。八二一年，一群維京人設法攀爬上島上峭壁，洗劫了多金的修道院，還劫走了院長。

雖然這群維京人為了娛樂而活活餓死那位院長，但其他的維京人則開始仿效丹麥人的做法去尋求贖金。這一招也運用在非人類的物品上。早期的劫掠者看中的是用金銀打造的聖物匣，至於盒裡的東西，對他們來說一點用處也沒有，因此看到遺物就棄置，看到書封上鑲的寶石就撬出來，然後把支離破碎的手稿丟入火中、棄於爛泥或傾倒入海。

然而，維京人漸漸領悟到愛爾蘭人為何很在意這些聖物、福音書，或甚至書本的封面，也願意付出高額的款項來贖回這些東西。此外更值錢的就是愛爾蘭人本身。那些身分沒重要到可供勒贖的人，會被當成奴隸賣到波羅的海或伊斯蘭市場去，於是維京船隻開始以「挖人口礦」為目標。維京人襲擊位處都柏林灣頭的霍斯村（Howth），抓捕了大量婦女到船上；襲擊基爾代爾（Kildare）時則帶回兩百八十名俘虜；襲擊阿馬（Armagh）時更抓到了一千名俘虜。[1]

這些新手段造成的心理衝擊，徹底讓愛爾蘭的僧侶們嚇破了膽，以致他們開始祈求惡劣的天候。九世紀期間，有位愛爾蘭聖蓋爾修道院的僧侶，在一本評論拉丁文法的書緣上寫下這段話：「今晚風很強烈，掀起了海上的白頭浪，我不用害怕狂野的維京人橫渡大海到來。」

隨著綿長未設防的海岸線不斷遭受劫掠，內陸地區有著更豐富戰利品的傳言也開始傳到維京人耳中，於是他們的襲擊也就變得更加大膽。八二八年，他們抵達了愛爾蘭島的東岸，大膽溯博因河（Boyne）而上，深入到勞斯（Louth），擒獲一位當地國王。

但並不是所有襲擊都能成功。在探索西海岸時，有一艘船的船員全部遭到屠殺，另一艘則被憤怒的僧侶驅走。但這些失敗的嘗試非但未能替那些被圍困的防守者贏得喘息空間，反而總是引來為數更多的襲擊。當一所修道院的僧侶派遣部隊去防衛他們的財產時，只不過是更讓維京人警覺到財寶就在眼前。接下來的一年光是單月就發生三次襲擊，而且全都成功了。

襲擊也從原本零星、無組織攻擊位於海岸的修道院，轉為大規模、有效率溯河而上深入內陸目標的襲擊。八三六年的聖誕夜，一群大膽的維京人途經阿文莫爾谷（Avonmore）二十多英里崎嶇地形深入內陸，去襲擊格倫達洛（Glendalough）和克朗莫爾（Clonmore）的中央修道院。同一晚，遠在一百六十英里外的東北部，另一群維

1 作者注：維京人販奴最著名的例子大概要算是愛爾蘭的聖人芬丹（Findan）了。他兩度遭維京人俘虜，但卻趁著維京人停靠於奧克尼群島時設法逃脫，然後在歐洲大陸流浪，最後在瑞士定居下來，在那度過二十五年餘生。

京人襲擊了康諾特（Connacht），搶走修道院大彌撒時才拿出來用的最貴重聖物。

同年也出現了維京劫掠者中最惡名昭彰的索爾吉斯[2]，愛爾蘭人稱他為「托爾吉斯」（Turgeis），這是愛爾蘭人的稱法，源自蓋爾語（Gaelic）。跟他前來的船隻如此之多，以致愛爾蘭編年史家提到它們時稱之為「皇家艦隊」。索爾吉斯似乎跟斯堪地那維亞的王朝有關係，因此在愛爾蘭的所有維京人都奉他為領袖。八三九年，他看上了愛爾蘭島上最神聖的聖地。

愛爾蘭版的耶路撒冷就是位於北愛爾蘭的阿馬，聖派翠克選定了該地做為愛爾蘭基督教圈的信仰中心，他也被任命為第一任主教，去世後並葬在此地。他的許多個人物品都被當成聖物保存下來，多年來其墓塚附近的地區已發展成為龐大的建築群，包括多所學校、修道院以及一座主教座堂。

索爾吉斯親自領導這次襲擊，屠殺無法及時逃脫的僧侶和學生，祭壇都被砸碎，墳墓和聖物匣都被撬開，遺物都被翻抄在地，以便尋找貴重物品。彷彿這還不夠，索爾吉斯一路闖進聖派翠克主教座堂，利用主祭壇上剩下的東西主持奧丁大神的獻祭。

這些暴行確保這位維京海上之王成為最受愛爾蘭人鄙視的人物。對於愛爾蘭人來說，他是魔鬼撒旦的僕人，殘酷、令人髮指，是瀆神的施暴者，一定要不惜代價阻止他才行。然而，索爾吉斯卻跟他們曾面對過的維京人不一樣，他有更遠大的計畫，而非單純掠奪戰利品而已。他自封為「愛爾蘭所有異國人之王」，看來其目的是要公然征服整座島嶼。

他的時機再好不過，蒙斯特的小國王試圖奪取至尊王之位，但卻只成功地讓愛爾蘭中部陷入混亂。索爾吉斯攻陷阿馬後，找到了所需資源，得以持續向內陸挺進。然而，索爾吉斯不單單只是掠奪阿馬的修道院，還把自己定位為修道院的新主人，並開始徵收賦稅。這所愛爾蘭最神聖的修道院，如今有了一位異教的院長。

索爾吉斯派遣維京人艦隊溯河而上，並沿著海岸線前行，以削弱反抗勢力。由於有太多船隻在海岸梭巡，因此僧侶開始抱怨維京艦隊無處不在。

就在他的部隊忙於削弱本土愛爾蘭諸王勢力時，索爾吉斯開始另覓一處更具防禦性的地點來做為他的行動基地。他在愛爾蘭東岸，愛爾蘭海的一處避風港灣建了朗福特城堡（longphort，一座海岸堡壘），並在愛爾蘭度過了那年冬天。這是個理想地點，既易於防守又能立即通往大海，位於壯麗的天然海港，提供了便於越過利菲河

2 作者注：索爾吉斯（Thorgils）在古諾斯語稱為索爾吉索（Thorgísl），也可寫成索爾吉斯特（Thorgest）。

（Liffey）的渡口，既能由此直達愛爾蘭內陸，又能直抵不列顛西海岸。當地人稱此地點為「黑池」，蓋爾語稱為「都柏林」，後世沿用了此名。索爾吉斯用沉重的原木材鋪出街道，並用柳條編織、敷泥為牆，建造了維京風格的房舍。圍繞著街道和房舍的是一道厚重的土牆，牆頭有木柵欄。索爾吉斯不打算將都柏林視為單純的前線基地，它會成為維京人在西歐建立的第一個國家的中心，索爾吉斯則是這座城市的「國王」。[3]

索爾吉斯就從這座總部加緊了他的攻擊。八四四年，他率領六十艘船沿著香農河（Shannon）逆流而上，抵達今天的利默里克（Limerick），在那裡下令部隊分頭掠奪愛爾蘭整個中部和西部的聖地。索爾吉斯本人則將克朗弗特修道院付之一炬，然後又去攻打克朗麥克諾斯（Clonmacnoise）的大修道院，該修道院以其神學院而聞名全歐洲。

這回索爾吉斯似乎又重複之前他在阿馬的作為，在屠殺僧侶並掠奪大修道院財物之後，他將妻子歐妲帶進主教堂。索爾吉斯擦掉了四處噴濺而凝結的血塊之後，協助妻子爬上搖搖欲墜的主祭壇頂上。歐妲是位著名的「渥爾娃」（völva，也就是女先知），她會在獻祭奧丁大神的儀式中，向集結的維京人們展示她的預言天賦，好讓他們感到開心。

這場玷汙愛爾蘭兩處最神聖之地的儀式並非出於偶然，索爾吉斯藉此維護維京神明至高無上的地位，用這樣的手段來動搖中世紀愛爾蘭人的宗教信念。南部有個僧侶哀嘆地說：「許多愛爾蘭人都背棄他們的洗禮而加入『白色外族人』，去掠奪教堂。」[4]

十年過去，愛爾蘭已經處在完全被蹂躪的嚴重危險中。那些小國王只顧著彼此的世仇而不團結，於是神職人員開始挺身而出。領導當地民兵的特里格拉斯修道院院長遭殺害，而阿馬修道院的院長則連同聖派翠克的遺物一起被俘獲，看來整座愛爾蘭島落入維京人手中只不過是遲早的問題。

因此在八四五年，塔拉的至尊王梅爾·塞克納爾（Máel Sechnaill）俘獲索爾吉斯時，真是讓人在心靈和肉體上都深深鬆了一口氣。這位國王是如何辦到的，多少仍是個謎，傳說中他是透過詭計而非作戰捕獲索爾吉斯。這位令人深惡痛絕的維京人被綁

3 作者注：都柏林的北區至今仍稱為芬戈（Fingall），意指「白色外族人之地」，這是愛爾蘭人對維京人的稱呼。

4 作者注：《愛爾蘭編年史》（*Annals of Ireland*）的殘卷成書於十世紀期間的奧斯拉吉王國（Osraige），該地在今天的基爾肯尼（Kilkenny）。

起來，跟石頭綁在一起，然後沉到河裡溺斃。[5]

索爾吉斯之死結束了維京人想統治屬於異教愛爾蘭的統一大夢，也動搖了維京人本身。最早的劫掠者本是挪威人，但如今丹麥人出現的人數愈來愈多，兩邊的緊張對峙達到了沸點。索爾吉斯之死解消了兩邊都尊重的唯一人物，於是在八五〇年就爆發了爭奪都柏林控制權的維京人內戰。

在這場「黑番」（Dubgaill，黑色外族人，指丹麥人）和「白番」（Findgaill，白色外族人，指挪威人）的內鬥中，愛爾蘭人漁翁得利。內戰的第一年裡，一支丹麥軍隊設法攻破都柏林圍牆並洗劫該城，但挪威人加以反擊，在三天的浴血戰中屠殺了丹麥人。這場混亂中更有第三方人馬來添亂，他們是愛爾蘭人和維京人通婚生下的後代，被稱為「愛爾蘭番」（Gallgoidel），也就是「外族愛爾蘭人」。[6]不管哪邊，只要誰開出的條件比較好，愛爾蘭番就幫哪邊打仗，但最常做的卻是為他們自己人當傭兵。

漸漸地，本土愛爾蘭人開始把分化的維京人趕回了海岸。至尊王梅爾擊潰一支企圖進入他領土的維京軍隊，在戰場上留下七百具屍首。同一年，國王的一位盟友逮到一幫為數兩百名的劫掠者，將他們全部殲滅。梅爾國王甚至聯繫了禿子查理，尋求一支盟軍來對抗維京人。

雖然維京人根深柢固地足以抵禦來自本土的攻擊（都柏林曾遭六次攻擊，每次都是愛爾蘭人落得慘敗），但威脅到他們自身安全的卻是來自於內部。挪威人的領袖是「白色奧拉夫」（Olaf the White），挪威軍事首領的兒子，在索爾吉斯死的那年來到都柏林。另一方面，丹麥人這邊則由他的遠親「無骨者」伊瓦爾領導，他是朗納爾的長子。

人們並不清楚伊瓦爾究竟是何時來到愛爾蘭，但他身後卻有集合起來的丹麥人。朗納爾所有兒女中，「無骨者」伊瓦爾最是充滿了謎團。關於他的綽號的涵義，維京人自己就有很多相互矛盾的傳說。有人聲稱他一出生就完全沒有骨頭，但卻擁有超自然的力量和身高，有人則說他的雙腿只有軟骨，迫使他只能坐在盾上讓人抬上戰

5 作者注：愛爾蘭人對於這位最大的施暴者有這樣的結局感到很不滿意，於是就編了另一個比較好的故事。至尊王把這位維京人誘到奧爾湖（Owel）中央的一座島上，應許會給索爾吉斯和其十五個手下美麗的新娘（事實上是男扮女裝的愛爾蘭年輕士兵）。等到維京人上前去擁抱他們的新娘時，這些「女人」卻拋掉了喬裝，刺死了維京人。

6 作者注：現代愛爾蘭蓋洛威（Galloway）地區的名稱就是從「愛爾蘭番」（Gallgoidel）一詞演變而來。

場。[7]維京人會尊重殘障者，但他有這樣的殘障問題卻能擁有又長又成功的劫掠者生涯，這兩者實在都很不可能，更可能的解釋是：他擁有雙重關節（double-jointed），能夠前後彎曲。這樣的柔軟度在戰場上會很有用處。有鑑於他的家族跟蛇的關聯，這會是個很合理的解釋，例如他弟弟就名為「眼中蛇」西格德。

然而，所有的北歐長篇傳奇都認為，伊瓦爾狡猾異常。《朗納爾傳奇》（*Ragnar's Saga*）就說到：「要說有人比他還有智慧，這話才真是值得懷疑。」他在都柏林的行動似乎印證了這看法。伊瓦爾率大軍抵達都柏林後，他向對手提議雙方分治該城，以免鷸蚌相爭而削弱了雙方。奧拉夫同意了，於是兩人共享聯合國王的稱號。

兩位維京統治者都沒興趣追求索爾吉斯想征服愛爾蘭的舊夢，此時形勢已很清楚，愛爾蘭的大部分土地其實遠在維京人的所及範圍之外。內陸的沼澤與森林都太艱險，維京人實在難以深入，而且過去幾十年的經驗也警告他們不要太遠離海岸。不過，別處還有許多更誘人的大好機會。

自從八四一年建城以來，都柏林就迅速繁榮，成為維京人世界裡最繁忙的貿易港之一，維京人在利默里克、瓦特福（Waterford）、韋克斯福德（Wexford）以及科克（Cork）所建的朗福特城堡（海岸堡壘）也都蓬勃發展，但沒有一處比得上都柏林的繁榮，它已經與挪威、英格蘭以及法蘭克諸王國的主要商業中心連接起來，而且也是維京人肆虐北大西洋時勢必停靠的中途港。

也許是透過這些管道，伊瓦爾率先聽說了東邊諸國富裕的故事；但也說不定真的是要報父親的報仇。不管是哪個原因，八六五年，「無骨者」伊瓦爾決定入侵英格蘭。

7 作者注：這應該是來自詛咒。奧丁大神曾告訴伊瓦爾之母亞絲拉琪等三天過後才完婚，然而朗納爾不願意等待，結果生出來的兒子的骨頭就全部都被軟骨所取代。

第五章　異教徒大軍

北方的異教徒……蜂擁而來，宛若可怕的狼群分散於四面八方。

——《盎格魯—撒克遜編年史》（*Anglo-Saxon Chronicle*）

英格蘭不像它南邊和西邊的倒楣鄰國，它在九世紀的大多期間都逃過了維京劫掠者的注意。自從林迪斯法恩島的攻擊之後，雖然也有過零星的襲擊，但規模都相當小且行動有限。大多數修道院都戒備森嚴，每當一間修道院遭到襲擊，通常其他的人們就會四散開來，破壞維京人進一步取得戰利品的機會。例如在八二五年，愛奧納島的僧侶聽說該地區有劫掠者，於是大多數人就帶著聖高隆的遺骸及其他細軟逃難去了，只有院長和少數幾位僧侶留下來照管修道院教堂。幾天後，維京人來襲，衝進教堂時，裡面正在做彌撒，幾名僧侶立刻被殺，但卻留下院長的活口並質問他藏寶所在。當院長拒絕洩密時，維京人就在主祭壇的台階上砍去他的四肢，讓他自生自滅。

然而，這些攻擊雖然殘忍，所幸也很少見。這可能要歸因於英格蘭人在政治上較其鄰國愛爾蘭更有組織。不過，好的政治組織卻未能保持查理大帝帝國的安全，只能拖住維京人在這麼長的時間內未對不列顛發動大型攻擊而已。西元八三〇年代，襲擊開始加劇，在頭幾年裡，維京人於肯特的海岸出沒，並侵占謝佩島（Sheppey）。接下來十五年裡，維京人利用該島做為基地並干預英格蘭的政局。當康沃爾反抗西撒克遜人時，維京人協助了前者，減損威塞克斯的勢力。西撒克遜國王埃格伯特（Egbert）召集了一支軍隊迎戰，卻落得慘敗。維京人把另一支威塞克斯的軍隊也打垮之後，就蹂躪了東盎格利亞和肯特，並劫掠了羅徹斯特市（Rochester）。八四四年，他們決定向諾森布里亞王國延伸勢力，扶助被驅逐的國王復位，殺掉了他的對手。

八五〇年，他們的戰略突然從季節性的襲擊改為徹底征服（在別處也曾用過）。那年秋天他們占領了肯特海岸的賽尼特島（Thanet），並在那裡過冬。三百五十艘船出現在泰晤士河的河口，這景象使得西撒克遜國王埃塞爾伍爾夫（Aethelwulf）驚慌萬分，趕緊派兒子阿爾弗雷德（Alfred）[1]前往羅馬請求上帝的支援。

幸好威塞克斯走運（起碼是短期內），維京人決定將目標擺在另一個大國麥西亞，該國已經吸收了其較小鄰國埃塞克斯的大部分。幾百名維京人席捲了坎特伯里，並將倫敦付之一炬，迫使麥西亞國王伯特伍爾夫（Berhtwulf）調動他的軍隊。一般而言，維京人是避免激戰的，但這回他們人數夠多而有了自信。經過短暫搏鬥之後，麥西亞陣線的盾牆被攻破了，於是伯特伍爾夫及其軍隊四散而逃。

然而，維京人並未繼續深入麥西亞，反而渡河進入薩里（Surrey），去打破威塞克斯的勢力。然而維京人這回非但未能贏得壓倒性的勝利，反而慘敗於國王埃塞爾伍爾夫及其子等人之手，《盎格魯—撒克遜編年史》上滔滔不絕稱說是「前所未聞最大的一次屠殺」。[2]不過，想來必定不是重大的慘敗，因為隔年維京人就又捲土重來。這回他們攻擊西撒克遜王國的首都溫徹斯特（Winchester），但又再度被趕出去。

1 作者注：亦即後來的阿爾弗雷德大帝。

2 作者注：毫不意外地，法蘭克人就不覺得這有多了不起。有一份法蘭克編年史很簡潔地講述說，維京人是在「基督的協助下被打敗的」。

這場戰事給了維京人幾個寶貴教訓。第一是還有很多地方可以掠奪；倫敦和坎特伯里尤其是富裕的目標，再深入內陸肯定還有更多像這樣的城市。第二是這場戰事也揭露出四個英格蘭王國的相對實力，一支維京軍隊可以在戰場上跟一支王家軍隊對決而成為勝利者，而他們之所以落敗，是因為缺乏團結統一的戰略，而且嚴重地寡不敵眾。伊瓦爾的嘗試則會糾正這些錯誤。

八六五年，朗納爾的兒子發動了史上最大規模的不列顛群島入侵戰。伊瓦爾和兩個弟弟哈夫丹和烏巴（Ubba），還有與他共治都柏林的白色奧拉夫，從都柏林啟航。他們沿著英格蘭南岸暢行無阻地航行到東盎格利亞登陸，當地人立刻籌了一筆款項來賄賂他們離去；這是英格蘭的第一個「丹麥錢」的例子。伊瓦爾收下他們的錢，但卻不打算離去。他已經手握如此大軍，以致英格蘭人提到這支軍隊時乾脆就稱為「異教徒大軍」。[3]

這次的大軍不像此前的維京部隊，不過是一群群劫掠者的群集而已，而是由單一的首領及其無情的副手統一指揮，機動性很高，可根據地形或其他需要而分散為小部隊，然後再重組成大軍。

伊瓦爾為了創立這支大軍，做了不小的規劃，他從挪威的峽灣、弗里西亞列島、波羅的海西部以及丹麥招募人手，這些人多是受財富與土地的吸引而來，而這也是第一次，獲得土地成為了可能。伊瓦爾似乎打算在英格蘭土地上落地生根，成為一位重要的國王，好跟斯堪地那維亞的軍事首領們互別苗頭。他的盟友白色奧拉夫則看來非常像是希望一打完仗就回到都柏林去。事實上，奧拉夫很快就脫離主力軍，將自己局限在蘇格蘭西部與威爾斯海岸一帶，他可以從愛爾蘭有效控制這些地方。

伊瓦爾的計畫則是逐個拿下盎格魯─撒克遜諸王國。第一步是蒐集未來作戰季節所需的補給。《盎格魯─撒克遜編年史》在八六五年這一年的條目上簡潔描述了他的成功，如何恫嚇當地人供他所需：「一支異教徒大軍進入英格蘭，並在東盎格利亞占用了過冬住所；那裡有馬匹供應，而且東盎格利亞人也跟他們媾和了。」

維京人在東盎格利亞安然待到隔年，很有系統地搜刮周遭鄉下的食物。當秋收即將來臨時，伊瓦爾徵用了收成，最後（再度接受一輪賄賂之後）才命令手下大軍騎馬沿著一條古羅馬大道北上。

耐人尋味的是，有鑑於傳說中伊瓦爾父親的下場，這位維京人的目標就是諾森布

3 作者注：照現代的估計大概是三千人左右，不過這人數多年來眾說紛紜，變化差距極大。

里亞王國。諾森布里亞人不久前才驅逐他們的國王，並代以一位暴君艾拉（據說就是殺掉朗納爾的人）。現在朗納爾的兒子要來算總帳了。

然而，伊瓦爾根本不需要為了盡孝才向北進軍，維京人對於這個位處最北部的國度早已認識得很清楚。該國主要城市約克位於亨伯河一條支流處，可直接通往北海，自古以來就成為英格蘭與歐洲其他地區間的貿易地點。歷年來，此城已形成一個以葡萄酒與其他生鮮商品貿易的國際商販社群。到了九世紀中，可能還有些商人身分的斯堪地那維亞人也來此分一杯羹，因為該城的防禦能力太好了，一般小規模的維京劫掠者無法撼動這座城市。此外，攻占此城有許多明顯的好處，城市周圍都是良田，又位處都柏林與西北歐海岸線之間，還有多條修繕良好的古羅馬大道通往西海岸各港口。維京人若是拿下了約克，就有了前往多個貿易中心的通路，而不用繞道蘇格蘭北部六百英里的凶險海路。

這支異教徒大軍在八六六年十一月一日諸聖節當天來到約克城牆前。但艾拉認為謹慎方為有勇，於是逃離了此地，撤退到被他推翻的前任者的領土內，以便可以集中兩人資源。可惜對約克來說，聯軍卻花了四個半月以上的時間才來到此城，到那時維京人早已穩穩占據此地了。

「無骨者」伊瓦爾就是在約克城戰役中首度展現出他的聰明才智。他沒有出城來迎擊兩位國王，反而故意疏漏了一段城牆來誘他們入城，當盎格魯—撒克遜軍隊從此段城牆湧入城後，卻只發現精心布下的迷宮般陷阱，以及摸不清的死路。在緊接而來的巷戰中，英格蘭人全軍覆沒，兩位國王雙雙遇害。宮廷剩下的活口則向北逃往蘇格蘭。

要是艾拉真的殺死了朗納爾，那麼伊瓦爾一定有機會好好品嘗報仇的滋味。《盎格魯—撒克遜編年史》中只記載「諾森布里亞兩位國王被殺」，但北歐長篇傳奇中卻講述了更令人髮指的結局。艾拉遭生擒，被帶到伊瓦爾面前，伊瓦爾下令讓他按照可怕的「血鷹」方式來獻祭給奧丁大神。[4]這位國王被剝光上身衣物，綁在地上，由一位維京戰士砍他的肋骨，砍斷後再於脊椎兩邊割出很深的切口，然後從這些傷口把肺葉拉出來，讓肺葉持續顫動如一對染血的雙翼，直到這位扭動掙扎的國王斷氣為止。

這些故事愈說就愈變本加厲，最後的版本已經變成伊瓦爾在艾拉的傷口上撒鹽。

4 作者注：關於「血鷹」（blood eagle）有相當多的爭論，由於沒有當代的有關敘述流傳至今，因此有結論認為這是後世作家們憑空想像出來的刑罰。

不過諾森布里亞在維京人的壓迫下，肯定比任何英格蘭王國經受更多的苦難。[5]伊瓦爾顯然將該國視為進攻的跳板，藉以按部就班來毀滅其他三個王國。為了減少當地的反抗並讓他的軍隊得以抽身向南挺進，他扶持一位名叫埃格伯特的英格蘭人登基，雖然名義上是國王，但其實埃格伯特只不過是個被抬高身分、幫維京人徵稅的稅吏而已。但凡拒絕向維京人錢箱納貢的人，就乾脆沒收他們的土地和財產。

北部多少平定下來後，維京人就轉而去對付鄰國麥西亞王國。諾丁漢市（Nottingham）幾乎沒有抵抗就陷落了。就跟伊瓦爾在約克遇到的情況一樣，他開始著手鞏固城牆，以便用此城做為基地。那年冬天維京人遠離船艦紮營過冬，以此來衡量伊瓦爾的信心。

當入侵的消息傳到麥西亞國王伯格雷德（Burghred）耳中時，他很明智地去向威塞克斯國王埃塞爾雷德（Athelred）求助，這兩個王國向來合作密切。他們在十四年前就已經訂下軍事聯盟，那時伯格雷德娶了埃塞爾雷德的妹妹，並許了一名麥西亞女子給埃塞爾雷德的弟弟阿爾弗雷德做為妻子。當求援傳來時，兩兄弟皆回應了，率領威塞克斯大軍前去協助麥西亞。

隔年春天，這兩位王室夥伴立刻向諾丁漢挺進，試圖以猛攻來拿下此城。這是盎格魯—撒克遜人打敗維京人的最佳機會。英格蘭軍隊比起伊瓦爾的軍隊要大得多，而且是為了捍衛自己的家園而戰。另一方面，維京人則是為了要掠奪，而且也打算要活下去以便享受掠奪成果。因此維京人一見苗頭不對，他們就會退卻，而不會來個崇高的最後一搏。更好的是，從英格蘭人的角度來看，伊瓦爾很愚蠢地遠離了他的船艦，此時已經跟其他劫掠者們切斷了增援或連繫。由於無法補充軍力，因此每傷亡一名維京戰士，就嚴重降低了他持續作戰的能力。

伊瓦爾此時面臨了困難的抉擇。要是他發動攻擊，很明顯的會有風險，他的部隊雖然以寡敵眾，但無疑比英格蘭人要善戰得多，然而即便在最好的戰況下也是會傷亡慘重。但從另一方面來說，要是他待在城裡，那就是等同坐待缺糧與疾病。

任何戰事最未充分受到重視的關鍵就是補給。誠如拿破崙所說：「部隊填飽肚子才走得動。」要養一支千人軍隊，伊瓦爾每天最起碼得要供應兩噸未磨過的麵粉，一

5 作者注：這種殘酷行為是互相的。英格蘭東南部有幾個城鎮據說曾剝下維京俘虜的人皮來給教堂的門做襯墊。雖然一聽就幾乎肯定是假的，但連倫敦的西敏寺也吹噓過曾用維京人的人皮來裝飾。

千加侖的淡水。[6]供應馬匹所需則是件更困難的事，他徵用來的五百匹英格蘭馬比現代騎兵的馬匹矮小，但每匹一天就要消耗十二磅穀糧和起碼十三磅的乾草，全部加起來一天就要六噸多。[7]此外，要在堡壘範圍內養五百匹馬也有嚴重的衛生問題。雖然馬吃喝的量很大，但留在肚子裡的很少，要是餵食得當，伊瓦爾的馬匹每天起碼會排泄出兩百八十加侖的尿液以及一噸馬糞。

儘管有這些重重阻礙，伊瓦爾卻很聰明地選擇待在城牆裡。英格蘭人也有類似的補給問題，而且由於他們人數更多，因此看來問題很快就會變得很嚴重。更何況，盎格魯—撒克遜的民兵是由農民組成，他們有服役的期限，而且也不能無限期地遠離自家農場。要是伊瓦爾能拿得出足夠糧草撐過去，英格蘭軍隊就自然會消失。

幸虧伊瓦爾的計策非常出色地奏效了。那些威塞克斯人急著要趕回去秋收，隨著日子過去，而這些徵集來的士兵也紛紛開始回老家。伊瓦爾賭他手下的專業戰士們在勉強餬口上可以比敵人的農民軍要捱得更久，而且也顯示在配給供應的行政技能上，遠較大而無當的盎格魯—撒克遜軍隊要高明得多。

麥西亞這邊的軍隊辛苦撐著，但卻不斷出現逃兵，士氣低落。等到對方軟化下來時，伊瓦爾提出了休戰。條款內容不得而知，但維京人撤回了約克，也可能是拿到了一筆貢金，以及成為伯格雷德屬國的某種承認。

伊瓦爾在都柏林似乎有急事要處理，因此他把軍隊交給了弟弟烏巴指揮，自己渡海返回愛爾蘭海。沒有了他，這支異教徒大軍就自限於鎮守住諾森布里亞。接著是相當太平的一年，讓人稍縱即逝地以為已經獲得了某種安定。一個英格蘭王國已經被征服了，另一個則受到重創而不振，但說不定維京人的襲擊也受到了挫敗。然而在八六九年，伊瓦爾又溜回英格蘭，帶著新出爐的計畫加入了大軍。

在剩下來的兩個獨立王國中，東盎格利亞是更引人垂涎的掠奪對象。維京人若控制其海岸，可以讓船隻在北海有了避風港。至於其河流，特別是泰晤士河，則提供深入英格蘭中部大河流域的通路。伊瓦爾兵分兩路，展開戰事。弟弟烏巴率軍從約克沿著古羅馬大道南下時，他則率軍沿著海岸航行，沿途蹂躪各城鎮。他的意圖是要在東盎格利亞首都塞特福德（Thetford）跟烏巴會師，迫使其國王降服。

多虧了這條古羅馬大道，烏巴的行軍很順利，這條道路自修築以來雖然已經過了

6 作者注：此處要注意的是，這不過是勉強餬口而已，每頓吃冷粥和水是無法保持士氣高昂的。

7 作者注：這些馬是在西元四三年羅馬皇帝克勞狄（Claudian）入侵時由古羅馬人引進不列顛。

五個世紀，仍然養護得很好。烏巴在初秋抵達彼得伯勒（Peterborough）並燒毀了該城，特別仔細屠殺了所有的神職人員。[8]從那裡他又進軍芬斯（Fens），這是一大片幾乎無法通行的沼澤地區，將彼得伯勒與具有戰略重要性的城市塞特福德和劍橋分隔開來。

塞特福德算是個政教合一的首府，東盎格利亞國王埃德蒙在那裡有一座王宮，但是劍橋無疑更加重要。早在西元一世紀期間，劍橋就被認為是個樞紐地點，周圍地區滿是沼澤，但劍橋卻從中拔地而起，而且立足在堅實的地面上，為劍河（Cam）方圓數英里之內的範圍提供了最實用的渡口。古羅馬人看出該地點的優越之處，因此從南邊的倫敦修築大道通往北邊的約克時，就會途經劍橋。除了陸路上的貿易與軍事價值之外，該城也是重要港口，因為它的河川可供航行，直通北海。因此劍橋，主宰了整個邊界地帶的海陸交通。

國王埃德蒙或許一聽到彼得伯勒遭到掠奪，就馬上召集他那些民兵，但他們來不及趕到。就在國王只顧著維京人的陸路軍隊時，「無骨者」伊瓦爾率領艦隊抵達了。國王與維京人雙方的衛隊經過短暫交鋒後，埃德蒙設法逃到了城中的據點。

伊瓦爾派了一名信差去向國王提出一貫的要求：一筆可觀的賄賂，以及埃德蒙必須承認自己是維京人屬國的國王。埃德蒙要不是出於勇敢就是愚蠢，他拒絕了，並補充說，唯有伊瓦爾願意接受基督教，他才會同意這些要求。在談判桌上，埃德蒙是處在弱勢，這一點很快就會殘酷地再清楚不過。這回伊瓦爾派了更多軍隊前來，抓住了埃德蒙，用鐵鍊綑綁，再用鐵棍狠狠毆打他。

埃德蒙國王此時全身赤裸又滿是流血，被拖到伊瓦爾面前，但仍然拒絕降服，甚至呼喚基督解救他。伊瓦爾因而更加惱怒，命人把埃德蒙綁到一棵樹上，指示手下盡可能向埃德蒙射箭但卻不要取他性命。等到埃德蒙「渾身是箭，宛如刺蝟」時，伊瓦爾才終於砍下他的腦袋結束他的痛苦。屍首就留在倒下之處，首級則被扔進附近樹林裡。[9]

東盎格利亞的王位於是落到了埃德蒙弟弟埃德沃（Edwold）手中，但他很理智地

8 作者注：根據當地編年史記載，神職人員被殺得只剩下一個活口。這人被俘虜，但卻趁著烏巴分心時設法逃脫了。

9 作者注：傳說當地人找到這位殉道的埃德蒙的首級，他們循線調查一隻大野狼的嚎叫聲，發現首級安然地捧在這隻野獸的雙爪中，而且允許當地人取回首級跟屍身合葬。但不幸的是，看守首級的人類反而不如野狼能幹，埃德蒙的首級在十三世紀期間被某些法國騎士偷走了。

逃走了，成了一位隱士，埃德蒙這條王室的繼承到此終結。伊瓦爾再度指定一位屬國國王，並徵收貢品。到此時，四個英格蘭王國已經有三個被他粉碎；只剩下了威塞克斯。

然而，由於別處需要他，因此伊瓦爾決定先不馬上拿下威塞克斯。他的都柏林老盟友白色奧拉夫已經請求他協助直搗蘇格蘭的敦巴頓城堡（Dumbarton Castle）。於是伊瓦爾就把異教徒大軍交給弟弟哈夫丹指揮，自己帶著愛爾蘭維京人回諾森布里亞。

敦巴頓是斯特拉斯克萊德（Strathclyde）的首都，這是個古老的土著王國，占據現代蘇格蘭西南部大部分地區。多年來，守軍已經擊退無數次想要靠猛攻占領該國的敵軍，其原因在於守軍擁有一口深井，因此能比大多數圍城敵軍撐得更久。維京人在夏末來到敦巴頓時，防守者可以很確實地期望愈來愈糟的天氣，會讓他們在補給耗盡之前趕走維京人。

兩支維京聯軍分別由相反方向來到敦巴頓，奧拉夫的艦隊沿著克萊德灣（Firth of Clyde）北上，而伊瓦爾則途經約克[10]，由陸路進攻。挪威人和丹麥人在協力合作上毫無問題，尤其若能攻下敦巴頓，可掠奪的戰利品會更多。結果這場圍城戰短得出乎預期，不知怎地，維京人想出了把井水抽乾的方法，於是在四個月內那些渴得要命的守軍就開城投降了。

但守軍一投降，隨即就後悔了。維京人是來劫掠的，沒有心情要求贖金。[11]大部分駐軍都遭到殺害，城鎮被洗劫一空後夷為平地。掠奪來的財物多到要用兩百艘船才能全部運走。不幸存活的人則被運往都柏林，在那裝載上販奴船，運至西班牙的伊斯蘭市場上出售。

伊瓦爾凱旋回到他的愛爾蘭首都，如今，他是當代名氣最大的維京人，是最偉大的海上國王。八七一年，他自封一個冗長累贅的頭銜「全愛爾蘭與不列顛的斯堪地那維亞之王」，而奧拉夫則似乎對此沒有異議。誠如朗納爾很久以前所憂懼的，伊瓦爾果然勝過了其父。兩年後他安然去世，應驗了邱吉爾所說的「兩全其美」——戰無不勝，富甲天下。

10作者注：伊瓦爾在約克停留了足夠長的時間去襲擊一座修道院。據說修女們為了保持貞潔，還割掉了鼻子跟上唇。伊瓦爾放火燒了修道院、修女與一切東西。

11作者注：斯特拉斯克萊德之王是個例外，他被帶回都柏林，索要一筆合適的贖金。不幸的是，支付贖款者是他的政敵，這麼做並非是要營救他，而是要殺害他。

伊瓦爾去世的地點不詳，但起碼有一則傳聞聲稱他想要安葬在英格蘭，這傳聞挺合情合理，因為英格蘭是他贏得最著名勝利的地方。[12]伊瓦爾的死留下了領導上的空白，但卻有相當多能幹的候選人等著接棒。在都柏林這邊，白色奧拉夫是他理所當然的繼承者，他的弟弟哈夫丹與烏巴則會繼續經營英格蘭的大業，而且事實上，他們也早已開始了。甚至在伊瓦爾征服斯特拉斯克萊德之前，這對兄弟就已經展開對威塞克斯的最後進攻。

12 作者注：據稱伊瓦爾的遺體被從都柏林運往英格蘭下葬。十七世紀期間，在雷普頓（Repton）發現一座墳墓，內有一具完整無缺、碩大異常的男性骨骸（據說有九英尺高），周圍有兩百五十具維京人散落的骨骸。由於時間符合，而且顯然是個重要人物，因此有人推測這些遺骨（正好是其綽號的反諷），是「無骨者」伊瓦爾的骨骸。

第六章　圍城下的英格蘭

一個人若見到朋友被叉起來烤熟，就會全部都招了。

——智者薩蒙德，〈埃達〉

僅存的英格蘭獨立王國岌岌可危。威塞克斯國王埃塞爾伍爾夫是個既無野心又平凡無奇的統治者，於八五八年去世，留下四個兒子繼承父業。四個看來都不怎麼樣。長子埃塞爾博爾德（Aethelbald）娶了他守寡的繼母以鞏固繼承資格，但兩年後就去世了。王位於是傳到了次子手中，他統治了短暫時間，運氣很好地在異教徒大軍登陸英格蘭那年去世。現在就剩下了最後兩兄弟埃塞爾雷德和阿爾弗雷德去面對維京人的進攻。

三年前，他們倆都曾在諾丁漢圍城戰中親歷過維京人的厲害，而且學到了兩個寶貴教訓。第一是農民多半不情願服兵役，除非是為了保衛自己的家園。民兵不願意留在麥西亞抗敵的心態造成撤退的結果，這比埃塞爾雷德下的任何命令都來得有力。第二是補給的問題。徵兵容易養兵難，而兩兄弟在這方面都沒有足夠的行政經驗。因此在八七一年，消息傳來朗納爾的兒子哈夫丹，已率領異教徒大軍渡河進入威塞克斯領地時，應該會在這王國投下恐懼的漣漪。

哈夫丹在前一個冬季裡都在蒐集補給，可能還跟其他從歐陸渡海而來的維京人聯手掠奪肯特。秋末時，他向西挺進去尋找威塞克斯的王家軍隊，也許是打算一戰而粉碎他們的鬥志。威塞克斯兩兄弟派出了一支由當地農民組成的軍隊去纏住維京人，同時也在調度集結大軍。

當哈夫丹手下的劫掠者到處搜刮時，英軍在雷丁附近出其不意地襲擊了一支維京人部隊。經過短暫交鋒後，維京人撤退了。撒克遜人認為他們已迫使整支異教徒大軍後撤，於是就進一步追擊。埃塞爾雷德與年輕的阿爾弗雷德聯手領軍前往雷丁，到了那裡發現只有一隊輕裝哨兵守在城牆外，於是立刻藉機攻打。

阿爾弗雷德的傳記作者，威爾斯僧侶雅瑟（Asser）在《阿爾弗雷德王傳》（*Life of King Alfred*）中，追述了接下來的事情發生經過：「當他們把城牆外的維京人都砍倒之後，來到了（雷丁）城門，維京人的對抗也毫不遜色；他們如狼群般從各城門湧出，全力加入戰鬥。雙方在那裡激戰良久，然而，可嘆呀，最終基督徒轉頭撤退，而維京人則贏得了勝利，成為戰場上的主人。」

這場敗仗打垮了英軍士氣，埃塞爾雷德和阿爾弗雷德還是從一處鮮為人知的泰晤士河渡口溜過了河，這才未被俘獲。英軍四散。逃難中的國王及其弟弟現在能充分體會到，維京人已成了設防紮營的專家。他們曾在約克與諾丁漢以相反的方式展示守衛城池的能力，如今則利用雷丁的多座城門來上演一齣閃電反擊。

唯一的一線希望是，威塞克斯的軍隊只是潰逃，而不是遭到摧毀。哈夫丹已經在雷丁花了一個多星期的時間，得要繼續前進。他需要擊潰撒克遜的軍隊以便粉碎威塞克斯，而這意味他得要追捕埃塞爾雷德和阿爾弗雷德。他還得打鐵趁熱，趁著對方士氣低落，援兵未到之前趕緊出擊。

埃塞爾雷德在阿賓頓大修道院（Abingdon Abbey）重整旗鼓，因為那裡有新補給以及足以安撫動搖軍心的精神支柱。除非哈夫丹走水路，否則幾乎難以掩飾其行軍動靜，而他也沒打算掩飾。就在雷丁戰役過後四天，埃塞爾雷德接到消息說維京軍隊正沿著一條古羅馬大道朝他撲來。

一來到開闊的野外，除非有勝算，否則哈夫丹就會避免發生激戰。因此之故，他盡量沿泰晤士河前行，以便能隨時登船。英格蘭兩兄弟前去攔截他，在鄰近古羅馬大道的阿什當（Ashdown）部署了軍隊。

維京人在中午之前來到了撒克遜人的防線，見到敵軍占據了高處，哈夫丹就兵分兩路，意圖包抄英軍。阿爾弗雷德眼見敵軍如此調動，就請求兄長准許他也兵分兩路，分別迎戰敵軍的兩路人馬。顯然埃塞爾雷德即刻批准弟弟的行動，因為阿爾弗雷德隨即就兵分兩路撲向維京人。

同仇敵愾的攻擊似乎讓維京人大出意外。才不過四天前，他們還輕而易舉就打散了這同一支軍隊，但此刻卻被打得節節敗退。英格蘭人為了要保衛自家農地，因此鼓起勇氣拚命奮戰。當維京人撤退到一座山丘上時，阿爾弗雷德「宛如一隻年輕野豬般」狠命追趕他們，衝破了維京人的盾牆。維京人這時已經陣腳大亂，轉身逃跑。

對於英格蘭人來說，這是場具有決定意義的奇蹟勝利。阿爾弗雷德的傳記作者滔滔不絕地說：「……有成千上萬的維京人被宰殺……遼闊的阿什當範圍內，屍橫遍野……基督徒們追趕他們直到天黑，四面八方砍倒他們。」

雖然這些號稱的人數顯然是誇大的，但戰死伯爵的名單卻顯示出這場浴血肉搏戰的傷亡慘重。然而，雅瑟沒提到的則是，雙方的傷亡都非常慘重。對英格蘭人來說這是場勝利，但卻是慘勝，因為撒克遜人也遭到嚴重打擊。

由於王家軍隊是從當地部隊抽出來組成的，因此這高傷亡率對撒克遜人造成的問題比維京人的要大。每個郡都會派出一隊人馬，由當地的領主或者伯爵指揮，然而這些子單位部隊最有意願的當然是捍衛自家領土，因此當一個郡遭到蹂躪時，他們就會漠視國王的徵召。也許會有幾個職業軍人留下來效忠，但大多數民兵會回老家去保衛家人，這是可理解的。因此，隨著維京人的進軍，民兵來源就不斷縮減，維京人累積的勝利愈多，撒克遜人的抵抗力就愈薄弱。

因此，從人力角度來看，誰勝誰敗還很難說。當地的部隊已經筋疲力盡，要是維京人又發動新攻擊，是無法指望靠他們的。另一方面，哈夫丹卻沒有這樣的問題，而且他還有源源不絕的援軍從愛爾蘭、法蘭西和斯堪地那維亞趕來，增加了維京人的人數。

但由於英格蘭人握有了戰場，起碼軍事補給不再成為問題。誠如漢尼拔在西元前二一六年坎尼會戰（Battle of Cannae）後所說的，軍隊補給幾乎就跟勝利本身一樣重要。英軍獲得了戰場遺留的大批武器和盔甲，用以補充在作戰中的損失。

英格蘭人很快就會需要他們的武器了。哈夫丹撤退到雷丁重整旗鼓，派出一波波劫掠者去破壞周圍的土地。阿什當戰役過後兩星期，其中一批劫掠者碰上了撒克遜的軍隊，經過一場激戰後打敗了他們。而對英格蘭人來說雪上加霜的是，緊接著又有一支大艦隊在維京人古斯倫（Guthrum）率領下來到，這麼一來維京人軍隊就幾乎增加了一倍。《盎格魯—撒克遜編年史》稱古斯倫的部隊是「夏日大軍」，艦隊抵達雷丁就解決了哈夫丹在人力上可能會有的任何問題。兩位領袖聯手掌權，並於八七一年三月離開他們的基地，前去掠奪威塞克斯。就在復活節前夕他們遇到了英軍。這是雙方的第三次交鋒，即將要一戰定江山。

《盎格魯—撒克遜編年史》只簡單記載說：「雙方都痛宰了許多人……丹麥人擁有了戰場控制權。」傷亡者之中有一位顯然是國王埃塞爾雷德，他若非在作戰中受了傷，就是五年執政耗盡心力地拖垮了他。王位本來應該是由他年幼的兒子繼位，但因為國勢危急，於是王冠落到二十三歲的弟弟阿爾弗雷德的頭上。

新國王比絕大多數人都要了解局勢有多危急，軍隊正在奮力英勇抗敵，但實際上王國已幾乎控制不了威塞克斯東部，而他在位的這頭幾個月，看來連西部遲早也會丟失了。就在阿爾弗雷德安葬兄長之際，丹麥人又發動攻擊，使得原本留下的英軍都逃之夭夭。阿爾弗雷德設法又重組了一支軍隊，但也在連串的小戰鬥中節節敗退，使得維京人控制了局勢。

因為無法阻止丹麥人進軍（甚至無法制止維京人掠奪兄長的陵墓），阿爾弗雷德提出了議和要求。出乎意料地，哈夫丹與古斯倫竟然同意。這是因為儘管在戰場上取得成功，維京人也同樣傷亡慘重，而軍隊裡也有些因素促使和解達成。維京人的劫掠重點是要活著享受成果，而哈夫丹那種異常的激戰法可能已經損傷到士氣。最終，哈夫丹領了一大筆「丹麥錢」，又指定東威塞克斯成為丹麥的「保護國」之後，就撤軍回倫敦基地。

哈夫丹已經花了一段時間重新評估過輕重緩急。兄長伊瓦爾之死，讓他的家族在愛爾蘭與諾森布里亞的掌控力下滑。於是挪威人在愛爾蘭再度占了上風，而諾森布里亞則出現全面叛亂，反抗維京人的統治。哈夫丹在倫敦花了一年時間蒐集補給，然後朝北挺進，要重新掌控麥西亞。麥西亞國王伯格雷德沒等到他來，在維京人抵達之前就偷溜出了都城，逃到羅馬，以朝聖者身分在那裡度過餘生。

但隨著這最後一場勝利，這支大軍也開始四分五裂。維京人的組織一直是流動性的，因為並非「正規軍隊」，而比較是有共同目標的劫掠者集合。然而，因為古斯倫的到來以及在威塞克斯的重大損失，打破了這種團結。到了麥西亞戰事結束時，這支軍隊一分為二。洛德布羅克兄弟們脫離大軍北向而去，留下古斯倫去收拾威塞克斯。

哈夫丹率領的這部分軍隊大概都是些身經百戰的老手，連續不斷穩穩打了十年的仗，現在他們想要的是土地，而哈夫丹自己可能也想著要找一處永久之地重起爐灶。也許哈夫丹是打算在倫敦實現這個願望，甚至在那仿效威塞克斯鑄造了他自己的錢幣。不過洛德布羅克家族的權力基礎一直都在北方，因此諾森布里亞也就成了比較合適的選擇。一等到平定了該地，哈夫丹就像那些盎格魯—撒克遜君主般，開始把土地分封給手下士兵，而他手下的退役老兵們也似乎都很熱切地卸甲歸田。

然而，久坐不動的國王生涯並不適合哈夫丹，而且這隻老海狼也抵受不住最後一次冒險的誘惑。八七五年，他展開針對都柏林的入侵，在為期兩年的戰事中，他不但失去了手下大部分士兵的支持，到最後更丟了性命。但起碼哈夫丹似乎是在作戰中罹難。他的死法眾說紛紜，最可信的一個說法是，他跟都柏林的挪威國王進行海戰時陣亡。[1]

洛德布羅克兄弟們的離去，給了威塞克斯非常需要的喘息空間，於是阿爾弗雷德趁此重整旗鼓。由於預料會有一場攻擊，因此他就讓軍隊保持上陣狀態，試圖堵住橫渡泰晤士河的渡口。然而，精明的古斯倫卻兵分兩路來避開撒克遜人。一小隊野戰騎兵趁夜偷溜過河占領了韋勒姆港（Wareham），而另一支主力軍則沿著海岸航行。等到阿爾弗雷德知曉古斯倫已經離開劍橋時，維京人已經穩據一方了。

雖然維京人的主力軍還未抵達，但這位撒克遜國王已經從經驗中學到教訓，知道攻擊已經扎根的維京人的危險性，因此就提議付錢打發他們離去。古斯倫起初不願意，後來接受了，於是雙方領袖交換人質以表誠意。

然而，古斯倫根本沒打算媾和，等到撒克遜軍隊一撤退，他就殺光手上的人質，然後占領防禦能力更好的艾克希特城堡（Exeter），維京人此時在威塞克斯的中心扎了根，要是他們能占有此位置，掌握住泰晤士河河谷，就能主宰英格蘭的經濟與宗教的中心。

1 作者注：最富有趣味的說法則是，哈夫丹一路打到了俄羅斯去，卻被一個斯拉夫部落俘虜。他們問哈夫丹想如何處決時，他很奇怪地選擇了火刑。

古斯倫據此要塞向南蹂躪，興建加強防禦工事的寨營並打擊對方士氣。與此同時，他的艦隊抵達了韋勒姆港，開始沿著海岸掠奪。要是這海陸兩軍能夠串連，那麼威塞克斯就無望逃過一場維京人的大勝，阿爾弗雷德就要被迫屈服，付出「丹麥錢」，威塞克斯也會被迫承認維京人的統治地位。

由於阿爾弗雷德缺少一支艦隊，因此無計可施，唯有眼睜睜看著戰事展開。古斯倫很出色地調動了他的軍隊，但就在勝利邊緣時，天氣卻偷走了他的大勝。當維京人的長船正繞過某些岬角時，一場劇烈風暴摧毀了船隻以及將近四千個人。這位原本要成為征服者的人現在被困在艾克希特，而且寡不敵眾又深陷敵方地盤中。古斯倫希望能議和，而阿爾弗雷德也意識到自己曾經大敗過，倒是很寬大為懷，准許已經吃到足夠苦頭的維京人帶著殘兵渡過泰晤士河離去。

但阿爾弗雷德又一次錯估了敵人的弱點。維京人已經始終如一地表現出他們具有非凡的能力，能在短期內就重整旗鼓。五個月內，古斯倫就讓軍隊恢復了戰鬥力並發動最後一次入侵。

維京人施展了一切他們喜愛的戰術。古斯倫不但在冬天攻擊阿爾弗雷德的奇彭勒姆要塞（Chippenham），而且還等到一月六日才發動攻擊（這時節阿爾弗雷德大部分士兵不是回家跟家人過聖誕節，就是喝得酒醉不醒）。這次閃電攻擊完全出乎國王的意料，他已經讓野戰軍放大假去，只剩下貼身侍衛保護他。侍衛很快就被制伏了，阿爾弗雷德則勉強逃脫。他逃到了阿瑟爾尼（Athelney），這是位於索美塞特（Somerset）沼澤的一座密林島嶼，身邊只有幾名倖存的貼身侍衛。

古斯倫粉碎了威塞克斯的勢力，在過程中幾乎整個英格蘭都落到維京人治下。要消滅掉最後的反抗還需要些時間，但即使維京人接管了奇彭勒姆，還是有援軍前來。指揮官是朗納爾的兒子烏巴，他是「無骨者」伊瓦爾跟哈夫丹的弟弟。他帶來了那面渡鴉旗，維京人認為這可怕的圖騰帶有奧丁大神的祝福。據說這面旗是朗納爾的幾個女兒在一天內織成的，是塊三角形的帆布，上面縫了渡鴉圖案。若人們見到渡鴉拍打雙翅，那麼勝利就會跟著而來。

當然，威塞克斯尚未承認打了敗仗，而且國王也還活著，但這只不過是技術上的問題而已。在古斯倫和朗納爾兒子的雙重打擊之下，粉碎很快就會來臨。

第七章　英格蘭最後一位國王

播下惡種，自然就生出惡果。

——《尼亞爾傳奇》（*Njáls Saga*）

西元八七八年的頭幾個月裡，阿爾弗雷德看來必然是個倒楣透頂的人物；在自己的王國裡遭到流放，大多數臣民背棄他，而且還在不斷逃亡中，看來像是再也無望復位了。這段期間產生出不少迷人故事，最著名的是他在一對農民夫婦那裡避難的傳說。農民的老婆派他看守火邊烘焙的一些蛋糕，但這位國王滿腹煩惱因此心不在焉，讓蛋糕烤焦了。農婦見他一身襤褸又骯髒，沒認出他的國王身分，因此譴責他怠忽職守。那位老公卻立刻認出了阿爾弗雷德，於是請求國王原諒，但敦厚的阿爾弗雷德卻承認她是對的。在另一個故事裡，阿爾弗雷德喬裝成遊走四方的詩人，潛入古斯倫的軍營中，在娛樂他們的同時，無意中聽到他們的計畫，因此得以在第二天的戰役獲勝。

雖然這些故事幾乎全是編造出來的，但也的確捕捉住阿爾弗雷德的性格。他有能力激勵他的臣民並與之緊緊相連，這是他父兄們所缺乏的能力。他也開始著手制定打敗維京人的戰略。

他從作戰經驗中學到要避免跟維京軍隊正面交戰，維京人常用的戰術是占領一處設防的位置或高處地點，然後讓大多數步兵持盾連成一道盾牆。他們會挑釁英格蘭人前來進攻，但因為入侵威塞克斯的維京人都是身經百戰的老兵，因此英格蘭人的進攻通常會被擊退。等到英軍陣腳大亂後撤時，維京人就會衝鋒向前將撒克遜人趕出戰場。

維京人幾乎用這套戰略攻取了整個英格蘭，而且似乎無懈可擊。然而在阿爾弗雷德流亡期間，他發現了維京人盔甲的缺陷。儘管維京人補充兵力的後勤能力很強，但英格蘭人的人數仍遠遠超過他們。維京人能夠制服一個王國的唯一方法就是摧毀其軍隊，但直到他們完成這點之前，軍力還是很脆弱的。阿爾弗雷德該做的是跟維京人打小型衝突戰，消耗他們的兵力，而不要跟他們決戰。接下來三個月裡，阿爾弗雷德從沼澤地區發動了一場頑強的游擊戰，總是比丹麥追兵領先一步。到了西元八七八年的復活節，他已經準備好反攻了。

他的事前準備做得很好。維京人沒有敵人可打，就被迫兵分幾路去控制威塞克斯。阿爾弗雷德的游擊戰緩緩耗損了維京人的兵力，並為英格蘭的反抗提供了凝聚點。然而，對維京人士氣造成最大打擊的卻跟阿爾弗雷德毫無關係，而是一點意外的運氣。古斯倫成功占領奇彭勒姆後，就派烏巴去襲擊德文郡（Devonshire），後者遇上了一支由當地貴族率領的英軍。在接踵而來的戰鬥中，烏巴被砍到，渡鴉旗也被奪去。等到阿爾弗雷德離開藏身的沼澤時，英格蘭人都精神百倍等著國王徵召。

這位國王集結了三個郡的兵力，等到他有把握士兵們都準備好時，就向北朝愛丁頓（Edington）挺進。他的軍隊大約有四千人之眾，比古斯倫指揮的維京部隊略少一點。

這場仗是雙方期盼已久的戰役。在開始之前雙方就很清楚，會是這場戰爭中的決戰。兩軍都組成盾牆向前挺進。這是只憑肌肉和意志的嚴酷比賽，雙方陣線都向前衝殺，力圖在對方陣線中殺出一條血路。雙方在這場血腥戰役打得筋疲力盡，都占不了上風。最後，經過幾小時苦戰之後，維京人的陣線被攻破了。

和中世紀所有戰役一樣，一旦盾牆被打破，結局就來得很快。維京人棄陣而逃，逃往奇彭勒姆基地避難。撒克遜軍緊追其後，然後阿爾弗雷德包圍了之前他的故居所在。

這場敗仗對維京人而言損失特別慘重，因為古斯倫大概以為可輕易獲勝的。他本預料面對的是四個月前被打得落花流水、士氣低落，而且不會冒激戰風險的軍隊。不過，愛丁頓的這場敗仗在另一層面上也有著決定性：並非因為古斯倫損耗了大量的人馬（他向來都能找到更多的人手），而是醒悟到阿爾弗雷德並沒有消失。

維京軍隊中有些老兵在十幾年前跟著「無骨者」伊瓦爾來英格蘭，他們就跟大多數維京人一樣，是為了掠奪財物而非為了獲得土地。威塞克斯也許終歸會落入他們的手裡，但卻得先經過多年的血腥戰鬥，寸土必爭。然而越過查尼爾（Chanel）的北方就有唾手可得的選擇，比起來，威塞克斯根本就不值得。

若說古斯倫需要有人說服他的話，也不過就只花了三個星期，他的軍隊就說服他和阿爾弗雷德達成協議。條件很慷慨，反映出雙方都願意確保持久的和平。阿爾弗雷德同意支付「丹麥錢」，並尊重維京人對其他三個英格蘭王國的征服。至於古斯倫這邊，則需從撒克遜領土撤退，接受基督教，並承認威塞克斯乃獨立王國。

幾星期後，古斯倫帶著手下三十名最有份量的人，來到阿爾弗雷德位於阿瑟爾尼的沼澤根據地，並接受了洗禮，由阿爾弗雷德擔任其教父，並為他取了教名「埃塞爾斯坦」以紀念其長兄。[1]這位新打造出的基督徒君主隨後同意一項永久的領土劃分，威塞克斯以及麥西亞的西部將歸屬於阿爾弗雷德，而麥西亞東部與東盎格利亞則屬維京人所有。威塞克斯受英格蘭法律與習俗管轄，維京人則遵循丹麥習俗治理。

古斯倫所轄地區因此稱為「丹麥律法實行區」[2]，如此保持直到十二世紀末為止。異教徒大軍留下的殘兵到此時也比較沒那麼異教徒了，不是在麥西亞定居下來就是離開前去襲擊歐洲大陸。古斯倫似乎安度了餘生，八九〇年在東盎格利亞去世。

打倒強大敵手贏得勝利，對大多數人來說就已經足夠了，但阿爾弗雷德的戰爭卻還尚未結束。他知道跟一位維京統治者媾和（不管此人有多重要），也不表示維京人的襲擊就此結束了。他得要把王國建立在更堅實的基礎上，以便下次襲擊無可避免來到時，王國能抵禦得住。威塞克斯得要變成一座能承受得住下回異教徒大軍入侵的堡

1 作者注：不到一個世代後，當初殺害國王埃德蒙的維京人後代卻尊崇他為聖人了。

2 編按：以下簡稱丹麥區。

壘才行。

維京人的機動性是他們成功的關鍵，因此阿爾弗雷德就得讓這點無法發揮。城鎮、橋梁以及道路都加以設防，並在威塞克斯境內各地興建據點，不讓劫掠者有機會取得庇護所。十五年內，這個王國到處林立著堡壘，使得英格蘭得以從無數據點反擊任何襲擊。接下來，阿爾弗雷德重組軍隊，靠著稅收來培訓一支專業又常備的部隊來取代靠不住的民兵。他甚至打算挑戰維京人獨霸海上的勢力，因而開始打造一支艦隊，結果卻很令人失望。[3]

為了穩定內政，他也改革了貨幣。當他登基時，英格蘭的錢幣含銀量很低，幾乎沒什麼價值。不知如何，他增加了含銀量，究竟是利用從維京人那裡沒收的財寶，還是開採了某些古羅馬時期的礦場，抑或發現了某些藏寶，他從來沒解釋過。從那時起，史學家們就一直在思考他究竟是怎麼做到的。

不到十年，阿爾弗雷德已穩操勝券可以擴充版圖了。他將維京人趕出了倫敦，並與古斯倫簽訂最後一次條約，界定清楚其王國與「丹麥區」的邊界。但阿爾弗雷德的軍隊不僅僅是因為重組才獲得強化，這位國王也意識到一支有文化的部隊，或起碼識字的軍官團隊，會為他帶來優勢；國王分身乏術，因此擁有能傳達並交代部下詳細計畫的軍官，就成了至關重要的事。考慮到這一點，他下令所有指揮官「都要能讀能寫，否則就交出他們世俗權力的職位」。

這道命令深深震撼了幾乎全然文盲的騎士文化，結果阿爾弗雷德後來不得不加以修改，以便手下的軍官可以任命一位識字的副手為他們閱讀。[4]但他對於加強威塞克斯的學校教育一直抱持很強硬的態度。雖然他自己沒受過教育，但他很清楚自己錯過了什麼，並了解讓自己多接觸思想比他開明、精妙的人，是收穫很豐富的經驗。

有鑑於此，他編了一份書單，列出每位受教育的人都應該要知道的書，而且（起碼根據傳說是如此），還親自將其中某些書從拉丁文翻譯成當時的白話文。他最愛的是波愛修斯[5]的《哲學的慰藉》（*Consolation of Philosophy*），他摘出了片段做為他的墓誌銘：「只要我活著，我願活得有價值，死後能留下我從事的善行，讓那些會步我

3 作者注：有一次雙方交手，九艘英國船追逐六艘維京長船，結果三艘逃脫，兩艘擱淺，只有一艘被俘。當真正的維京艦隊出現時，英格蘭的船隻通常根本就不出海了。

4 作者注：這堪比告訴現代的政客得要通過高級微積分考試，否則就要免職一樣。

5 譯注：波愛修斯（Boethius, 477-524），古羅馬哲學家。

後塵的人記得我。」

伴隨阿爾弗雷德倡導的學習風氣的再起，也帶動宗教的復興，因為教會和修道院原本就是教育場所。阿爾弗雷德重建了教堂並予以資助，僧侶也重新抄起手稿來。法典重寫，貿易也逐漸恢復。

但不幸的是，這一切反而讓威塞克斯招來了更多襲擊。八九二年，阿爾弗雷德的改革遇到另一次入侵的考驗。維京軍隊再次由朗納爾的一個兒子率領，分成兩路從不同方向襲來。他們還帶了妻小同來，顯然期望要在威塞克斯永久定居下來。然而這兩群人都沒能落地生根。阿爾弗雷德跟較小的那群對抗了幾個月之後，終於設法賄賂他們離去，其子愛德華則在威塞克斯附近打垮了較大的那隊維京人。兩年後，丹麥人又捲土重來，但這次卻被阿爾弗雷德手下，巡邏於泰晤士河的海岸衛隊發現，因此國王的軍隊得以圍堵維京人，趁其船隻擱淺時燒毀它。

阿爾弗雷德於八九九年十月駕崩，享年五十歲，這在當時已算是年邁之人。他完成了不可能達成的事，遏制難以抵禦的維京入侵潮流，防止英格蘭成為維京人的殖民地。他憑藉著生存下去的信念，為創造單一英格蘭國家邁進了巨大的一步。也多虧了維京人，他成為碩果僅存的英格蘭本土國王，並確保該國最終的統一將會由威塞克斯王室達成。一路走來，他振興了國民的識字能力，重振了經濟，並為將來的王國打下穩定基礎。沒有他的話，盎格魯—撒克遜的文明可能早已消滅了。

這番成就帶來了無與倫比的聲譽，直到今天依然。阿爾弗雷德被譽為「英格蘭的所羅門王」，「智者」阿爾弗雷德，而最常見的則是「阿爾弗雷德大帝」。我們倒不必要同意史學家愛德華．弗里曼（Edward Freeman）在滿腔愛國熱誠之下稱阿爾弗雷德是「史上最完美的人物」，但他的確配得上這「大帝」二字。在他的出生地旺塔奇（Wantage，在現代英國的伯克郡）有座他的雕像，是一八七七年維多利亞時代崇仰他的人所立的，其下的文字提供了很恰當的墓誌銘：

> 阿爾弗雷德見到學習精神已死，於是就恢復了它；教育受忽略，就振興了它；法律條文無能為力，於是就給了它們力量。教會沉淪，就扶持起它。土地遭可怕敵人的蹂躪，就讓它重生。只要人類仍然尊重過去，阿爾弗雷德的大名就會永世長存。

第八章　愛爾蘭海的維京王國

被過獎的人是最惡劣的欺騙者。

——《強者格瑞提傳奇》

或許阿爾弗雷德的成功所帶來的最偉大貢獻是「丹麥區」從未變成一個獨立王國。到他駕崩時，該地區大約占了現代英格蘭王國領土的一半。丹麥區的主要城市是約克，這座城市的位置及其存在大部分因素都與維京人有關。西元七一年，古羅馬第九軍團在烏茲河（Ouse）與佛斯河（Foss）匯流處建了一座木堡壘，命名為伊博拉科姆（Eboracum）。[1]然而，盎格魯—撒克遜人把這個定居點遷往內陸，並重新命名為艾弗威克（Eoforwīc），亦即「野豬鎮」。自此這裡一直是個小型的王室中心，直到維京人征服了它，新主人又將它遷回到兩河的岸邊，並將之轉型成為一個大港市。其名約維克（Jorvīc），也就是約克就一直沿用下來。到了十一世紀，它已發展成為擁有一萬名左右人口的城市，大約占了丹麥區人口的六分之一。

在維京人治下，約克蓬勃發展，它位處維京人發展出來的北歐貿易大弧線的西端，也是出口食物和金屬的主要中心，出口範圍包括從愛爾蘭到俄羅斯的市場；反過來則輸入了香草、玻璃器皿、絲織品以及白銀，還有來自東方市場的精緻產品。

隔著愛爾蘭海，英格蘭的財富閃閃生輝誘惑著，使得身在愛爾蘭的維京人難以抗拒，他們就像燈蛾撲火般一再捲土重來。但是這些想奪取其財富的一再嘗試（尤其是大舉入侵英格蘭），差點就毀了維京人在愛爾蘭的定居點。自從八七〇年維京人發現冰島之後，維京移民就轉向北方發展去了，自此愛爾蘭維京人就一直面臨嚴重的人力短缺，實在負荷不起在英格蘭徒然無功的喪失人力。可用兵力的流失使得他們暴露了弱點，因此在九〇二年有位至尊王就設法將他們驅逐出都柏林。然而，愛爾蘭人的勝利卻是短暫的。到了九一四年，「無骨者」伊瓦爾的一位孫子「獨眼」西特里克

（Sitric One-Eyed）航行進入都柏林港口，擊潰那位至尊王的軍隊。隨著這場勝利，愛爾蘭人只好撤退，讓維京人重占他們昔日的定居點。

「獨眼」西特里克務實到冷酷無情的地步[2]，做出了戰略性的決定：他不要花工夫去征服愛爾蘭。相反地，他想要占領北方那些利潤豐厚的貿易路線，把都柏林和約克連結起來。他的雄心是要統治一個由愛爾蘭、英格蘭、蘇格蘭和威爾斯海岸地區所組成的王國。這是很典型從維京人的眼光所產生的夢想，他們是從海洋而非陸地來放眼世界，而且利用海路將各樞紐連結起來也非常合情合理。都柏林和愛爾蘭內陸有沼澤與森林阻隔，不列顛北部則有本寧山脈（Pennine）橫斷，但維京人可藉由輕易又迅捷的海路，將這些地區交織成一個橫跨愛爾蘭海的單一王國。

他面臨的唯一抵抗是來自愛爾蘭人。九一八年有個小國王們組成的聯盟試圖將他

1 作者注：第九軍團有很輝煌的歷史。他們曾為凱撒大帝打了法薩盧斯戰役（Battle of Pharsalus），並為奧古斯都大帝打了亞克興角戰役（Battle of Actium），這是古羅馬歷史上最重要的兩場戰役。他們在克勞狄一世入侵英國時也有過卓越表現。

2 作者注：他已經殺害了自己一名兄弟，只因對方礙了他的事。

趕出都柏林，但卻大敗。隔年他們捲土重來，這次敗得更慘，堪稱歷來維京人把愛爾蘭人打得最慘的一次。「獨眼」西特里克不但打垮了愛爾蘭軍隊，還殺掉了好幾位國王。

這場勝利確保都柏林會留在維京人手中，而且更鞏固了維京人主宰愛爾蘭的地位。底定側翼之後，「獨眼」西特里克就把都柏林交給他的本家兄弟，然後橫渡愛爾蘭海，也要把約克拿下來。「無骨者」伊瓦爾家族向來認為約克是他們家的遺產，而這種感覺似乎是互相的，西特里克也受當地人民奉為國王，他花了六年時間有條不紊地擴張維京人在諾森布里亞的規模及影響力。

到了九二六年，看來西特里克的夢想已經實現了，都柏林和約克成為一個不太可能成真的王國的兩個中心。他甚至還把英格蘭國王埃塞爾斯坦弄得不勝其擾，因此給他送去一位王室新娘（國王的妹妹），以便打發他離去。然而，一年後「獨眼」西特里克就死了，而愛爾蘭—英格蘭王國也就崩解了。

接下來二十年裡，約克歷經連串維京國王統治，每個都力圖抵禦埃塞爾斯坦並恢復西特里克的昔日占領地。西特里克的兒子奧拉夫差點就做到了，他在九四一年征服約克，並領導一次野心勃勃的入侵，以便把整個丹麥區都納入其手。要是他說服得了北部的丹麥人與他共圖此大業，英格蘭就會分裂成兩個敵對王國。

乍看之下似乎英格蘭的噩夢就快成為現實，諾森布里亞的百姓一面對愛爾蘭—北歐軍隊時，就向奧拉夫表態效忠。然而，埃德蒙一來到，他們就又轉移效忠對象，於是奧拉夫就只好撤退。英格蘭人緊追不捨直到約克，奧拉夫到此唯有承認戰敗並達成協議，接受英格蘭人為其封建君主，並受洗禮，由國王埃德蒙擔任其教父。

奧拉夫或許會捲土重來，但在九四四年，他被約克百姓驅逐，逃到都柏林。禍不單行，那年都柏林遭愛爾蘭至尊王掠奪，奧拉夫僅勉強保住了控制權。隨著都柏林遭受嚴重削弱，維京人對約克的掌控也衰弱下來，於是英格蘭人控制了此城。

愛爾蘭的維京人進入了相當的衰退時期，其他的維京冒險者則開始對約克投以深感興趣的目光，其中最野心勃勃的是挪威的「血斧頭」埃里克（Erik Bloodaxe），他是挪威首任國王「金髮」哈拉爾之子。這位國王起碼有二十個兒子，而且根據後來的記載，埃里克從小就表現出身為維京人的巨大潛力。十二歲那年他離開挪威去冒險，接下來的十年裡都在當劫掠者，來回襲擊從法蘭西到俄羅斯的海岸。

這些功績博得了父親的歡心，因此表明他要將王位傳給埃里克，但埃里克的同父異母哥哥們卻難以接受。當其中兩位哥哥表達抗議時，埃里克就用斧頭殺了他們來解決這問題。另兩名兄弟組了軍隊要廢掉他，但埃里克也很殘酷地鎮壓了他們，下場跟之前兩位兄長一樣。埃里克當上了挪威國王，並因為他用斧頭殺害兄弟而被稱為「血斧頭」。不令人意外地，他的王位並沒有坐太久，他奪得王位的殘酷手段猶如宣告他會如何進行統治，而在位時的日益專制也讓他失去平民百姓以及貴族的支持。在位很短時間之後，埃里克就被最小的弟弟「好人哈康」（Håkon the Good）驅逐出了挪威。

看來埃里克只好使出最拿手的絕招：劫掠。就當他在英格蘭北方燒殺擄掠時，耳聞約克驅逐了他們的國王。因為英格蘭人的統治引起了丹麥人的不滿，於是埃里克就利用這種不滿讓自己得以在約克登基為王。

但他很快就會發現自己進退兩難。英格蘭的新國王埃德雷德（Eadred）驍勇善戰，一點也不打算讓另一個維京人在約克扎根，所以他煽動蘇格蘭人來襲擊諾森布里亞。與此同時，英格蘭的統治力向北擴張，並放話給諾森布里亞的居民，要是他們沒有驅逐埃里克，就會受到嚴厲的懲罰。於是丹麥人再度拒絕擁護一位斯堪地那維亞君主，埃里克就被趕出了英格蘭。

這麼一來就為奧拉夫重返都柏林掃除了一切障礙，但他很快就糟蹋光所有的善意，才不過三年時間就被自己的臣民趕回了愛爾蘭。到此情況已很明顯，權力不斷轉移已經耗損了維京人在北方的統治根基，並注定了西特里克統一約克和都柏林的夢想破碎。約克的丹麥人或許仍舊沿用維京人姓名並遵守維京法，但已不再自認是維京人了，因為他們大部分人已經接受了基督教，而且發展成為安土重遷的居民。他們已不再將那些從挪威或愛爾蘭來的冒險家視為同胞，反而當他們是徹頭徹尾的敵人，又或者是帶來顛覆破壞的力量。比起北方充滿暴力的海上諸王，他們更喜歡威塞克斯安定的基督教諸王。而這種覺悟標誌出丹麥區首次真正同化成為英格蘭王國。

斯堪地那維亞王國的扎根失敗是絕對難以避免的。第一代的維京人也許太過於急躁不安定而無法成為優秀管理者，但他們的後繼者無疑會學到教訓。「無骨者」伊瓦爾與古斯倫都分封土地給他們的老兵，並仿效盎格魯—撒克遜國王作風。隨著時間推移，維京人採用了英格蘭的宗教、風俗，甚至耕種技術。依循這個過程，維京人本會在北方建立一個強大的維京人國家，就像在諾曼地所發展出來的那個國家一樣。

但結局並非如此，因為阿爾弗雷德和他之後兩位繼承者腦袋夠精明，他們容許丹麥區的維京人維持他們的傳統，但同時又建立起一個強大的中央集權英格蘭國家。但最後，維京人逐漸失去他們的北歐語言以及文化，以及無法保住斯堪地那維亞人的自我認同。新一代丹麥區的住民逐漸意識到他們跟南方鄰居的共通點，比北方來的移民來得更多時，這個地區被英格蘭王國併吞就只是時間早晚的問題了。

維京人的約克仍存有一線生機。九五二年，「血斧頭」埃里克率領一小支維京人軍隊一馬當先反攻英格蘭。他擊潰了由蘇格蘭人和威爾斯人組成的軍隊，並在約克被擁護為王。然而，一個綽號「血斧」的人很難贏得民心，尤其是這些百姓又早已不對維京人統治存有幻想。經歷埃里克兩年變本加厲的暴虐統治後，約克百姓終於將他趕下台。最終埃里克在企圖招兵買馬、捲土重來時遇刺身亡。[3]自此，約克被永久納入英格蘭王國，從此再也沒有出現維京人國王。

3 作者注：後來流傳的《埃里克傳奇》中有著雄偉的描述，講述「血斧」埃里克進入英靈神殿以及受到眾神的歡迎經過。

第九章　克朗塔夫戰役

許多人皆被過度自信帶往了死亡。

——《強者格瑞提傳奇》

隔著愛爾蘭海的都柏林王國也處在搖搖欲墜中。一再試圖征服並掌有約克，已使得愛爾蘭的維京人在某些方面耗盡其力。維京人本來有潛力征服愛爾蘭，卻因一個水域帝國的幻想而犧牲了，如今都柏林卻會為此付出代價。

奧拉夫被逐出了約克之後，還試圖在愛爾蘭擴張勢力，但卻遇上了米斯（Meath）勢力日增的至尊王梅爾．塞克納爾，該地緊鄰都柏林西部。到了九八〇年，奧拉夫此時將近七十歲，決定要了結這威脅，於是從蘇格蘭海岸以及赫布里底群島（Hebrides）招募維京人來協助他收服愛爾蘭人。兩軍在塔拉山附近相遇，該地是至尊王傳統寶座之地。

這一仗的結果是維京人在愛爾蘭落得空前未有的慘敗，且實際上終結了都柏林做為愛爾蘭島權力中心的角色。[1]奧拉夫的長子兼繼承人遇害，維京軍隊解體。獲勝的愛爾蘭人占領了都柏林並迫使城民負擔沉重的稅金。奧拉夫要不是被迫退位，就是被奪去權力，而且在這個充滿諷刺意味的時機，進了愛奧納島的修道院，以一名單純的僧侶身分度過餘生。自此，愛爾蘭的維京人就成了一股附屬勢力，各個封建國王將其視為盟國來利用，但不再對本土愛爾蘭人構成明確的威脅。

在這場對抗維京人的長期抗戰中，國王梅爾成了大贏家，米斯王國一躍成為霸主，也等於鎖定成為了至尊王寶座的所在地。米斯王國的真正競爭者來自蒙斯特（Munster），位處偏遠的西南部，其雄心萬丈的國王布賴恩·博魯（Brian Bóruma）早已因為將維京人趕出愛爾蘭西部而贏得了聲譽。[2]

白手起家的布賴恩原本只是個落後閉塞王國裡的二流領主，但他已經在同等激烈的政治和戰爭領域展現出某種接近卓越的才華。布賴恩是家中十二名兒子中的幼子，年輕時逃過了維京人的攻擊，並曾在蒙斯特一所修道院中接受教育，學會彈奏豎琴（他死後愛爾蘭人為了榮耀他，就將豎琴做為愛爾蘭的象徵）。他精通數種語言，包括拉丁文和希臘文。他研究凱撒大帝生平並銘記於心，震驚於這位偉大的將軍始終能讓敵人陣腳大亂的能力，並佩服他習於記憶作戰計畫，以免遭受敵人截擊。

當布賴恩繼承蒙斯特的王位時，就把這些付諸行動，以維京人的戰術來對付維京人。他率領軍隊向內陸展開閃電攻擊，通常就用遭俘虜的維京人船隻來引路。用這種不正統的海陸聯合進攻方式，讓他逐漸掌控愛爾蘭西南部地區。九九七年，布賴恩迫使在位的至尊王梅爾．塞克納爾與他分享權力，於是他的非凡成就獲得了承認。梅爾保有至尊王的頭銜，但布賴恩則獨立控有南部。出於一切實際目的，現在愛爾蘭有了兩位至尊王。

不論這個新聯盟多麼左支右絀，畢竟還是首次團結愛爾蘭主要勢力來對抗維京

1 作者注：愛爾蘭的維京人跟他們在英格蘭的同胞一樣，也同化到抱有類似態度。來自赫布里底群島的聯軍得要與兩邊打仗，而「本土」的愛爾蘭維京人則開始自稱是「東部人」。

2 作者注：據說他在一場戰鬥中殺死了利默里克的伊瓦爾（他可能是「無骨者」伊瓦爾的曾孫）。

人。但到了九九九年，這個聯盟遇到了重大考驗，愛爾蘭史上最後一位維京大人物「白鬍子」西特里克（Sitric Silkbeard）加入了倫斯特（Leinster）的叛亂，對抗布賴恩。兩位至尊王聯手出兵，將叛軍困在一處窄谷中並屠殺了大部分人。都柏林再度被占領，而西特里克僅靠著向布賴恩宣誓效忠才保住了王位。

但這場勝利也幾乎拖垮了聯盟。要梅爾跟一位新貴分享權力已經夠讓他煩惱了，隔年布賴恩還變本加厲地羞辱他，要獨攬至尊王大權。此後因而引發了連串陰謀，這些陰謀就愛爾蘭的歷史而言也相當曲折離奇，目的是將快速崛起的布賴恩給拉下台來。

這項計畫是由都柏林的「白鬍子」西特里克研擬，並由梅爾祕密協助，梅爾仍為了自己被從至尊王位子上貶黜下來，而感到很不痛快。[3]一〇〇五年，又有其他愛爾蘭軍事首領加入了他們，因為這些軍事首領都對布賴恩赤裸裸的野心感到震驚。那年布賴恩前往阿馬的聖派翠克墓朝聖，並在祭壇上留下二十盎司的黃金。然後他指示一名書記在這座主教座堂的紀錄上寫下他的名字和稱號：蘇格蘭皇帝（Imperator Scottorum）。他的宏大野心自此展露無餘，要把四分五裂的部族打造成單一國家，由單一的國王統治。

這意味著愛爾蘭的其他統治者都要降級，而且在接下來十年裡，布賴恩也按部就班實現，迫使一些小國王轉投到西特里克聯盟的懷抱裡。到了一〇一四年，西特里克感覺已經足夠強大可以公然力抗至尊王布賴恩了。為了幫叛軍撐腰，他還找來維京人聯軍，有伯爵布羅迪爾（Brodir）率領的曼島（Man）維京人，冰島的傭兵，甚至還有來自奧克尼群島著名的冒險家「壯漢」西格德（Sigurd the Stout），後者甚至帶來了一面可怕的奧丁大神渡鴉旗。[4]

然而，這支大軍卻未能真正成事。布賴恩召集的軍隊規模讓西特里克膽怯了，於是他就悄悄退出了自己組成的叛軍。他的盟友梅爾也得出同樣結論，也決定保持觀望，眼看哪邊會得勝時才投入兵力。

但就算沒了這兩位發起叛亂的主角，剩下來的聯軍還是決定照樣繼續這場起義。於是按照預先的計畫，這支軍隊在都柏林會師，這對於西特里克來說多少有些尷尬，

3 作者注：有些歷史學家認為西特里克的母親戈姆弗萊斯（Gormflaith）才是這場叛亂的真正主謀。她是位很殘酷無情的愛爾蘭公主，她要不是嫁給了某位叛亂參與者就是跟每位參與者都有直接關係。

4 作者注：傳統說法是，布羅迪爾和西格德兩人都是戈姆弗萊斯招募來的。布賴恩囚禁了她，而她則承諾哪位英雄好漢能殺掉布賴恩並解救她，她就嫁給對方，並以都柏林為嫁妝。西特里克對此事的想法則沒有紀錄留存下來。

因為他現在又試圖扮演起布賴恩忠實的附庸了。兩軍於一〇一四年四月二十三日早上在都柏林西鄰的克朗塔夫（Clontarf）對陣。

克朗塔夫戰役不祥地在耶穌受難日開打，被後世譽為愛爾蘭史上最重大的事件。傳統上的說法是，此戰役是兩世紀來愛爾蘭人對抗維京人入侵的轉捩點，基督教的愛爾蘭大勝異教徒維京劫掠者。愛爾蘭史上這位世俗偉人布賴恩被譽為統一該國、驅逐北方侵略者並鞏固了愛爾蘭獨立的人。

不過，實際情況卻有點複雜。克朗塔夫戰役並非為了要驅逐維京侵略者而戰，而是要決定誰才當得上愛爾蘭的至尊王。因此，都柏林的北歐人與本土愛爾蘭人之間不再有多大差別。「白鬍子」西特里克說不定更像塞爾特人[5]而非維京人，而且就跟布賴恩一樣信基督教。他在都柏林興建了第一座主教座堂，鑄造有十字架標誌的錢幣，而且至少到羅馬朝聖過兩次。雖說他也許會找像曼島的布羅迪爾這種異教徒維京人來幫他打仗，但布賴恩也會這樣做，例如布羅迪爾的兄弟奧斯帕克（Ospak）就是幫至尊王打仗，還有其他幾名維京同伴也是。此外，此時已年近九十歲的布賴恩並沒有參與這場戰役，他已經退到克朗塔夫的一座山上去祈禱，把率兵任務派給了兒子穆查德（Murchad）。

中世紀的戰爭屬於年輕人的工作。兩軍分庭抗禮對陣，形成長列，肩並肩手舉長矛，盾牌相疊。隨著兩軍陣線互相迎向對方，之後就看哪一邊的陣線先被衝破。這是種耗盡精力的戰鬥法，士卒要奮力殺向對方盾牌，正面劈砍或試圖從這道不屈不撓的木牆底下刺進去。

這場殘酷的試煉延續了一整天，雙方的盾牆都彎曲過，但兩邊陣線都沒有被打破。聯軍這邊的損失更大，起初還占上風，逼退布賴恩的軍隊。但進行到接下來凶狠徒手搏鬥的部分時，就輪到他們被逼退到橫跨在利菲河上的一道小橋。

布賴恩兩名孫子在進攻時喪生，但他們迫使曼島的布羅迪爾這名維京人逃跑，大大削弱了聯軍兵力。根據一份趣味盎然的維京人記述提到，幸虧「壯漢」西格德揮舞渡鴉旗才把大家集合起來。這堪稱勇氣十足的動作，因為維京人相信這面旗幟會為任何掌旗人帶來勝利，但代價卻是掌旗者的死亡。[6]

---

5 作者注：西特里克除了母親是愛爾蘭人之外，他的祖父母和外祖父母中可能有三位是愛爾蘭人。

6 作者注：這樣的勇氣在西格德身上不足為奇，因為他是擁有恐怖名號「劈頭顱者」索爾芬（Thorfinn Skull-Splitter）的兒子。

在堪稱是北歐傳奇中最精采的一幕裡，西格德與布賴恩的兒子穆查德對峙，這位王子（若按他父親年齡來推算，他起碼也六十歲出頭了）雙手各持一劍，騎著一匹白馬，宛如愛爾蘭早期傳說中跑出來的人物。他一劍就砍掉了西格德的頭盔，另一劍刺向其喉，當場取其性命。西格德的一名手下砍了穆查德肚子，他的腸子都流了出來，但穆查德在死之前卻設法扯脫那名維京人的套頭鍊甲，然後在對方胸口連刺三劍。

就像中世紀所有戰役一樣，結束得很快又很血腥。當西格德倒下時，聯軍的盾牆也就攻破了，布賴恩的軍隊在戰場上席捲他們，企圖逃跑的被砍倒，要不就在試圖越過利菲河時溺斃，大約有三分之二的參戰者喪生，維京人死亡人數比愛爾蘭史上任何單一戰役裡的還要多。抓到的維京人傭兵都被殺掉，都柏林本身倒倖免於難，因為西特里克有先見之明，在戰鬥開始前就先退出了聯盟。

但是布賴恩這邊的損失也驚人的慘重。這位至尊王的長子及其繼承人皆喪生，還有布賴恩的兩個孫子、一名姪兒、一個弟弟，以及他盟友中無數位其他族長。可能在最慘酷的轉折過程中，至尊王自己也倒下來了。布賴恩在有利位置居高臨下目睹了維京人陣線被攻破，於是就退回到自己的帳篷裡祈禱，只有一名僕人照顧他。就在他獨自一人而且幾乎可說無人照管之際，一群逃命的維京人就殺了愛爾蘭這位勝利的皇帝。

關於他死亡經過最常見的版本說法，是曼島的布羅迪爾殺了他。這位維京人首領和兩名同袍試圖從屍橫遍野的戰場上逃離時，無意中闖入了布賴恩的帳篷。他的手下誤以為國王是名教士，因為他正手持十字架跪著祈禱，但布羅迪爾認出了布賴恩，於是戰斧一揮，就把這老人的頭顱劈開了，然後逃之夭夭，留下國王在他身後死去。[7]

隨著時間過去情況也跟著明顯，克朗塔夫的勝利是得不償失，而布賴恩統一愛爾蘭的大夢也隨著他的死亡消失了。布賴恩排行較小的兒子繼承了「帝國」，但卻缺乏他父親的個人魅力，無法保住帝國不分裂。才不過幾年時間，他的控制權就幾乎無法延伸至昔日的米斯王國以外了，無止境的小戰爭再度開始，梅爾則重新奪回至尊王的封號。對於那些曾在他們治下活過的人來說，布賴恩統治的幾十年必然有若一場幻夢。起初是梅爾是至尊王，西特里克是都柏林的統治者。如今布賴恩死了，一切又照舊，根本沒有改變。

7 作者注：根據一部北歐傳奇說法，有個愛爾蘭戰士「愛爭吵的伍爾夫」（Wolf the Quarrelsome）追捕布羅迪爾並施加了可怕的報復，把布羅迪爾的肚子割開一道口，然後將腸子一端拉出釘在一棵樹上，之後拖著這個垂死維京人繞樹而行，直到內臟都纏在樹幹上為止。

儘管都柏林在其後一個半世紀裡仍保有維京諸王，但這些國王已經變成了小角色，由鄰國倫斯特主宰。再怎麼說，其實它早已就不是純粹的維京王國了，而且一直正在被完全的同化中。直到一一七一年，英格蘭入侵愛爾蘭，亨利二世的軍隊殺掉最後一任都柏林國王阿斯卡麥克・拉格納（Ascall mac Ragnaill）。

留在愛爾蘭的維京遺產是很糾結的，他們建立了島上最早一批商業城市：都柏林、科克、利默里克、韋克斯福德以及瓦特福，但他們也是名副其實的深具破壞力的劫掠者，在愛爾蘭的文化鼎盛時期摧毀了它。[8]修道院與教堂遭掠奪，家宅被毀，無辜者遭殺害或被拖走販賣為奴的人多不勝數。

後者才是如今維京人最受針對的罪行。儘管早在維京人來到之前愛爾蘭就已存在著奴隸制度（例如聖派翠克自己就曾被販奴商俘虜過），但在八世紀期間就已消失了。維京人再度引進這制度，起初是把奴隸帶回斯堪地那維亞或者帶到伊斯蘭市場上出售，後來則留下俘虜服侍他們。愛爾蘭人理所當然認為這是一種不共戴天的侮辱，於是也開始販奴來還擊（販賣俘獲的維京人）。沒多久之後，擁有奴隸就成了身分地位的象徵，隨著維京人的消失，他們的空缺就被本地的愛爾蘭人取代了。

教會則抨擊此種做法，並引述聖派翠克說的話，他本身的可怕經歷就足以讓他認定販奴的邪惡性。但言者諄諄，聽者藐藐，販奴業卻更增長了。到了一一七一年，販奴業發展到高峰，以致當英格蘭軍隊入侵愛爾蘭時（因而開啟了幾世紀的壓迫），有位神職人員咒罵說是上帝派遣英格蘭人來結束販奴業的。[8]

維京人留給愛爾蘭真正的遺產是都柏林。西特里克之後的時期，都柏林或許縮減為一個小型政治勢力，但與此同時卻不斷穩定成長為一個貿易中心，尤其以奢華品而馳名，成為金、銀、武器、絲織品以及馬匹等商品的國際貿易樞紐。最早將錢幣[9]引進愛爾蘭的是都柏林的維京人，並賦予了該島貿易商最早、很清楚的貿易商階級。多虧了維京人，都柏林成為歐洲利潤最豐厚的港口之一，可通往維京世界的各大貿易路線。[10]

都柏林之所以沒有變成一個維京王國的首都，是因為維京人的社會也跟愛爾蘭一

8 作者注：然而這一點也不用說得太過分。那是個充滿暴力的時代。在維京劫掠者猖獗的那個世紀的頭二十幾年裡，愛爾蘭文獻記錄了二十六宗維京人襲擊修道院案，而同一時期所列出的八十七次襲擊卻都是愛爾蘭人同胞犯下的。

9 作者注：愛爾蘭文中的「一分錢」（pingin），就是來自維京文。

10 作者注：自從羅馬帝國滅亡以來，維京世界也擁有西歐最大規模的奴隸市場。

樣是部落式的。維京人的主要特性之一是適應性，不管是對打仗或所居的地區皆然。通常他們會先努力建立在現有的政治基礎上，然後隨機應變塑造他們的國家。他們曾在英格蘭建立起強大中央集權政府的傳統，但因為阿爾弗雷德及其子孫太強勢，不容許維京王國在此扎根。在愛爾蘭，他們卻面臨了相反的問題；愛爾蘭只有尚在萌芽階段的部落或小國家，於是在不斷變換的愛爾蘭局勢中，都柏林只是另一個勢力很小的玩家。

不過若說英格蘭太過強勢，愛爾蘭又太混亂難以建立一個持久的國家，那麼法蘭西就證實了什麼叫做恰到好處。加洛林王朝提供了維京人沃土，那裡的君主政治雖是中央集權但卻走向衰敗，既為一個強國提供了範本，又無能與之競爭。現在法蘭西所需要的就只是一位願意定居海外的海上之王。

第十章　步行者羅洛

行萬里路者需有其機智。

——智者薩蒙德，〈埃達〉

這位最終建立西歐最有勢力國家之一的人，其祖籍卻不詳，很有可能是挪威人出身，後人稱他為「羅洛」，這是「赫爾羅夫」（Hrolf）或者「赫羅雷夫」（Hrolleif）的拉丁文版本。[1]關於他生平最詳盡的記述，出自後來一位諾曼史學家聖康坦的杜多

1 作者注：他的出身至今仍有爭議，不過大多認為他是挪威人。指稱他是丹麥人的資料來源通常是懶得

（Dudo of St. Quentin）之手，他受羅洛的孫子理查一世（Richard I）所託。根據杜多的記載，年輕的羅洛是挪威第一任國王「金髮」哈拉爾死黨的兒子。然而儘管兩人交情很深，羅洛的父親卻被形容為極其獨立，「從不向任何國王低頭」的人。

也許他應該低頭的，因為「金髮」哈拉爾在世最後幾年，將王國交給了最愛的兒子「血斧頭」埃里克，埃里克對這位固執的貴族是沒有好眼色的。當老國王一死，埃里克就侵入並占有其農場，羅洛眼見兄弟們被砍死，而他則被迫流亡。

就像其他跟勢力更強的領主們發生衝突的維京人一樣，這個男孩就此當起職業劫掠者，成長期間都花在襲擊英格蘭與弗里西亞（也就是今天的荷蘭）的海岸。羅洛有著驚人的身形，讓體型一般較為嬌小的維京馬匹無法負荷他的體重，逼得他無論到何處都只能依靠步行。[2]羅洛很快就吸引一群丹麥人跟他並肩作戰，且不論羅洛的家系與體型的真相如何，顯然他對於擄掠是很有一套本領，還與夥伴渡過英吉利海峽加入北歐人入侵法蘭克帝國的大潮。

這一波劫掠者後來又轉向攻擊法蘭克領土，是始於國王阿爾弗雷德大敗異教徒大軍之後的餘波。八八五年夏天，歐陸前所未見最大規模的劫掠者朝向巴黎進攻，七百艘船載著四萬人洶湧而至。[3]一位法蘭西神職人員寫道：「北方人的怒火，在這片土地上一發不可收拾。」然而，不像之前的劫掠者圍攻英格蘭，這次卻沒有眾望所歸的一位領袖來領導。當巴黎人派出一位在當地定居的維京人去談判時，此君卻無法找到一位有權代表全體的人。根據杜多的記載，當使者問他們是何人以及為何而來時，他們回答說：他們是丹麥人，為了征服法蘭西而來。使者又問誰是國王，他們全都挺身向前傲然說：「我們沒有國王，因為我們都是平起平坐的。」

這番交流或許是虛構的，是一位諾曼作家為了強調自家公爵之獨立不受法蘭西王室管轄所編造出來的，但卻也恰到好處捕捉到九世紀維京人的那種獨立性。他們在言論與行動上有很大的自由，且並非只是概念上，而是如假包換的真實情況。他們大多不受國王管轄，是因為他們本身就是法外之徒，想設法讓自己發財揚名。他們是為掠奪而動念，而非為了盡愛國或封建制度義務，彼此僅憑藉氏族或家族關係而結合在

去分辨不同族群的維京人，如丹麥派的史學家薩克索．格拉瑪提庫斯就是證明。

2 作者注：北歐傳奇中因而稱他為「步行者」羅洛（Hrolf Granger）。

3 作者注：根據諾曼人所言，這次襲擊羅洛也有份。沒有什麼迫不得已的理由懷疑這個傳統說法，雖然更可靠的紀錄是他在二十五年之後才出現。八八五年他應該三十歲出頭了。

一起。

若說其中有哪個人較其他人聲望更高的話，那就是西格弗雷德（Sigfred），這名維京人可能加入過異教徒大軍，在阿爾弗雷德與古斯倫媾和一年後，他率一支大軍渡過北海去掠奪弗里西亞沿海好幾個城市。西格弗雷德有好幾年肆虐東法蘭克王國，襲擊馬斯特里克（Maestrict）、科隆、艾克斯（Aix）以及特里爾（Trier），直到法蘭克皇帝「胖子查理」（Charles the Fat）決定用收買的方式來擺脫這些麻煩的劫掠者為止。

西格弗雷德當然樂得從命，並將接下來的三年都花在襲擊皮卡第和法蘭德斯。八八五年春天，他又回到查理的國土，並索求重賄。查理拒絕之後，西格弗雷德就率領艦隊進入塞納河口，擊敗一支法蘭克軍隊，然後掠奪了盧昂。大批劫掠者就在此地加入他的軍隊，大軍於十一月抵達了巴黎。

九世紀期間，法蘭西島與塞納河兩岸只有兩座橋梁銜接，石造北橋雖然狹窄，但兩端都有巨大的駐軍塔樓，設防嚴密。南橋也有塔樓保護，但卻是木造的，構造比較單薄。

一切都有賴於這兩座橋，要是維京人能摧毀它們，不但能切斷巴黎對外的聯繫，還能控制通往巴黎後方富庶地區的通路。另一方面，萬一巴黎人據有這兩座橋，維京人就會遭到孤立，而且還會面臨敵方的援軍。

西格弗雷德起初嘗試靠交涉來通過此橋，巴黎城內只有兩百名武裝人員，他允諾說只要推倒這兩座建物，他就不騷擾此城而離去。巴黎人拒絕了，說他們的皇帝賦予他們保護這兩座橋的重任，所以他們會奉命堅守到最後一人為止。第二天圍攻就開始了。

西格弗雷德竭盡其力攻打塞納河北岸保護石橋的那座塔樓，希望讓巴黎人措手不及。但打了一整天，沸騰的瀝青和滾油當頭淋下造成慘重傷亡後，徒勞無功的維京人只好撤退了。第二天他們再度嘗試，卻發現經過一晚，防禦者已經在塔樓頂上又加蓋了一層，更添優勢。維京人想藉由破門槌和石弩來對付這情況，但還是照樣傷亡慘重地被逐退。

打到第二天結束時，維京人明白他們得要有新戰術或者攻城裝備才行。於是就築起一道防禦圍柵，花了數星期去蒐集補給，並計畫出擊。八八六年一月的最後一天，他們對那座橋發動激烈又持久的攻擊，將想得出來的都扔進護城河，裡頭滿是樹枝和動物的死屍。等到這都還不夠時，就殺掉俘虜將屍體也扔進去。

藉此，維京人就有了通往塔樓的通路，但當他們想要放火燒塔樓時，卻又遭到擊退，承受嚴重損失。在最後一次努力中，維京人在三艘長船上裝滿禾稈淋上油，點燃之後推動長船，以便撞向塔樓和橋梁。但火舌卻只是無損地舔著石樁子，船隻就自行燒完而未造成任何嚴重破壞。

這場失敗，連帶還讓這麼多人送了命，打擊了維京人的士氣，但大自然的力量卻提升了他們的士氣。幾天後，一場冬季洪水幫了他們的忙，沖走了南橋，守衛南橋的塔樓因而受困，可說是手到擒來。這麼一來維京人得以放手掠奪上游，於是他們留下一點兵力繼續圍攻，然後就一路襲擊到羅亞爾河。

巴黎人拚命送訊息去向胖子查理求助，但這位皇帝身在義大利，於是就派遣將軍薩克森的亨利（Henry of Saxony）率兵前來。查理肯定是強調了迅速的重要性，因為亨利把軍隊逼得很緊。在經歷這場越過阿爾卑斯山的艱苦冬季行軍之後，緊接著就是對維京人軍營展開攻擊，結果法軍落得慘敗。經過這僅僅一次的嘗試之後，亨利就撤退了，丟下巴黎自生自滅。

那個黑暗冬天的唯一光明點，是西格弗雷德放棄了。他本想仿效朗納爾．洛德布羅克馳名的圍攻，結果卻變成了一場鬧劇。他認為與其把時間花在某些巨石牆下守株待兔，還不如用在比較有成果的事情上。他斷定圍攻是笨蛋才做的事，而且還讓人僅僅花了六十磅白銀就把自己打發走，這比起朗納爾的六千磅白銀可差得太遠了。

然而，西格弗雷德的離開可並不表示這場圍攻就此結束。他只不過是眾多指揮者之一，而且他根本無法說服眾多維京夥伴們離去。[4]圍城拖到了十月，消息傳來，胖子查理正帶著帝國軍隊前來，巴黎人心立刻為之振奮，這顆定心丸讓他們有了勇氣去抵抗維京人最後一次全面攻擊。而聽到同樣消息的維京人則急著要趁還能拿下巴黎之前，趕快奪下此城。

當查理來到時，輕易擊潰了鄰近的維京人。巴黎有了帝國軍隊駐守，查理朝著維京人營地挺進。這位皇帝已經將維京人包圍起來，而且大可以給予致命一擊。但讓巴黎人大感震驚的是，可能連維京人也嚇了一跳，查理竟然提出了和談。

查理原本就不是個成功的戰士，何況他還有個叛臣在勃艮地造反，很難置之不理。眼前他有個一箭雙鵰的機會。他允許讓維京人自由通行塞納河，但做為交換，他

4 作者注：西格弗雷德煽動維京人再度對北橋發動一場注定失敗的攻擊，希望藉此失敗來證明他的觀點。但不出所料，對於那些花了幾個月時間夢想著巴黎城牆背後財富的死腦筋北方人來說，這場失敗還是沒能讓他們離去。

准許維京人深入到勃艮地去肆意蹂躪，去懲罰查理那個叛臣。然後，查理再給他們七百磅白銀做為離開法蘭克領土的獎勵。

巴黎人聽到這些條款時怒不可遏，他們已經付出很大代價盡忠職守去防衛法蘭克領土，結果皇帝反倒去獎勵維京人，讓他們得償所願。巴黎人為了抗議，拒絕遵守條約並封鎖塞納河，不讓敵人通行。維京人只好拖著船行經一段陸地以繞開封鎖。

查理可能自以為他的計畫很精明，但結果卻是後患無窮。西格弗雷德和其他維京人都不守諾言，很快就任意襲擊起帝國疆土。三年後查理被廢黜，巴黎人選了伯爵奧多（Odo）當他們的新國王，此君在維京人圍攻期間曾指揮巴黎抗敵。

羅洛及其劫掠者花了很多時間去襲擊勃艮地，在那裡大有斬獲。但令人驚訝的是，他只吃過神職人員的敗仗。九一〇年，他被一名召集了民兵的當地主教驅趕出城。隔年，他朝法蘭西北部城市夏特（Chartres）挺進時，再度被一位主教壞了他的大計。羅洛的艦隊在幾天前被發現，於是這位神職人員有時間來組織抵抗部隊。

這些防禦者決定不要冒著被圍城的風險，因而出城到空曠處去迎戰維京人。緊接而來的激戰中，羅洛本已占了上風，但勝利卻被搶走了，原來那位主教一直在做壁上觀，這時大吼著衝出城門來，身後跟著烏合之眾的城民。人數一增加，局勢也隨之扭轉，到了天黑時，維京人已經被困在城北的一座山上。

在黑夜裡打仗，對於大多數中世紀的軍隊而言是很難想像的，因為黑暗中很難分出敵友。法蘭克人很明智地撤回陣營，部署哨兵以確保維京人逃不走。然而羅洛早就指望他們會有這樣的反應。維京人經常在太陽下山後發動攻擊，藉著預先安排的衝刺出擊，然後趁敵軍被打亂時撤退。

他一直等到第二天大清早，除了哨兵以外大家都睡著時，派了幾個人潛入法蘭克營中，然後吹響號角以為信號，彷彿他們已經在進攻了。營中的人立即在驚慌中醒來，衣服穿了一半衝出帳篷，亂成一片。在這場混亂中，羅洛及其手下衝出包圍，跑向他們的船隻。

維京人跑到了羅亞爾河畔，但卻未能在法蘭克追兵趕到以前便全體都上船，羅洛立刻轉換戰術，屠殺了所有找得到的獸群和牲口，用其屍體堆起一堵牆。當法蘭克騎兵抵達時，馬匹嗅到血腥味而感到不安，拒絕前進。羅洛暫時挽救了維京人，但卻仍然受困。一支由國王「糊塗查理」（Charles the Simple）指揮的軍隊已經抵達上游，堵住了逃生去路。這支國王的軍隊遲早會圍剿過來，要不維京人也會餓死。無論是何者，看來都沒什麼希望了，但結果國王非但沒攻擊這些毫無防衛的北方人，反而提出了非比尋常的條件。

國王查理登基才剛滿十年，儘管英譯的綽號如此，但實際上他可不是個笨人。[5] 法蘭克人賄賂維京人離去的政策已行之有年，讓這個王國走向了破產之路。法蘭西所鑄造的錢幣大約有三分之一都落到了維京人的口袋中，而且支付出去的白銀已經超過十二萬磅，幾乎沒什麼錢剩下用以支付龐大的養兵作戰費用。更何況查理很清楚自己的權威終究有限。雖然他能在一場對陣中打敗個別的維京劫掠者，但卻無望在王國各地防止他們的閃電襲擊。查理得要防衛國家重要核心而把海岸邊防委託他人。

這意味不僅要容忍維京人出現在塞納河流域，而且實際上還得加以鼓勵。要是查理能說服這些北方人去防衛海岸而非襲擊，最符合他們的利益，那麼查理就可以為王國的海岸線構築一流的防線了。但要做到這點只有一個保證的方法，就是讓維京人成為在地領主。

這個大膽的戰術在二十幾年前就已經由他的堂兄胖子查理試過了。維京人群聚於弗里西亞已有半個多世紀，成為實際統治者的時間也差不多一樣久遠。為了穩定該地區，胖子查理曾經聯繫其中一名維京人領袖哥德弗雷德，把弗里西亞大部分地區封給他，交換條件是皈依基督教。[6] 哥德弗雷德接受了，也適時順從受了洗，然而索爾大神的影響可沒這麼容易就洗掉。結果哥德弗雷德非但沒有把手上擁有的地區鞏固成統一的國度，反而出發去掠奪薩克森。當胖子查理提醒他應盡的職責時，這個維京人反而要求給他萊茵河沿岸的某些葡萄酒產區做為媾和條件。顯然利用維京人來尋求保護的實驗已告失敗，於是胖子查理就派人行刺了哥德弗雷德。

這個計畫能夠成功，要歸功於糊塗查理意識到建立一個維京人緩衝區的計畫之所以適得其反，並不是因為這些北方人無法落地生根成為忠誠的老百姓，而是他堂兄找錯了人，哥德弗雷德並非擔任此工作的適當人選。然而，他在羅洛身上不知不覺找到了最完美的人選。

這位維京人可能在年少時就出海，當了一輩子的劫掠者，此時大概五十五到六十歲之間。從追隨他的人數之眾來推斷，他應該已經很富有，而且也到了想要安享收穫成果的年紀。他現在有個機會可以定居下來，還可以用最寶貴的土地，來獎賞追隨他的人。

---

5 作者注：比較合宜的譯法應該是「直率的」查理（Charles the Straight-forward），因為不花稍或冗長。

6 作者注：他的同伴就是西格弗雷德，後來帶頭去進攻巴黎。

雙方在盧昂通往巴黎的道路上會面，簽訂了「埃普特河畔聖克萊公約」（Treaty of St. Clair-sur-Epte），條款內容就跟以前與哥德弗雷德簽訂的差不多。羅洛成為基督徒，以此交換從國王手中得到封地，獲賜位於塞納河盆地從盧昂到埃夫勒（Évreux）的這片土地。他承諾與這位基督教國王保持和平，捍衛賜給他的這片土地，並在有需要時提供軍隊協助。[7]

羅洛跟他全體軍隊都受了洗，但卻搞得所有與會者多少有些尷尬。因為當他的手下曉得典禮之後就可獲得一襲乾淨白袍時，就有好些人被逮到受洗了很多次。儘管有竊竊私語的議論，但總算沒有鬧成大事。然而，敬拜儀式就沒法這樣形容了。根據後來不太可靠的諾曼文獻提到，羅洛很不情願接受親吻國王的腳的這個傳統儀式，沒有一位維京軍事首領會在大庭廣眾下卑躬屈膝，於是他就委派一位手下去做這件事。那名巨無霸北方人將查理的腳拉到自己嘴邊，掀翻了這位驚訝萬分的法蘭克君主。[8]

無論在進行這些儀式時有過什麼樣的枝節，「埃普特河畔聖克萊公約」卻是中世紀史上最重要的協議之一。該條約創造出「諾曼人之地」（Terra Normanorum，意指北方人之地），也就是今天我們所知道的「諾曼地」。從一開始，羅洛就很認真對待其職責。他重建了維京人肆虐後的修道院與教堂，建立了諾曼城鎮的防禦體系，彙編了一部法典來保護其城民的生命與財產。最重要的是，他把土地分封給最重要的手下們，讓流動性的維京貴族轉型成為地主階層。

羅洛似乎也一直都對糊塗查理忠心耿耿。九二三年發生要廢黜這位國王的一場叛亂時，羅洛很盡職地率領自己的軍隊去對抗叛軍。但無論是羅洛還是他的直系接班人都不曾停止包庇維京人，這些諾曼人會一直為維京人提供庇護，直到十一世紀為止。不過糊塗查理的實驗的確成功了，繼羅洛之後，塞納河就不曾再有過進一步的重大攻擊，而諾曼地也開始採用法蘭西的習俗。

而這其中絕大部分是靠羅洛以身作則而形成的，他採用了受洗的教名「羅貝爾」，並與他所俘虜的一名當地女子成婚，鼓勵手下也娶當地人為妻。不到一個世代，大多數斯堪地那維亞語言及傳統就消失了，被法蘭西的文化取代。

7 作者注：妙的是，羅洛卻獲得默許去繼續掠奪布列塔尼，這也許是為了讓維京人殘餘的習性有個宣洩出口。糊塗查理決定不重蹈其堂兄的覆轍。

8 作者注：有鑑於後來諾曼公爵們及其名義上的法蘭西封建君主們的關係，也可以說這是個挺恰當的比喻。

羅洛本人或許只是名義上的基督徒[9]，但其子孫卻演變成為基督信仰最得力的捍衛者。從維京人的基礎上，崛起了一個混種國家，有法蘭克人的文化與宗教，也有北方人的凶猛精力，堪稱是維京人最成功的創造產物。

然而，羅洛的勝利也表明了世界正在轉變。西方的法蘭西、英格蘭還有愛爾蘭的古老狩獵地正在關閉中，維京人襲擊的這個世紀若不是耗盡了這些地方的財富，就是激起了當地的強烈反應。若要繼續維持維京人的生活方式，就得再去另覓沃土才行。維京人發現新天地的偉大時代已然降臨。

9 作者注：在我們見到羅洛的最後一瞥中，他對來世兩頭都下注；既捐了一百磅黃金給教會，又用了一百名俘虜獻祭給奧丁大神。

第二部　探險者

第十一章　維京人在蔚藍海岸

他們升起了旗幟，迎風張帆，宛如敏捷狼群出發去撕裂主的羊群，把人類鮮血潑灑在他們的索爾大神上。

——瑞米耶日的威廉（William of Jumieges）

如果羅洛也參加了巴黎圍城戰，那他肯定會跟維京第一位重要的探險家哈斯泰因（Hastein）並肩作戰。到了八八五年，哈斯泰因多采多姿的生涯已近尾聲，九世紀期間維京人的每場主要戰事都有他的一份。異教徒大軍攻擊阿爾弗雷德的王國時，他是其中一名領袖，並在簽訂韋德莫爾條約（Treaty of Wedmore）之後渡海到法蘭西去。

雖然人們對哈斯泰因的出身仍有爭議，有人說他是朗納爾的兒子，有人則說他是朗納爾為幼子招募來的助手。但無論是何者，他的確也很令人欽佩地完成了後者這件任務，領導那位十二歲的孩子在羅亞爾河上游展開一場狂暴的襲擊。

哈斯泰因早就在該河兩岸滋擾多時，諾曼僧侶聖康坦的杜多形容他「可惡、任性、極為殘忍又嚴酷」，然後似乎擔心若不進一步闡述，讀者就掌握不到哈斯泰因的特點，又繼續說：「（他）深具破壞性、很麻煩、狂野、凶惡、臭名遠播、善變、急躁、目中無人、無法無天、殺人不眨眼、粗魯、造反的叛徒、邪惡煽動者、虛偽的兩面人、不敬神、傲慢、軟硬兼施的騙子、猥褻、肆無忌憚、惹是生非的流氓。」顯然朗納爾幫兒子找了個「好」老師。

哈斯泰因和比約恩在法國北部一帶鬧事，法王禿子查理只好用賄賂手段打發他，因此把夏特城的控制權交給了他。但這座城市對維京人來說並沒有用處，於是哈斯泰因將其賣給鄰近的一位伯爵，然後繼續襲擾掠奪他處。[1]

然而，這回哈斯泰因卻不夠謹慎，結果被公爵「強者」羅貝爾（Robert the Strong）殺了個措手不及。[2]哈斯泰因與手下躲在教堂裡才逃過一死。羅貝爾不願摧毀一座神聖建物，就決定包圍教堂讓敵人餓到受不了自然會出來投降。由於那天天氣很熱，羅貝爾脫掉了盔甲，此時，躲在一扇窗後窺伺的哈斯泰因趁機率部隊衝出，羅貝爾公爵在混戰中被殺，維京人則順利脫逃。

維京人在羅亞爾河畔打家劫舍依然斬獲甚為豐富，但在八五九年，哈斯泰因與比約恩想出了更大膽的計畫。據說遠在基督教王國疆界以外的西邊有著數不清的財富，那裡有摩爾人在西班牙建立的王國，曾是跨北非到伊朗，龐大的哈里發王朝的一部分，處處滿是黃金。

進攻西班牙的靈感是得自於十幾年前維京人失敗的一趟遠征。西元八四四年，維京人率領三十艘船來到塞維亞（Seville），他們的襲擊有個很好的開始，設法摧毀了一段的城牆。維京人在打發掉零星的反抗之後，就開始他們的主要任務：掠奪眾多富貴人家和絲綢商人的豪宅。體態健美與相貌姣好的城民就被裝載到船上，送往西方最繁忙的穆斯林奴隸市場上出售。

---

1 作者注：布列塔尼伯爵給的賄賂要有用得多，他給了哈斯泰因五百頭乳牛，請哈斯泰因不要再襲擊他的領地。

2 作者注：羅貝爾是于格・卡佩（Hugues Capet）的曾祖父，卡佩王朝於九八七至一三二八年統治法國，因此羅貝爾是卡佩王朝的祖先。

這些維京人非但沒有離開塞維亞，反而決定以此為基地。接下來的六星期裡，他們攻擊的目標甚至遠至里斯本和卡迪斯（Cadiz）。然而，大量的財富將伴隨同等的危險。八四四年發動遠征的那批維京人大多都沒能回到他們的船上，他們花了太多時間去掠奪周遭地區的財寶，以致給了摩爾人充分時間安排反攻。哥多華的埃米爾[3]設法殺得維京人措手不及，抓捕大量的俘虜，以致當地的絞架不夠用，排不上絞架的維京人只好用周圍的棕櫚樹來吊死他們。接著埃米爾再把維京頭領跟其手下兩百人的腦袋，送去給丹吉爾（Tangier）的埃米爾當禮物。

儘管有這樣不光彩的下場，但那趟遠征卻證明了西班牙的不堪一擊，要是有人願意冒險犯難，就會在遠方的國土上獲得更美妙的寶藏。途經西班牙的航海路線可以讓維京人進入地中海，而得以染指充滿傳奇的羅馬財寶，這機會對哈斯泰因來說實在太過誘人，無法忽視。於是在八五九年的夏天，哈斯泰因在六十二艘船上裝載了兩千四百個人，發動這場為了鞏固其聲譽的襲擊。

不過，船隊甫出發就很不順利。哈斯泰因和比約恩航向塞維亞，一心以為可重現前人成功的襲擊，但可惜的是，自從當年首度遭到攻擊後的十五年來，當地埃米爾已經建立一支自己的艦隊，還沿著大西洋海岸設立了一連串警戒崗哨。他很清楚威脅逐漸逼近，並因此加強了該城的防禦工事。當維京人的長船逐漸靠近城牆時，摩爾人駐軍用最原始的噴火器，將燃燒的油性瀝青噴到下方船艦的甲板上。[4]

接下來是維京人很丟臉的撤退，比約恩和哈斯泰因決定繞過西班牙北部海岸，僅為了得到補給而在少數地區發動小規模的襲擊。等到他們繞過了海角，也就是今天的葡萄牙。他們在西班牙城市阿爾赫西拉斯（Algeciras）登陸，燒了一座清真寺，擄掠幾名奴隸並獲得少量補給。不過他們對阿爾赫西拉斯的貧困感到非常失望。

倒楣的事還沒有完。在他們即將進入直布羅陀海峽之前，一場風暴阻擋了他們的去路，還把他們往南吹到了西非海岸，但他們終究設法營救了大部分艦隊，來到了北非城市納祖爾（Nador）。不過一進到地中海，維京人就時來運轉了。他們花了八天時間襲擊納祖爾海岸，俘虜了充滿異國情調的「藍皮膚」和「黑皮膚」奴隸。[5]然後

3 編按：埃米爾（emir）是伊斯蘭國家地方首長或領主的稱號。
4 作者注：這是摩爾人版的「希臘火」，希臘火是拜占庭帝國的超級武器。
5 作者注：「藍皮膚」人可能是圖瓦雷克人（Tauregs），是柏柏人的一支，喜愛渾身刺青。「黑皮膚」人則多半是曾被摩爾人俘虜的撒哈拉沙漠以南的非洲人。

越過了西班牙海岸，沿途在巴利亞利群島（Balearic）的福門特拉島（Formentera）、馬約卡島（Majorca）和梅諾卡島（Minorca）停留並掠奪。

隨著冬季漸臨，哈斯泰因開始在法國南部尋覓一處合適的基地以便過冬。維京人沿著特爾河（Ter）往上游航行時，他們掠奪了佩皮尼昂（Perpignan）的修道院，並攻擊了好幾座城市，然後在亞爾（Arles）遭遇一支法蘭克人的防禦部隊，這麼一來他們就得在法國里維耶拉（Riviera）的一座小島過冬，也是我們今日習稱的法國蔚藍海岸（Côte d'Azur）。這些斯堪地那維亞人很享受那裡的氣候，因為即使冬天也很溫暖。[6]春天來臨時，他們越過義大利去掠奪了比薩。哈斯泰因大概就是從這次襲擊的俘虜口中獲悉他離羅馬不遠了。

有機會去洗劫這個帝國之都，這是所有打家劫舍中的最大獎賞，遠超過大多數維京人所能夢想的。要是他們能辦得到，就能因此揚名後世了。

這支艦隊悄悄地沿著義大利西海岸南下，尋覓大城市的蹤跡。當他們看到羅馬大理石貿易中心，盧納（Luna）時，就理所當然誤認為是羅馬，而駛入其港口。[7]

維京人根本就沒機會藉由突擊來拿下它，要是在黑夜掩護下，或許他們還能避開偵查而安然無恙翻過厚重的城牆。但在光天化日下就不可能了，哨兵在幾英里外就窺見這支艦隊，等到維京人來到該城，警鐘早已響起警告了駐軍，所有的城門也都關上了。

然而，要是蠻力派不上用場的話，維京人還有著名的詭計可用。艦隊下錨停泊，一些維京人舉著休戰旗走近城門，稱說他們的首領就快死了，希望能受洗成為基督徒。為了以茲證明，他們還用擔架抬出病危中的哈斯泰因，只見他呻吟著，滿身大汗。

這個請求讓義大利人在道義上左右為難。身為基督徒，他們可不能把一位垂死的悔改者拒於門外；但他們也不信任維京人，料他們必然在搞鬼。當地領主與主教磋商之後，小心翼翼決定讓他進來，並確保要嚴密防範。於是就派了一群士兵去接哈斯泰因及其一小群隨從，其他維京人則在城外等候。

盧納人儘管疑慮，卻因好奇之心蜂擁而至，要來看看這名可怕的野蠻人平安入城

6 作者注：維京人當初逗留的地點後來成為發展最早的冬季度假勝地之一，十八世紀時該地是不列顛上層階級人士常去的地方。維京人顯然有其道理。

7 作者注：至少這只是個傳說故事。再怎麼說，以維京人選擇目標時的老練，加上他們已在地中海待過幾年的事實，很難讓人相信他們會犯這樣的錯誤。

來。哈斯泰因在被護送到主教座堂的過程中，維京人都表現得很好，保持肅靜與莊重。在持續了幾小時的受洗儀式中，哈斯泰因完全就是一副崇敬又軟弱的樣子，宛如一位終於見到光明的垂死之人。主教主持了洗禮，領主站出來擔任哈斯泰因的教父，給了他一個新名字當做教名。等到儀式結束，維京人恭敬地抬起擔架把他們病重的領袖抬回船上。

當晚，一名維京使者出現在城門口，先向盧納伯爵致謝，感謝能幫首領辦場洗禮，接著又黯然神傷地通知首領去世了。但是在首領臨死之前，曾請求能為他舉行一場安魂彌撒，並讓他葬在主教座堂墓園的聖地上。

第二天，一支五十名維京人組成的隆重遊行隊伍就抬著哈斯泰因的靈柩進城來了，每個人都穿著喪袍。城裡所有居民差不多都跑出來目睹這場活動，加入行列一同來到主教座堂。主教在一群拿著蠟燭的僧侶與教士們包圍下，以聖水祝福了靈柩，然後領著整支遊行隊伍進到教堂裡。

就在主教開始做起安魂彌撒，提醒所有好基督徒要期待將來死後復活的那一天時，棺材板突然猛然被推到地上，生龍活虎的哈斯泰因跳了出來。他把主教砍倒，手下也全都拋掉斗篷拔出武器，有幾個則跑去把大門拴上，其餘的就動手宰殺起會眾。

與此同時（也許是因為鐘敲響而有所警覺），「鐵漢」比約恩率領剩下來的維京人衝進城去，分頭去找財寶。這番掠奪持續了一整天，將能帶走的全部裝載上船，留下較年輕的活口販賣為奴，其他的就都殺掉。最後，夜幕低垂時，哈斯泰因就叫停了這場攻擊。由於再沒有什麼東西適合搬上船，於是就將此城付之一炬，然後揚帆而去。[8]接下來的兩年，北方人縱橫於地中海，襲擊非洲與歐洲的海岸區域。甚至謠傳他們還試圖掠奪埃及的亞歷山大港，但他們顯然無法靠武力或計謀得逞。

到了八六一年，維京人已經準備帶著斬獲的贓物回老家了。然而，當維京人快來到直布羅陀海峽時，卻發現摩爾人的艦隊攔住他們的去路。哈斯泰因和比約恩大概沒怎麼擔心，摩爾人是群菜鳥水手，這是他們的第一支艦隊，純為攔截維京人而打造的。相反地，維京人的船快速得多，更好操作，而且是由經驗老到的老兵駕駛。對自己的本領充滿信心的維京人於是就湊上前去迎戰。

8 作者注：盧納肯定遭逢過劫掠，但維京人得手的過程則並不確定。也許真的是靠哈斯泰因這條詭計，但幾乎每位著名的維京人或維京人後代都有類似的故事附會，包括丹麥國王弗羅多（Frodo）、挪威的「無情者」哈拉爾（Harald Hardråda），以及諾曼人「詭詐的羅貝爾」（Robert Guiscard）。

然而，維京人卻在這場戰鬥中吃盡了苦頭。摩爾人帶來攜帶式的噴火器，也在船上裝載了一些。一等到第一隊維京長船進入射程範圍，摩爾人就將滾燙的油噴遍維京人的船首。維京長船木甲板間的縫隙是用瀝青填塞以防水，因此立刻著了火，整支艦隊亂成一團，六十艘船加入戰鬥，結果只有二十艘逃出地中海。

哈斯泰因和比約恩兩人都逃過了此劫，但這場戰鬥卻讓原本該是戰果輝煌的襲擊大為失色。為了彌補損失，兩名領袖決定去掠奪西班牙北部海岸。這回他們攻擊基督教小王國納瓦拉（Navarra）的首都，潘普洛納。維京人來襲時，國王賈西亞正好人在城裡，結果被俘，遭勒贖七萬塊的金幣。得到這場最後的勝利後，維京人就返回了羅亞爾。

兩位首領在這時分道揚鑣。比約恩回斯堪地那維亞，成為富有的海上之王度過餘生。他的夥伴哈斯泰因則重返昔日出沒之處，掠奪羅亞爾河谷，並從法蘭克國王禿子查理那裡收取各種名目的貢金。八八五年，哈斯泰因參與了巴黎圍城戰，圍城結束時，年近七十歲的他渡過英吉利海峽去入侵英格蘭。

然而此時的威塞克斯已非當年好欺負的目標了。哈斯泰因經過五年徒勞無功的襲擊之後，就此從歷史上消失。他的傳奇掠奪生涯橫跨將近四十年的歲月，使他成為當代最令人生畏的海盜之一。在一個人類移動嚴重受限的時代裡，從非洲到不列顛群島的城市，只要聽到哈斯泰因的大名無不喪膽。最常成為哈斯泰因受害者的法國稱他是「羅亞爾河與索姆河精力充沛又令人喪膽的老戰士」，或許是正確的。

比約恩與哈斯泰因兩人，以及其他經歷過這段的老兵們，必然會一再講述他們的偉業。這是在北方寒夜裡打發時間的美妙方式，而無疑在維京大屋中圍著溫暖火堆時，人們也加油添醋而多了許多渲染的細節。這是一場膽大的冒險，鞏固了首領們的聲譽。但這卻不像朗納爾的那場巴黎劫掠，這場地中海劫掠並未引起後世仿效，因為地中海西部實在太遙遠了，且海岸邊駐防了太多武裝精良又有組織的敵人。維京人需要建立一些立足點，並以此為根據地擴充勢力範圍，但不論是伊斯蘭世界眾哈里發國，還是法蘭克王國都不會容許這種情形發生。

地中海如同雞肋遭到遺棄，丹麥的維京人開始把注意力集中在英格蘭和法蘭西。[9] 然而，這才不過是維京人大發現時代的序幕而已。即便在哈斯泰因與比約恩出發去冒險時，挪威的維京人也開始踏上西進之路。

9 作者注：維京人起碼是放棄從西方進入地中海。維京人終究會再度經由東方的君士坦丁堡而抵達地中海。

第十二章　邊疆共和國

一片寂靜無聲，危險的海域。

——智者薩蒙德，〈埃達〉

維京人發現的新天地大多數都是在島嶼間航行時發現的。八世紀末，維京人發現了設得蘭（Shetlands），這是位處蘇格蘭以北六十英里左右的群島。該群島由三百多座杳無人煙的岩石島嶼組成，最早是由維京人發現的，因為該群島幾乎就位處挪威最大港卑爾根的正西邊。維京人利用這些島嶼來畜養牛羊家畜，為向南航行的船隻提供補給。

大約在發現設德蘭五十年後，維京探險者又發現位處蘇格蘭西北一百七十英里的法羅群島（Faeroes）。這十七座無樹島嶼用途也像設德蘭一樣，亦即用來生產羊毛和醃肉。

維京人沒有繼續西進的理由，因為法羅群島遠遠偏離主要目標不列顛群島，而其他更多岩石的小島又太過偏遠。加上北海常會有突如其來的風暴，又不時濃霧瀰漫，實在太危險，不值得前往。

因此，第一批抵達冰島的維京人，可就不是純屬偶然了。維京水手是透過仔細觀察，從實驗與錯誤中學習來推算結果，而不是靠複雜的航海儀器。他們是藉由留意海水顏色的改變、鳥類飛行模式的差異、漂浮木的出現等等而發現陸地。維京人計算緯度的方法是白天靠正午的太陽，晚上靠星星，要是兩者都不可得的話，就靠直覺。維京船長都出了名地務實，在《拉克斯達拉傳奇》裡就敘述了「孔雀」奧拉夫（Olaf the Peacock）很絕望地在濃霧中迷失了方向，漂流了幾天，等到霧散了之後，接著是一場激烈的爭論，要決定往哪個方向航行。船員們投票表決了一個特定的方向，並告知奧拉夫他們的選擇。這位頭髮斑白的船長根本不理他們，只叫他手下經驗最豐富的領航員挑選一個方向。他說：「我只需要讓厲害的船員來決定，因為在我看來，討論會的蠢人愈多，就愈危險。」

大約在九世紀中葉，一名挪威人納都德（Naddodd）在前往法羅群島時迷失了方向，走過頭大約四百英里。等到他終於見到陸地時，就派手下分頭去找人煙之處，想要弄清楚他們究竟到了哪裡。等到手下都回報說沒有收穫，他就攀上一座山峰去眺望內陸，卻只見到冰川和凍結的原野構成的遼闊冰原。冰原上沒有爐火升起的煙，這跡象表明了起碼眼前的大地無人居住。於是納都德回到船上，恰巧剛好下起大雪來。眾人認為似乎該給新天地取個名字，於是納都德就依照這片大地的特色，將其命名為「雪之地」。

登陸的這群維京人無疑很失望，因為這裡沒有修道院可以襲擊，但等到他們回到挪威後，納都德及其船員跟其他人說，西北方有一塊沃土可以探索。這話傳到了瑞典，有位名叫加薩爾（Garthar）的商人聽說了，就決定親自去找找。他的運氣不錯，沿著納都德的路線並在這個新天地的東岸登陸。[1]但他並沒有上岸，反而繼續沿著海岸前行，想要知道這裡究竟有多大。等到他斷定此地是個島嶼時，天氣轉壞了，於是

1 作者注：加薩爾似乎也曾在大霧中迷失了方向。

他和船員就停好船，在北岸蓋了一棟房子，靠著拾取海鷗蛋以及其他海洋生物來度過酷寒的冬天。由於島上沒有掠食者，也沒有人煙，於是加薩爾就將這座島取名為加薩爾島（Gartharsholmi），然後返回了斯堪地那維亞。[2]有一位加薩爾的手下因為對此地深有好感，而留了下來，他名叫納特法里（Nattfari，夜行者之意），是個自由人，帶著男、女奴隸各一名，成為島上第一批定居者。

很快他們就有了新的同伴。一名挪威人弗洛基（Flóki）在九世紀末出發前往，打算在這片新土地上殖民。傳說他帶了家人同行，還帶了牛隻及其他移民，在三隻渡鴉的協助下航行。弗洛基的計畫是定時放飛牠們，只要其中一隻沒有回來，他就會知道往渡鴨走失的方向會找到陸地。當這個不尋常的方法奏效之後，人們就開始稱他為「幸運的弗洛基」及「渡鴉弗洛基」。

這小群人在西海岸名為瓦特斯福德（Vatnsfjordur）的地方建了營地，並蓋了農舍。夏天很宜人，午夜時陽光亮到他們可以「在夜晚抓出衣服裡的蝨子」。牧地充足，可供「渡鴉」弗洛基的牲口覓食，甚至還有些樺樹可以用來蓋住家房子。然而，對這些定居者來說可惜的是，冬天實在太嚴酷了。他們疏忽要儲存乾草，結果所有的牲口都死了。當他們想遷移時，卻又發現冰山和冰川堵塞了峽灣，只有等到夏天來到時，這些冰才融化，讓他們可以離開。

大失所望的弗洛基迅速離去，丟下了他大部分的船員。等他回到挪威後，就向大家說那片土地毫無價值，將之稱為「冰島」（Iceland）。然而他的失敗經驗以及潑冷水的評論並沒有嚇阻得了任何人。[3]就在弗洛基回挪威一兩年後，一位名叫殷格夫·亞納遜（Ingólfur Arnarson）的挪威人再度嘗試，這回卻成功了。

只有維京人才會覺得冰島很吸引人！對於九世紀的歐洲人而言，冰島簡直是在天涯海角。它就位處北極圈以南，住人是沒問題，但也只是勉強可居住而已。冰島幸虧有北大西洋的溫暖洋流，西部、西南部及部分西北部海岸還宜為人居，但多數的峽灣和海岸線都被冰山和浮冰堵住了。

這些冰山使得接近此島的航程變得凶險萬分，因為維京水手和海水之間只不過隔

---

2 作者注：最早期的冰島文獻聲稱，在維京人來到時，島上已有些愛爾蘭僧侶。他們乘皮船來到這裡，必然是趟驚心動魄的旅程，因為這種小艇沒有龍骨，所以會漂浮在浪頭上。這些僧侶是在尋找避世之地，等到維京人抵達時，他們很明智地逃離了。

3 作者注：包括弗洛基本人，後來又回到冰島度過餘生。

著一英寸厚的船板而已，即使是小冰山都可能戳穿船殼。而且就算他們設法登陸了，也沒有足夠的木頭可以修補船隻。該島面積將近四萬平方英里，比英格蘭、威爾斯以及部分蘇格蘭加起來還大，但大部分地區都沒有樹木。冰島內陸是遼闊的中央高原，有火山、雪原和冰川，橫亙將近三百英里的地區完全不宜人居。只有大約占土地總面積百分之十五的海岸地帶，才適合人們居住。

第一批眺望內陸的挪威人說不定以為他們正在觀賞「諸神的黃昏」預演。在神話中的最後那場戰役中，遠古冰之巨人與火之惡魔會被釋放出來，讓世界陷入冰冷又熾熱的遲暮中。冰島有火山和冰川，還有冬季黑暗的漫漫長夜，看來必然就像世界末日就快要降臨了。

冰島橫跨大西洋的中洋脊（歐亞與北美板塊之間的分界），因此形成許多溫泉與活火山，後者經常會釋出熔岩流，融化掉冰川，噴出的灰燼覆蓋全島表面。[4]反過來說，這點也有礙所有植物的生長，連帶也毀了人們飼養牲口的企圖，因為當牲口吃下這些積了灰燼的草之後，硫化物會損害牠們的牙齒與牙齦，結果大多數牲口都會死掉。維京人被迫得要宰掉牲口，盡可能保存能留下來的，一年吃得好，下一年就要挨餓。[5]

從一開始，冰島的景象就是森嚴可怕的，即使對這些曾在北大西洋峽灣中掙扎求生的斯堪地那維亞人來說也是如此。它逼使所有的殖民者得要相互合作，而且要無情地淘汰弱者。要向一位新來的定居者解釋這是一塊不一樣的殖民地，得這樣說：「那些不工作的人，就會餓死。」

維京人懷著各種理由來到此地，但大致上可分為兩類。首先是為了逃離老家國王「金髮」哈拉爾的統治壓迫，他正忙著將其意志強加在挪威人身上；再者就是無法抗拒自由土地的吸引。或有可能兩者皆有。創建第一個永久定居點的殷格夫・亞納遜曾牽涉一樁血海深仇（這是維京人之間經常發生的慘事），所以正打算逃往更好的地方。他聽說「渡鴉」弗洛基的島嶼之後，就帶著繼母、妻子以及整個家族揚帆出海了。

殷格夫的同父異母兄弟尤爾雷夫（Hjörleifur）也有不光彩的過去，他在挪威殺了一個人之後，決定去當劫掠者襲擊愛爾蘭，等到老家的風頭平息下來再說。後來他帶

4 作者注：過去幾世紀裡平均每五年噴發一次。

5 作者注：這情況一直發生到晚至一七八三年。拉基山（Laki）周圍的火山口爆發，害死了百分之五十的牛隻、百分之八十的綿羊、百分之七十五的馬匹。三年之內，餓死了三分之一的人口。

了十名塞爾特人奴隸回來，還有一把他在愛爾蘭墓塚找到的寶劍，據他頗可疑的說法，這把劍曾是朗納爾的佩劍。不管是不是把名劍，他曾經羞辱過的仇家仍要找他報仇，於是他就加入殷格夫的隊伍，千里迢迢到冰島去了。

當陸地近在眼前時，殷格夫決定讓索爾大神來裁示他該在哪裡興建家屋。他帶了兩根木棍，將它們拋出船外，誓言只要木棍在哪裡被沖上岸，他就在哪裡建造房舍。然後殷格夫把船停泊在沙灘上，派兩名奴隸出發去尋找那對木棍，結果海流將這對木棍帶到冰島西南海岸一處峽灣的小海灣裡。此地鄰近的溫泉蒸氣瀰漫，因此殷格夫就將這裡命名為雷克雅維克（Reykjavík），也就是「煙霧灣」的意思。他在這裡蓋了維京大屋，把那兩根木棍插在主桌他所坐的主位兩側。

殷格夫的兄弟尤爾雷夫就沒這麼幸運了。他可不會讓神明的突發異想來決定任何事情，所以就選了一個看來很不錯的地點來蓋他的維京大屋。雖然他選了個好地方，但沒過多久他就為自己的傲慢付出代價。他的奴隸造反，導致一場小規模的衝突，他在衝突中喪生。對於維京人來說，這教訓很簡單，敬神則興旺，不敬神則必敗。

選擇定居點成了第一批定居者的宗教儀式，其中很多人都仿效殷格夫的做法，讓海流來為他們挑選地點。[6]幾乎幫所有人做出決定的大神是索爾，他掌控海上風暴、薄霧、雨和天空，因此獲得他的喜愛是很重要的。即使那些已經接納基督教的人也確信這點。十世紀初一名冰島人被問及敬拜什麼神明時，「瘦子」海爾基（Helgi the Lean）回答說：「在陸地上我敬拜基督，但在海上我永遠向索爾大神祈求。」[7]索爾的協助，或說是運氣，也是人們需要的。從挪威西海岸出發前往冰島，需要七到十天，距離大約是六百英里，路線牽涉島與島之間的航程，從設德蘭群島到法羅群島，然後再到冰島，這是條經常出現風暴的艱險路線。

用來航行這類旅程的船隻叫做「科諾」（knörr），長大約八十英尺，可以容納幾十名乘客。除了旅途必備的食糧與水之外，第一批移民還要帶馬、豬、綿羊和牛，以及農具和武器。他們不需要攜帶建築材料，因為那裡有些白樺樹叢可以採收。

6 作者注：儘管有一些冰島人相信此說，但人們仍有理由懷疑這則雷克雅維克建城的故事。在一九七四年冰島千年紀念慶典中，人們將一百多根標誌好的木柱沿著東南與南海岸丟入海中，卻沒有一根漂流到雷克雅維克附近。

7 作者注：在維京時代中，有為數頗眾的冰島人（據說有四分之一的島民）都命名為「索爾」，以榮耀此神。近代已有人數下降的趨勢，但仍有很多人命名為索爾斯（Thors）、索爾吉斯（Thorgills）、索爾伯格斯（Thorbergs）以及圖爾斯（Tors）等等。

雖然這是片艱苦之地，卻也有些優點。海岸沿線有很多牧草地，沒有掠食類禽獸，而且幾乎沒有昆蟲。海豹、海象及其他哺乳類動物種類很多，還有大群的海鷗、海鸚鵡以及大海雀在海岸築巢。附近水域裡可找到大群的北大西洋鱈魚，鱈魚肉可冷凍分裝成大塊，在長途航海中用來充飢。雖然水果、穀糧以及蔬菜全都仰賴進口（這是維京人一直沒能解決的問題），但還是能夠創建個家園。

有位叫「胸有城府的奧德」（Aud the Deep Minded）的移民，就彰顯出女性在冰島社會可以擁有權力。她是白色奧拉夫的妻子，奥拉夫是「無骨者」伊瓦爾的都柏林共治者。奧德在丈夫與兒子都死了之後，配備了一艘有二十名男子的船隻，自己當船長，完成令人刮目相看也備受讚揚的壯舉，帶著這些船員與貨物安然無恙地登陸。抵達冰島之後，她占據一塊很大的土地，釋放她的奴隸，並將財產與其奴隸均分。她以氏族首領自居，主管自己的大屋並在那裡主持為人稱道的盛宴。她死後人們用完整的維京船葬儀式安葬她，可見她受到的尊敬。在當時的歐洲還沒有一處地方准許女性擁有土地，更別說統治土地了。

這種有限度的平等之所以成為可能，是因為嚴苛的環境條件產生一種吃苦耐勞又頑強獨立的社會。多數前來冰島定居的人們是為了逃離管控，或要尋找一種新生活，所以他們不打算在他們自由的島上創造出新的專制統治。這是個很了不起的實驗，猶如位處人類生存圈邊緣的邊疆共和國，這裡沒有城鎮，也沒有軍隊或稅收，沒有國王，而且幾乎等於沒有政府。這裡只有孤立的農莊，大家族住在一起，少則十五人，多則達數百人。

如果人跟人之間需要調解時，雙方就會去找當地的哥提（Gothi，長老），哥提是德高望重、對傳統法律知之甚詳，而且因器度寬宏而受敬重的人。但儘管哥提很受尊敬，但他們並不是首領。冰島人對蔓生的專制是很敏感的，而且決心要加以阻止。哥提並不是領主也不是貴族；哥提的身分地位也不是世襲的，如果沒有做好工作就會被取代。在冰島沒有農民與貴族之分，所有人一律平等。[8]

當地需要做出群體決定時，就會按照古老的日耳曼人方式來舉行地方會議（Thing），自由身的冰島人就會聚集成眾並投票，少數服從多數。萬一需要有外交政策，或某個影響全島的決策，就召開被稱為「阿爾廷」的全島大會（Althing），每個

8 作者注：維京人的社會階層分為三等：奴隸（賣身奴）、自由奴以及自由人。自由奴不像自由人可以擁有一切權利。

農莊都會派一名代表出席，仍舊用簡單的投票法來決定結果。

冰島人最近似全國性的人物大概就屬「釋法者」（Lawspeaker）了，這是一位特別受尊敬的哥提，經由選舉選出，任期三年。在每年的全島大會中，他會站在一塊特別的岩石上，憑記憶背誦冰島三分之一的律法，其他哥提則圍著他，確認他沒有記錯。任何冰島人若要宣布農場的落戶地點，或者婚姻、生意合約，都要在這裡辦，當著全體大會自由人面前宣布。

這種記憶的工夫，能夠背誦整套法典，驗證了冰島律法的單純以及冰島人記憶的能耐。這種本事是在漫長的北極冬夜裡磨練出來的，因為沒有別的事情好做，唯有編織娛樂故事來消磨時間。在維京時代，冰島的主要文化輸出就是詩歌。冰島的吟遊詩人以其能將維京英雄故事講得生動的本領而馳名。每個國王或者未來的冒險家，都得要在自家大屋裡備有一名吟遊詩人述說他們的偉業才行。許多冰島人就是靠著在斯堪地那維亞的世界裡講故事而成名甚至發了財。

雖然島上資源貧乏，但卻有個只有維京人才建立得起的社會。由於他們無法經由內陸抵達島上其他地方，因此人們保持聯繫以及相互認同感的唯一途徑就是繞著海岸航行。島上的生活雖然艱苦，但社會自治這個理念卻太吸引人了。冰島應許低階層的挪威人和愛爾蘭維京人一片沃土，可以在那定居，活得像個貴族，不用冒生命危險去拚死跟盎格魯—撒克遜人或塞爾特人戰鬥。不到一個世代，冰島就充滿了移民。

殷格夫登陸五十年後，冰島人口增長到一萬左右，再也沒有土地可以占有了。雖然冰島仍然是個受歡迎的目的地，但對於來自挪威的流亡者，當初的應許已不復以往。男人又開始往海上找出路，也許是跟隨著魚群而離岸愈來愈遠，從事小小的發現之旅。西方遠處薄霧遮掩的陸地也開始逐漸顯露出來，而且總有些蠢蠢欲動的人覺得冰島的邊疆社會局限了自己。對他們來說，西向永遠是誘人的。

第十三章　西方群島

最好趁線索猶新時去搜索。

——智者薩蒙德，〈埃達〉

維京人在西北方發現更多島嶼，可說是重演了發現冰島的經過。傳統上認為，第一個找到新土地的維京人是九世紀初的挪威人貢比約恩．烏爾夫森（Gunnbjørn Ulfsson），他從挪威前往冰島時遇到風暴，經過一段漫長旅程之後，見到前所未知的岩島群，他以自己的名字命名為「貢比約恩岩島」，他還看到西面有一塊大得多的整塊陸地，但是當他向人報告自己的發現時，沒有人對此感興趣，因為那時冰島還有土地可得。

將近一世紀之後，冰島逐漸變得人口過多（起碼在維京人的標準看來是如此），於是在九七八年斯蘭約恩・葛提（Snæbjörn Galti）就決定出發去搜尋貢比約恩所說的神祕之地，並打算在那裡殖民。招了一班船員之後，他就朝貢比約恩岩島駛去，蒐集資料以便找出前方坐落著什麼。到這時，貢比約恩岩島已經有了稀少人口，都是些想要遠離冰島的人群，他們確信岩島群的西方有著新世界。[1]

斯蘭約恩的毅力得到了回報，幾天的航行將他帶到了格陵蘭東岸，這個龐大的火山島比斯堪地那維亞全部加起來還要大。他在這裡建立了殖民地，但災難幾乎馬上就襲來。他選擇的地點很不適合人居，因為格陵蘭島東岸的環境相當惡劣。然而，造成更大傷害的是殖民者間的內訌，很快就讓彼此鬥得你死我活。一場原因不詳的爭吵爆發了，雙方都拔出武器，斯蘭約恩就在這場爭鬥中遇害了。沒有了領袖，這場殖民活動也就跟著垮了，只有兩名倖存者回到冰島。

雖然殖民格陵蘭的嘗試失敗了，卻也證實新土地的存在，而且可以從冰島出發前往。才不過四年，就有了第二次嘗試行動，這次遠征由魯莽性急的挪威人埃里克・索瓦爾森（Erik Thorvaldsson）領隊，其綽號「紅鬍子」埃里克一名更為人所知。性情魯莽似乎是其家族的特色，其父索瓦爾曾因過失殺人而遭放逐出挪威，埃里克幾年後秉承家傳，因為「某些殺戮」罪行而被放逐。他逃到冰島避難，索領了西北岸的一塊農地，希望定居下來。

然而不管他走到哪裡，麻煩總是跟著他。在第一個農莊裡，他手下兩名奴隸無意中引起了坍方，損壞了鄰居一些財產。鄰居要求他的賠款，埃里克卻殺了一個人，他的名字很妙，叫做「下三濫艾猶夫」（Eyjolf the Foul），結果埃里克被迫又要逃亡。這回他在冰島的一座離島上定居，安全地遠離艾猶夫的男性親屬們。

他的新農場比第一個還差，在很短時期內他又跟人發生爭吵，這次不但殺了鄰居，還把對方的兒子們都殺了，這次罪行讓他最終獲判三年流放。[2]

埃里克已經無處可讓他流放了，顯然他需要一處沒有法律存在的地方，於是他買

1 作者注：在極盛時期他們誇稱島上有十八座農場，島上的溫泉讓這成為可能，殖民者用溫泉來沐浴、煮食肉類、烘焙麵包。不幸的是，地熱活動也讓這些殖民者的前功盡棄，一三四六年的一場火山爆發毀滅了一切。

2 作者注：這是兩種可能刑罰中較輕的一種，最嚴重的罪行是處死。

下斯蘭約恩的船（以及尚存的船員）往西航行。老水手們設法重現他們之前的旅程，埃里克花了三年流放時間去探索海岸，尋找適合殖民的地點。在繞過冰封的南端，也就是今天的法韋爾角（Cape Farewell）時，他在西岸發現了兩處宜於人居的峽灣，緯度大致與冰島相同。

由於浮冰阻擋他環繞此處航行，所以他可能不知道自己來到了一座島嶼，但他留意到此處沒有掠食者——不管是人類還是動物。[3]在認定自己可以從事殖民業之後，他就航返冰島開始招募移民。

埃里克就像所有優秀的推銷員一樣，懂得宣傳做廣告的價值，於是就稱這新地方為「格陵蘭」（Greenland，綠色的大地），以便更有吸引力。這一招發揮了奇效，有五百多名冰島人都同意前去，而這起碼有部分要歸功於埃里克的口才，他描述格陵蘭有著豐富充足的魚類和禽鳥。此外，這種「空地任人自取」的誘惑也發揮了部分效果，而且比前者更加誘人，因為冰島已經沒有好土地可以占有了。冰島開始出現明顯的早期生態惡化跡象，由於人們不停尋覓更多牧地，移民砍掉了所有的白樺森林，伐林造成土壤流失而開始侵蝕高地。人們不僅找不到新土地，甚至連一些新建的農場也因為土壤惡化而宣告經營失敗。

西元九八五年，埃里克帶著二十五艘船出發，裝載了在邊疆開展新生活的一切所需補給。這趟旅行很艱難，去的人都知道自己是冒盡一切風險，千里迢迢歷經海上風暴前往。二十五艘船之中，有十八艘抵達格陵蘭，當他們把船拉上海灘時，可能愉快中也夾雜著失望。

這時他們才發現埃里克把這地方吹噓到什麼程度。若說冰島僅勉強可以供人類居住的話，那格陵蘭就徹頭徹尾不利於人居。大部分地區都位處北極圈內，幾乎就要超出維京人的技術與生存能力所能應付範圍之外。雖然格陵蘭土地很多，擁有八十四萬平方英里，是地球上最大的島嶼，但幾乎全境都不宜人居。一條龐大的冰川覆蓋了內陸，只留下僅五十英里寬的蒼涼嚴峻又多山的海岸地帶。既沒有木材也沒有鐵，溫暖的月份短得不足以種植小麥或其他主食農作物，要是耗盡了什麼維生補給品，就得要從冰島進口，這在十世紀是很艱難又靠不住的前景。

但幸運的是有足夠的海洋生物可以補充他們的飲食，人們可以少量收穫奢侈品，如海豹皮、海象牙、北極狐、野兔、北極熊的毛皮等，在他們老家的市場上，這些商

3 作者注：此時因紐特人（Inuit）還沒來到這裡，他們在十四世紀才來到格陵蘭。

品的需求量很大，甚至還可以賣到歐洲大陸的中心地帶。

殖民事業有了良好的起步。埃里克大概在過去三年流放期間已為自己選好了地點，很清楚該去哪裡。他在幾個長峽灣頭端開墾他的農場，稱為「布拉塔列」（Brattahlíð），意為「陡坡」。這是個精緻的莊園，有順理成章名為「埃里克峽灣」的海岸所形成的酷寒北極水域保護，至今仍擁有格陵蘭最好的農地。峽灣迷宮般的山脊以及島嶼足以讓牧草生長，可以開始累積維京人眼中的財富：家畜，而其他的移民也就散居在埃里克的農場周圍。

多虧一些聰明維京人的革新，例如利用灌溉來為農作物防寒[4]，殖民地人口終於增長到四千位居民。由於新來的移民很多，於是眾人就做出決定，在一百七十英里以外的西北部建立第二個殖民地。[5]埃里克理所當然被選為東部殖民地的哥提，並在布拉塔列蓋了一棟會所，用來開全島大會。

在夏季月份裡，天氣較暖而旅行比較舒適時，有些移民會千里迢迢到格陵蘭北部去尋找海象、海豹，以及擱淺的鯨魚。[6]即使海上旅行變幻莫測，但這些旅程卻帶回足夠收穫，埃里克成了有錢人。

格陵蘭居民並不時常返回冰島和挪威，但兩邊也有足夠航班往返其間，保持聯繫。除了不斷有少數離開斯堪地那維亞卻又發現冰島太過擁擠而前來的移民之外，還有來探親的，或者放棄此地而要回老家的殖民者。

雖然埃里克再沒有離開過格陵蘭，但兒女卻繼承了他的旅行癖，多次回到故鄉。埃里克與其妻肖迪莉特（Thjodhildr）至少生了三個兒子，其中長子萊夫（Leif）於九九九年夏天完成了從格陵蘭渡海到挪威的危險壯舉。

萊夫的返鄉目的不詳，但他帶了妻子同行，也許是打算在那裡定居。他設法從國王奧拉夫・特里格瓦森（Olaf Tryggvason）那裡找到了一份工作，成為王室近衛隊的隊員。奧拉夫正需要這樣的人，因為他正在強迫挪威全面接受基督教，但卻遇到相當阻力。國王的這番嘗試最終宣告失敗，更為此而付出生命的代價，但他卻讓一位重要

---

4 作者注：當水結冰時，會釋放出少量熱能，大約每公克的水結冰時會釋出八十卡路里熱量。維京人留意到若他們持續為一株植物澆水，那麼即使在最嚴寒的冬季，植物也能活下去。

5 作者注：在提到這兩處時會稱為「東」和「西」殖民地，可能會引起混淆，因為其實兩處都在格陵蘭西岸。稱為「北」、「南」殖民地還比較恰當。第三個殖民地可能是介於兩者之間，但並不清楚它是否屬於西殖民地的一部分。

6 作者注：有證據顯示他們到了迪斯科灣（Disco Bay），位於北極圈以北兩百英里處。

人物皈依基督教。九九九年冬季期間，萊夫接受了新信仰，並與其妻一起受洗。

臨死前，奧拉夫說服萊夫做個傳福音者回格陵蘭去宣揚基督教。萊夫同意了，但在回程時遇上暴風雨，遠遠被吹離了航道。等到風平霧散時，萊夫見到了陸地，但卻不是預期中荒蕪多岩的海岸而是密林山巒，這讓他大惑不解。當他意識到已來到格陵蘭西方某處時，他轉身朝反方向駛去，其實在不知不覺中萊夫已見到了新世界。

然而，當時萊夫滿腦子想的是來生，當他抵達布拉塔列後就展開傳教工作，先從東部殖民地著手。他尋得一位熱心聽他福音的人，但成功的代價卻是家庭破碎。萊夫的母親肖迪莉特成了虔誠的基督徒，但父親「紅鬍子」埃里克卻是個高傲的異教徒，無法接受這點。肖迪莉特在布拉塔列蓋了一座教堂，並告知丈夫，直到他放棄他的神明之前，她將不再與他同床共枕。北歐傳奇告訴我們，肖迪莉特的這一招對她丈夫的「暴躁脾氣，是很大的考驗」，雙方的緊張對峙就更加深了。[7]

幸好萊夫在此時宣布了一項新計畫，把宗教爭執的注意力轉移開，家人關係才沒有更惡化。他說西方有個尚未發現的天地，他要前去探索一番。他邀請父親同行（埃里克在格陵蘭的成功已使他本身成了某種幸運表徵），但這老人的身體已衰弱不堪，於是推辭了邀請。[8]

萊夫並非第一位發現美洲的維京人，這份光榮其實是屬於比亞尼・赫爾約夫森（Bjarni Herjólfsson）的，他是格陵蘭第二富有的居民，赫爾約夫的兒子。赫爾約夫是最初的移民之一，是埃里克在冰島的好友。他在冰島發展得不錯，但卻無法說服其子比亞尼來島上加入他，這大概是因為比亞尼當時在挪威已是位成功的商人，所以不想到一個人口過剩的島上去重新創業。不過他倒是同意每年去探望父母，顯然他也信守了諾言。然而，九八六年他抵達冰島去做一年一度的探望時，卻找不到其父蹤跡，只聽到傳言說他父親去格陵蘭了。

比亞尼立刻決定要去格陵蘭尋找父親，但卻面臨了棘手的導航問題。不論是他或其他任何在冰島的人都沒到過格陵蘭，或甚至不知道該怎麼過去，只約莫知道格陵蘭

7 作者注：萊夫的努力最終獲得成功，格陵蘭全面接受了基督教，但由於缺乏神職人員，因此就發展出某些奇怪的做法。例如，當一個人去世，就埋葬在自家農場沒有祝聖過的土地上，在他胸口釘上一根木樁，一直穿過他胸膛，等到有神職人員來到為止。有時這樣等上一年，屆時才拔掉木樁，然後在胸膛的洞口倒入聖水，舉行葬禮儀式。

8 作者注：根據北歐傳奇所述，埃里克同意前去，但在騎馬要上船時摔了下來，認為這是個不祥之兆，於是就改變主意待在家裡。

位處西方。既沒有地圖，也沒有指南針，甚至連那個殖民地是什麼樣子都不知道。但儘管如此，他還是跟一群志願船員出發了，不出意料，他們完全迷航而且還走過了頭，錯過了目標。

他第一眼看到的陸地是密林遍布、起伏不絕的山巒，這跡象表明他肯定來錯了地方。對於習慣了冰島和格陵蘭的人而言，樹木如此繁茂的景象是很讓他們吃驚的。到處都有樹木，一大片連綿不絕宛如綠色地毯，從海灘邊緣延伸到遠方的緩坡山丘。這些北歐人於是稱之為「馬克蘭」（Markland），也就是「樹之地」，然後繼續向北而去，不願意停下來探索。[9]

接下來他們來到一座島嶼，島上都是些奇怪的板石，大到兩個男人頭腳相連躺在上面都摸不到邊緣。唯一見到的生命跡象是北極狐，當他們靠近沙灘時，牠們就飛奔遠去。維京人稱此地為「荷魯蘭」（Helluland），也就是「板石之地」。[10]

比亞尼再度不允許船員探索這個島，因為他急著要找到父母。這回船帆捕捉到了有利的東風，四天之後，他們終於抵達格陵蘭，比亞尼與父親團聚，而且決定永久留在格陵蘭（可能他不願再經歷一次那麼艱險的旅程）。眾人對他那段探尋西方新天地的故事感到好奇，但最初卻不怎麼引起人們興趣去追尋此地。

就連比亞尼自己也很樂得拋開這件事，他是個貿易商，不是個探險家，他只對貨物和利潤有興趣，對建立殖民地或對抗土著沒有興趣。後來又過了一段時間，他繼承父親去世後的莊園，定居下來靠種田過活。

十年後，當萊夫宣布打算航向西方時，比亞尼還是沒有興趣同往，不過他把船賣給了萊夫，還教他去找從前那批還在世的船員，他們大多數都報名參加了這次遠征。[11] 據說一共有三十五位船員參加，僅以單獨一艘船來說，這人數很多了。這是一趟探險之旅，既要找到適合殖民的地方，更要找到原料來源。要是那片陸地上真如比亞尼所稱的長滿樹木的話，那格陵蘭所有的資源問題就解決了。儘管萊夫當時還沒有意識到這一點，但格陵蘭殖民地已經面臨危急存亡的關頭。

9 作者注：這裡可能是加拿大拉布拉多海岸（Labrador）。

10 作者注：很可能是加拿大的巴芬島（Baffin），因為曾在島上發現過維京人的紗線、工具、釘子等。

11 作者注：所有現存的北歐傳奇都描繪了比亞尼悲慘的結局。邊疆社會是惡名昭彰的充滿暴力，但比亞尼的經歷尤其殘酷：有一群武裝的入侵者闖入他家，殺了他的獨子，綁架了他的妻子。據說比亞尼把船交給萊夫之後，人就自殺了。

第十四章 文蘭

要以他人的禍患做為警惕。

——《尼亞爾傳奇》

他要找的那塊陸地近得令人心癢難耐，在晴朗的日子裡，爬到西部殖民地的最高山上，假設人們知道往哪裡眺望的話，就會見到北極圈南緣灰色天空的雲層，籠罩著北美大陸。對維京人來說，渡海前去新世界要比返回冰島容易多了，何況萊夫手下有一群識途老馬水手們。

萊夫決定反向航行比亞尼當年的路線，老練的船員們也毫無問題找到當時的航線。經過幾天輕鬆的航行後，他們在荷魯蘭海岸拋錨停泊。萊夫和一小群人划船上岸，很快視察一番之後，發現此地並不適合居住。這裡不長草，幾乎也沒有任何樹木，只有一大片逐漸傾斜的板石緩坡延伸到遠方冰川，他們稱之為冰山。[1]

回到船上，萊夫與手下簡短討論過後，決定往南航行，看看是否能找到更好的土地。[2]往西南方航去時，他們見到馬克蘭的密林山丘以及白色沙灘，但又決定繼續往前探索。兩天後，他們看到了一座島嶼，由於天氣很好，就划船上岸。習慣了冰凍海岸的他們，見到野生綠草自然欣喜不已。這些在船上悶了太久的人嘗了一口露水後，興奮激動地聲稱這是他們這輩子嘗過最甜美的東西。

眾人一找到安全地方把船拖上沙灘後，萊夫就和手下帶著吊床登陸，開始動手建立一處營地。雖然才剛入秋，他們已決定在此過冬。萊夫還提出一項計畫，有系統地去探索周圍土地。於是他們分成兩組人，每組十六人，每天有一組人往不同方向出發去探索，另一組人則留守營地。唯一的規定是不能走得太遠以致當天無法回來，而且要不計代價聚在一起，避免走失。

這座島大概是今天的紐芬蘭，島上物產豐隆，不僅有幾乎無限的原木材，河裡的鮭魚也是他們前所未見地又肥又多，森林裡到處有野味可獵，冬天似乎也暖和得多

（萊夫聲稱這裡冬天不結霜），還有足夠的野生牧草可以養活家畜而不用儲備乾草。最令維京人驚訝的是，他們發現此地冬季日照時數比在冰島或格陵蘭長。這是個富饒之地，等著人們去開發。

然而，最令人興奮的發現，卻是在萊夫與手下已安頓下來過日子之後。一天傍晚，他們發現萊夫的養父蒂爾克（Tyrker），脫離大隊走丟了，抓狂的萊夫立刻召集十二人組成搜索隊，但就在他們正要出發時，蒂爾克出現了。

他顯然精神很好，還宣布有了新發現。他發現了生長中的某種野生小麥，而且無意中見到某種「葡萄酒漿果」（wine berries）。他用的一詞傳統上翻譯為「葡萄」，但卻造成混亂，因為葡萄不會生長在這麼北方的地方。不過維京人提到任何漿果都稱為葡萄酒漿果，蒂爾克見到的可能是蔓越莓或者醋栗。但總之，這些北歐人立刻就動手

---

1 作者注：因紐特人稱此地為「奧伊圖克」（Auyittuq），意為「永不融冰的大地」。

2 作者注：雖然萊夫並沒有在巴芬島建立殖民地，但仍有幾座山名源自維京傳說。最高的山峰名為奧丁，俯瞰附近阿斯嘉德山的雙峰。然而最有名的則是索爾山，龐大堅實的花崗岩坡宛如索爾大神的巨槌擱置其旁。這座山的西面有地球上最高的垂直落差，約四千一百零一英尺，高度大約等於四座巴黎鐵塔疊起來這麼高。人類首次攀爬成功花了三十三天。

把這些漿果釀成醉人的酒，為他們自己以及新發現而祝酒，喝得酩酊大醉。

從那時起，重點就變成了蒐集補給運回老家。兩組人不再出去探索，而改為一組去採漿果，另一組就去伐木裝載上船。萊夫因為這些漿果而將這個新天地命名為「文蘭」（Vinland，「酒鄉」的意思），這地方遠優於格陵蘭甚至冰島，不但鬱鬱蔥蔥，而且顯然無人居住。

等到他們蒐集足夠的原木，就推船下海出發，船後拖著划艇，艇上滿載漿果。他們遇上幾天順風，但就在駛近格陵蘭近海的礁岩時，萊夫瞥見幾個緊緊依附在岩石上的身影。駛近前去一看，認出那是一群來自冰島的受困水手，他們航行錯過了格陵蘭，結果撞上了凶險的岩石。總之，他不但想辦法把這十五人都裝上了船，甚至還設法挽救他們僅存的貨物。

這些受困水手原本已放棄希望，因為格陵蘭的移民人數相當少，本就不會多少人往他們這方向駛來，更別說難以置信地會有人經過困住他們的小礁岩了。萊夫在他們生命即將消逝之際，從茫茫大海中出現，這些感恩的水手因此稱他為「貴人萊夫」，還把這件事傳遍了格陵蘭。

無疑萊夫打算回去建立一處殖民地，但卻苦無機會。在此之前某個冬天，萊夫的父親「紅鬍子」埃里克離世，死因不太能確定，不過可能跟一〇〇二年一些冰島來的新移民帶來的瘟疫有關，埃里克可能就是受害者之一。如今這個殖民地需要有個領袖，而萊夫是理所當然的候選人。他的新職位讓他分身乏術，無暇再去西方旅行，自此他也就再也沒有踏上北美洲的海岸了。進一步探索和殖民的責任就落到他的兄弟姊妹身上。

萊夫把船給了弟弟索瓦爾，做為薪火相傳的象徵，其弟則召集了志願者出發建立一個殖民地。索瓦爾不像他的父兄那樣具有個人魅力，結果只找來了一百人，但是出發遠征時，他們是滿懷希望的。

起初一切都很順利，索瓦爾毫無困難地就找到了萊夫從前的營地，那年冬天眾人都花在捕魚和伐木上。[3]到了春天，他裝備好一艘船，開始去探索西岸，很仔細地把有望成為定居點之處都記錄下來。然而，就在他探查近岸的一座島嶼時，卻發現一棟木屋，看來像是曾經用來儲藏穀物的建築，但顯然並非出於維京人之手，可是又沒有其他人煙的跡象，因此索瓦爾和手下就回到了營地去。這是個頗令人困擾的發現。顯

3 作者注：幾乎可以確定這就是紐芬蘭的蘭塞奧茲牧草地（L'Anse aux Meadows）。

然已有別人在他們之前就已發現這裡，唯一的問題是：那些人是否還在這裡呢？

隔年夏天當索瓦爾往反方向探索時，答案揭曉了。突如其來的一陣狂風把船吹向了海灘，損壞了龍骨。由於不想留在那裡，他們就勉強硬撐前行，直到索瓦爾找到一處適合的港灣。那個地點很宜人，足以讓索瓦爾認為這會是很完美的殖民地點。但就在他們要走回船上時，卻見到沙灘上有三堆之前並沒有見過的東西。他們走近前去仔細一看，原來是獨木舟，每艘獨木舟底下都藏了三名奇形怪狀的男人。經過一番短暫搏鬥之後，其中八人被俘，剩下一個則乘獨木舟設法逃脫了。

這些俘虜沒有一個懂維京人的諾斯語，因此維京人稱他們為「斯克瑞林人」（Skrælings），意指「尖叫者」或「嘰咕者」，因為他們發出的聲音很奇怪。[4]他們殺了俘虜之後，爬到附近一座山丘上去眺望周圍，留意到遠方有一處像是茅屋聚集而成的小村落。

就在他們向前探索時，那名逃走的斯克瑞林人又回來了，這回還帶了「無數獨木舟組成的艦隊」。雙方互相攻擊，但經過第一輪衝突之後，斯克瑞林人逃走了。唯一受傷的維京人就是索瓦爾，他的腋下中箭，雖然設法把箭拔了出來，但終究因為傷勢太重而身亡。有點諷刺的是，其手下就在他曾打算要建立新家的某處海灘安葬了他。

索瓦爾的遠征隊取得了相當的成功，但他的損失（他很不光彩地成為第一名在北美洲遭殺害的歐洲人）削弱了倖存者的士氣。他們把那年冬天花在蒐集木材和漿果上，天氣一好轉，就回到格陵蘭去報告過程。

如果要說萊夫跟他父親的運氣很好的話，那麼家族的其他人就顯然沒那麼好運了。家族的人念及索瓦爾的遺體在某個遙遠的土地上逐漸腐朽，這讓他的兄弟姊妹們受不了，於是么弟索爾斯坦（Thorstein）決定去取回哥哥的遺體。他率領二十五名船員出發，但一到海上就完全迷失了方向，漂流將近一個月。等到眾人終於在初冬上岸時，卻發現他們還是在格陵蘭，只不過來到了西部殖民地而已。

冬天時，船員們在那些移民者家裡住了下來，只有索爾斯坦跟他的妻子要在船上過冬。結果這酷寒的冬天要了他的命。他死後，就再也沒有人出發去尋找索瓦爾的遺體了。

若說搶救索瓦爾遺體已失去其吸引力，但起碼文蘭還是很誘人的所在。對於木材、牧地和資源的需求，一直是人們所關注的問題，而這片西方之土則應許了一個就

4 作者注：他們可能是阿爾岡昆人（Algonquins）。

近的解決之道。因此在一〇〇九年夏天，萊夫核准了第二次出海殖民的重大嘗試。這回的遠征是由萊夫的妹夫索爾芬．卡爾塞夫尼（Thorfinn Karlsefni）帶領，他娶了已故索瓦爾的遺孀古莉德為妻。原本一直就有很多人想要去尋找綠草更多的牧地，而索爾芬在招募志願者時，除了其他誘因外，又特別強調當地有大量的漿果可供釀酒。

這一招果然大受歡迎，結果有兩百多人報名參加，因而必須裝備三艘船才載得了全部人。在乘客之中，有萊夫的同父異母妹妹弗蕾迪絲（Freydis），她是「紅鬍子」埃里克的私生女，比起紅鬍子其他兒子們都更加遺傳了父親火爆又霸道的性情。由於不願錯過這趟旅程可帶來的名或利，她威逼很不情願的丈夫加入，而且決心不管丈夫意願如何也要讓他成為領袖之一。

維京人再度找到了萊夫從前的營地，入住其內並開發起附近資源。第一年的冬天特別嚴酷，害死了他們帶來的大多數家畜。再加上漿果明顯不足，更加無法提高士氣。他們只採集到可釀製少量酒水的漿果，這跟當初他們得到的奢華「葡萄酒盛宴」承諾相差太遠了。

這個嚴冬唯一讓人欣慰，或起碼對索爾芬而言值得欣慰的，是他的妻子古莉德生下他們的第一個孩子，他把兒子命名為斯諾里（Snorri），是第一個誕生在北美洲的歐洲人。[5]

當春天來到時，這個殖民地卻開始分裂，一群人回到格陵蘭，其他的則另覓地點遷移過去。[6]索爾芬建了一個寨子，也許是因為他意識到該地區有斯克瑞林人。但斯克瑞林人看來似乎還算愛好和平，過了不久就有一群斯克瑞林人露面要跟他們以物易物。索爾芬也很樂得跟他們交易，唯有武器例外，他禁止任何北歐人賣武器給斯克瑞林人，違者處死。

以物易物進行得很友善，但三星期後，樹林裡卻突然衝出大群斯克瑞林人攻擊起寨子。[7]他們很快就越過了圍柵，但兩個異常的景象卻讓他們停了下來。第一個是維京人圈養的猛牛，這隻孤單的公牛是前一年冬天的倖存者，這時激動不已，大聲怒吼。斯克瑞林人從來沒見過這樣的動物，因此突然間不知所措。第二個景象可能也同

5 作者注：要等五個半世紀之後，才會有第二個歐洲人在北美洲誕生。
6 作者注：索爾芬將該地命名為斯特羅姆峽灣（Straumfjord），但確實地點不詳。
7 作者注：斯克瑞林人為何要這樣做，至今曾是個謎。也許是因為維京人刺鼻的乳製品，土著完全不認識這種東西，而誤以為維京人想要毒害他們。

樣駭人，維京人因為措手不及，正在猶豫不決是要抵抗還是逃跑。然而弗蕾迪絲此時卻從寢室裡跑了出來。她持劍站定，如女武神般怒吼，召集維京人，於是他們組成一道盾牆，開始進攻，打散了斯克瑞林人。

殖民地得救了，但遲早還是會再受到攻擊。索爾芬試圖藉由搬遷來避免這情況，但那年冬天還是很嚴酷，於是這些移民放棄了。甚至連索爾芬也心力交瘁，不願再多做停留，一等天氣好轉到可以航行，他們就都離開了。

弗蕾迪絲對此事有何看法並無記載，但從她下一步的行動來看，她可能很不齒男性親屬們竟然放棄殖民地。顯然，如果要建立一個新殖民地的話，她會靠自己的力量。

他的丈夫一貫地幫不上忙，他既缺乏創造力也缺精力去招募船員。但幸運的是，那年夏天當他們夫婦倆回到格陵蘭後，有兩個哥哥從挪威帶著船員來到這裡。她邀船員們來家裡，整個夏天都在向他們灌輸西方有唾手可得財富的故事。

不到一個月，兩個哥哥海爾基和芬伯吉（Finnbogi）就報名了。他們同意提供一艘船，並確保公平分配發現所得，三人都同意每艘船限載三十人。

但他們的關係很快就破裂了。兩兄弟先抵達營地，並住進了萊夫從前的大屋裡。當弗蕾迪絲憤怒抗議時，兄弟倆反指弗蕾迪絲先欺騙了他們，因為她在自己的船上多藏了五個人。唇槍舌劍，你來我往不斷，直到海爾基和芬伯吉帶著船員搬到別的地點為止。

冬天來時，雙方關係差到兩個營地不再彼此聯繫。弗蕾迪絲決定以維京人既詭詐又殘酷的作風除掉敵手。一天大清早，她走到芬伯吉的長屋主動提出修補兩人關係，她說她決定離開這裡，不知道他肯不肯把船賣給她？因為他的船比她的大一點。芬伯吉很慷慨同意了，於是弗蕾迪絲就回到自己的營地。

等她爬上床之後，冰冷的雙腳卻弄醒了丈夫。他丈夫想知道她為何到外面去，她就接著告訴他說：她去跟兩個哥哥談和，但他們卻把她打了一頓。在弗蕾迪絲的挑撥下，丈夫怒火沖天地召集了手下所有人衝到海爾基和芬伯吉的營地。

他們全都措手不及，屋裡的每個人都被抓、綑綁，然後拖到弗蕾迪絲面前殺掉。唯一例外是五名婦女，不管弗蕾迪絲怎麼苦苦懇求，那些男人都拒絕殺掉她們。她無情地譏諷自己的丈夫懦弱，但當他仍然拒絕照做時，她就抓起斧頭自己動手殺掉她們。

這令人髮指的行為也許讓令人畏懼的弗蕾迪絲大感欣慰，但也注定了殖民地的毀滅。因為根本沒剩幾個人能捱過另一個冬天，更別說維持一個永久定居點了。弗蕾迪絲和她丈夫威脅水手們，要是膽敢洩漏這裡發生的事情，就宰了他們，然後眾人就回老家了，從此維京人再沒嘗試到新世界去建立定居點。

但卻有證據顯示，他們的確定期回去蒐集資源。有份冰島年表在一一二一年記錄了一段「尋找文蘭」的航行，兩個多世紀後又提到一趟前往馬克蘭採收原木材的旅程。[8]不過到新世界建立永久基地的失敗，也讓格陵蘭注定走向失敗。格陵蘭的地形實在太崎嶇，植被又稀疏，沒有足夠的牧地，無法支持依靠畜牧維生的歐洲人生存方式，而且格陵蘭也沒有足夠的林木、鐵或可用的農地。

文蘭本來可以好好解決這個問題，分隔格陵蘭與巴芬島最窄處的戴維斯海峽（Davis Strait）寬不及兩百英里；再過去就是遼闊的北美大陸，其資源之豐富較諸冰島、歐洲與斯堪地那維亞所能提供的大得多。但維京人實在太少了，無法建立定居點去對抗心志堅定的土著。[9]這次的失敗使得格陵蘭又回到得要依靠與斯堪地那維亞半島進行長途貿易，來維持的脆弱生命線。只要維京海上諸王仍然繼續統有遼闊的北方帝國，這點起碼還是可能的，然而到了十一世紀，貿易路線也開始轉移了。

就在格陵蘭開始愈來愈孤立時，氣候也開始惡化。十四世紀中葉時全球氣溫逐步降低，進一步減少了該島的耕地面積，冰川往前推進，因紐特人也從今天的加拿大北部渡海向南逼進。

根據考古學家在格陵蘭西部殖民地挖掘出的一堆骸骨，披露出一副垂死文明的畫面，顯現格陵蘭的維京人在最後幾年的慘狀。當地活過十八歲的人，有半數在三十歲前就過世，男女平均身高都不到五英尺（一百五十公分）。饑荒更是常見，根據冰島傳奇《定居書》（*Landnamabok*）的紀錄，年老無力的人會「被殺掉然後拋下懸崖」。由於氣溫下降，因此東、西兩個殖民地之間也逐漸失去聯繫。在好幾年沒有音訊來往之後，東部殖民地有位名叫伊瓦爾·巴達爾森（Ivar Bardarson）的移民嘗試聯繫久無音訊的西部殖民地，他在日記上寫下說他「沒找到人，不管是基督徒還是異教徒，但卻見到很多綿羊在狂奔」。

東部殖民地掙扎生存得稍微久一點，後來卻遭受黑死病襲擊而死了大批人。而到一三七九年，「斯克瑞林人（也就是因紐特人）來襲，殺掉了十八人並帶走兩名男孩

---

8 作者注：冰島人很仔細地保存了有關新世界的故事。一四七七年，哥倫布獨自航往冰島去研究這些關於西方大地的紀錄。

9 作者注：相比之下，詹姆斯鎮的氣候宜人得多，更兼有槍枝之利。但是到了第三年冬天，移民人數還是從原本的三百八十一人降至九十人。

為奴。」我們如今可以在冰島編年史裡找到令人難以忘懷的片段記載：「主後一四一〇年……西格麗德．比約恩斯塔德嫁給索爾斯坦．奧拉夫森。」在那之後，冰島船隻就不再西航，從此格陵蘭陷入一片靜默。[10]

格陵蘭的殖民地是靠貿易來維持的，但諷刺的是，切斷這條生命線的卻是其他維京人。這座偏遠島嶼是提供奢侈貨品如海象牙、毛皮和海豹皮等的產地，但後來維京人卻在離斯堪地那維亞市場近得多的地方找到了新的來源，也就是今天的俄羅斯。從此維京人再也沒有必要冒著生命危險橫渡驚滔駭浪的大海，一位富有的海上國王所想要的一切異國奢侈品，都可以在東方取得。

10 作者注：連斯堪地那維亞也遺忘了他們。一七一二年，有位丹麥國王依稀記得讀到過格陵蘭，意識到這個維京殖民地可能沒聽說過宗教改革。於是國王便派了一位新教傳教士前去糾正此情況，結果卻發現這個殖民地早在將近三百年前就荒棄了。

第三部　貿易商

第十五章　羅斯的留里克

他們跟椰棗樹一樣高，金髮，而且膚色紅潤……。

——伊本・法德蘭描述維京人

瑞典的維京人不像他們斯堪地那維亞老鄉們那樣，駕著長船南下襲擊弗里西亞和不列顛群島，而是往另一個方向看，把眼光放到波羅的海彼岸遼闊的森林區。早在八世紀中葉，挪威劫掠者攻擊林迪斯法恩島的四十年前，瑞典人就開始探索俄羅斯西部的河流水域。

吸引他們前來的並非掠奪對象，而是貿易。那裡並沒有富裕的修道院或毫無防護的城鎮，只有無邊無際的樺樹和松樹森林，再過去就是延伸到東方的大草原。維京人最初是為了搜刮原料而來，他們從住在波羅的海的芬蘭人[1]那裡取得蜂蜜和蜜蠟，從住在北方的拉普人（Lapps）那裡取得北極毛皮和琥珀。至於住在內陸，也就是今天俄羅斯的斯拉夫人[2]，就沒什麼好掠奪的，不過做為奴隸倒是很值錢，可以賣到斯堪地那維亞當奴隸，或者賣到南方繁榮的奴隸市場。芬蘭人也加入維京人早期這些擄人為奴的勾當，他們管這些瑞典人叫「羅齊」（Ruotsi）[3]，後來以訛傳訛變成「羅斯」（Rus）。到最後，羅斯就成了東方的瑞典人在南方伊斯蘭和拜占庭世界為人所知的名稱。

不管是來自哪個地區的維京人，始終都是離不開水的民族，所以他們也是藉由湖泊與河流滲透到今天的俄羅斯境內。七五三年，他們接管了舊拉多加（Staraya Ladoga）的前哨基地，該堡壘位於拉多加湖畔，靠近沃爾霍夫河（Volkhov）的河口，可通往俄羅斯的兩大河系：伏爾加河與第聶伯河。

兩條河都可帶來充沛的白銀與絲綢供應，這兩樣貨品在斯堪地那維亞需求很大。伏爾加河向東流往伊斯蘭世界，而第聶伯河則往南流向東正教的拜占庭。

第聶伯河路線極為凶險，而羅斯人則是我們所知第一批成功航行的人。[4]路線得要從羅斯人的主要定居地舊拉多加向南航行，然後上溯沃爾霍夫河去銜接第聶伯河源頭。其後的五百七十英里長的河段由一連串十二座危險的瀑布分割開來，人們必須將船拖出水面，連同貨物在陸地上抬著走，走到下游比較可以通航的地點。這個做法是很令人生畏的，讓這些貿易者暴露在易受到攻擊的危險中。該地區到處都是佩切涅格人（Pechenegs），這是個可怕的民族，分為八個游牧部落，最擅長伏擊劫掠。如果一名商人安全活過第聶伯河，之後還得繼續航行通過黑海沿岸，經過三百五十英里遠的航程才會抵達君士坦丁堡。

相形之下，伏爾加河就容易航行得多，因此也就成為上選。伏爾加河河水和緩，流向裏海，而從裏海可以通往巴格達繁華的市場，羅斯人在那可以靠貿易而非搶劫賺取大筆金銀。羅斯人在異鄉做生意，得要先經過哈扎爾人（Khazars）的允許才能在伏爾加河航行。哈扎爾人是來自中亞的半游牧民族，勢力強大，控制了伏爾加河南端

1 作者注：芬蘭人是很獨特的一群人，住在瑞典東部，波羅的海沿岸。

2 作者注：英文的「奴隸」（slave）一詞，源自於希臘文Sklavos，本意為「俘虜」。「斯拉夫」（Slav）來自同一字根，表明這個民族經常被當奴隸買賣。

3 作者注：原意為「船行進的路線」（rowing way）。

4 作者注：十世紀一位拜占庭皇帝列出聶伯河沿途的湍流名稱時，採用了維京人所用的名字。

三角洲進入裏海的區域，他們在八世紀期間皈依了猶太教。[5] 哈扎爾人的首都阿德（Atil）位於裏海附近，控制著伏爾加河南段一帶所有的貿易活動。

哈扎爾人為瑞典人從北方帶來的貨物提供了一個商場，但更重要的是，他們給了羅斯人通路，讓羅斯人可以到更有利可圖的穆斯林市場販奴。這些不幸的人多半是羅斯人從今天的俄羅斯地區擄獲的斯拉夫人，而且一開始就打算賣到巴格達的市場上。

這個販奴業的規模及其盈利之豐，可從回流瑞典的白銀量看出來。我們可以從不同的屯積處找到一萬多枚伊斯蘭銀幣，而這肯定還只是部分而已。阿拉伯地理學家伊本·魯斯塔稱，實際上奴隸才是羅斯人唯一想要運來的商品。他寫道：「（羅斯人）駕船來蹂躪斯拉夫人。」

阿拉伯人對於羅斯人的看法好壞參半。無疑他們是很優秀的人種，旅行家伊本·法德蘭稱他從未見過比羅斯人體格更完美的人。「他們跟椰棗樹一樣高，金髮，而且膚色紅潤。」他寫道。但是法德蘭也認為他們是「神的創造物中最骯髒的人種」，起碼以伊斯蘭教的標準來看是如此。[6]

到這時羅斯人也開始學起哈扎爾人，羅斯人的首領不但妻妾環繞，而且還仿效起哈扎爾人的服飾打扮與典禮，更開始自稱為「可汗」。

然而，到了九世紀中葉，沿著伏爾加河的這條貿易路線開始出現麻煩的跡象。由於宗教分歧、文化停滯，再加上幾場內戰，巴格達進入了衰落期，白銀來源也枯竭了，羅斯人唯有另闢賺錢途徑。他們發揮了很典型的本性，又重操舊業當起劫掠者，無情地攻擊裏海附近的伊斯蘭族群。一位穆斯林編年史家曾悲嘆道：「羅斯人殺人流血，綁架婦孺、掠奪……摧毀並放火……百姓準備打仗……但是羅斯人攻擊了他們，於是成千上萬的穆斯林遭殺害或溺斃。」

如果說巴格達的勢力衰弱了，但哈扎爾人的勢力依然很強大，羅斯人的任何襲擊掠奪都得先取得他們的同意才行，西元九一三年一場臭名昭著的襲擊將這點表現得很清楚。一支據伊斯蘭文獻稱有五百艘船的羅斯人大艦隊，沿著伏爾加河向南航行，他們有先跟哈扎爾人談好了條件，雙方將平分一切掠奪所得。羅斯人在裏海南岸掠奪了

5 作者注：哈扎爾人的國王世系表念起來宛如舊約聖經裡的一段：大衛、約瑟、亞倫、俄巴底亞等等。

6 作者注：這時期歐洲各地的衛生標準顯然相當不同，其中維京人的沐浴習慣被認為是缺乏男子漢氣概的行為。一〇〇二年，英格蘭發生聖布萊斯日（St. Brice's Day Massacre）的大屠殺之後，沃林福德的約翰（John of Wallingford）抨擊丹麥人過分乾淨，其他罪孽還包括每天梳頭，在安息日洗澡，並經常更換衣服。

幾座城市後，就轉往北方，進入一處奇異的「燃燒」之地。

羅斯人在離奇怪誕的地貌景觀中行進三天之後，掠奪了位於今天亞塞拜然的城市巴庫（Baku），獲得就連最貪婪的羅斯人也會心滿意足的戰利品。巴庫是石腦油（naphtha）的主要產地，而石腦油是「希臘火」（拜占庭以及西班牙摩爾人的戰爭機器燃料）的主要原料。此外，巴庫也是個宗教中心，在距離巴庫城不遠處有個天然氣噴井，自古以來就長年燃燒，拜火的波斯人在此興建了一座神殿，長年吸引大量的朝聖者來此朝聖，最遠甚至遠達印度，朝聖業也造就了巴庫大部分的財富來源。

羅斯人的這次襲擊非常成功，但運回的黃金和奴隸反而不如回程經過讓人印象深刻。當羅斯人來到伏爾加河時，遭遇盟友哈扎爾人的伏擊，這場慘劇顯示出，遠離家鄉的羅斯人，即使身為劫掠者也會有面臨危險的一天。此外他們也面臨更深層的問題，那就是在伏爾加河做生意的回報愈來愈少，這甚至比遭受盟友反叛還要來得問題嚴重。

羅斯人的老家似乎也遇上了麻煩。十二世紀在基輔附近一所修道院內寫成的著作《俄羅斯編年史》（*Russian Primary Chronicle*）裡，記載九世紀中有好幾個斯拉夫部落，聯手將羅斯人趕出他們位於拉多加湖周遭的據點。此外編年史又記載（很可能不是真的）斯拉夫人接著陷入內戰，打了幾年之後，結果邀了一名維京人留里克（Rurik）

來統治他們。

在這個子虛烏有的故事中有我們所知，留里克的最初事蹟，他後來成為眾所周知現代俄羅斯、白俄羅斯與烏克蘭的國父。西元八六二年，維京人留里克（諾斯語名字叫做埃里克），在拉多加湖南岸一處設防的市鎮定居下來。他稱這座市鎮為霍爾姆加德（Holmgård），也就是今天更為人所知的諾夫哥羅德（Novgorod）。

留里克從他位於沃爾霍夫河畔的首都，派出兩名貴族阿斯克德（Askold）和迪爾（Dir）去南方鞏固前往第聶伯河的通路。[7] 第聶伯河西岸地勢陡升，形成峭壁地形，基輔城就在上面，控制了下方的河流，發揮與哈扎爾人接壤的邊疆前哨功能。留里克派人拿下基輔，無異將羅斯人的發展方向定位在南方，這個轉變對俄羅斯人與歐洲人的歷史都產生了重要的影響。

南方路線的危險眾所周知，羅斯人得要行經八百多英里敵對勢力的領土，有時還會令人膽寒地暴露在好鬥的部落與艱險的狀況中。但若說貿易風險很大，利潤卻也很豐厚。這條路線的終點就是君士坦丁堡，是當時世界第一大都市。在那個物質貧乏的

7 作者注：阿斯克德應該是朗納爾・洛德布羅克的孫子。

窮困時代，君士坦丁堡堪稱黃金之城。在西方國家的首都還在以千人計算時，君士坦丁堡的人口已將近一百萬人。

拜占庭的歷史可追溯至古代，君士坦丁堡則是其實質與精神的中心。它不僅僅是個王國，也是已成傳說的羅馬帝國東半部。君士坦丁堡是羅馬帝冠上最後一顆無瑕的寶石，至今仍由擁有「凱撒」稱號的皇帝所統治。拜占庭的百姓們依然自稱為「羅馬人」，皇帝與皇后仍然以盛大排場在一處古羅馬賽馬場主持戰車比賽，一如過去五個世紀羅馬皇帝所做的一樣。帝國的國界從義大利半島沿海的薩丁尼亞島，一路延伸到黑海以及今天的土耳其北岸，而這片疆土仍然由其威震四方的軍團捍衛著。

在中世紀人眼中，君士坦丁堡是個神奇的地方，宏偉的城牆是空前未有、最令人嘆為觀止的防禦工事，九道主城門穿插其間，最有名的則是輝煌的「黃金門」。這是一座龐大的羅馬凱旋門，有三扇巨大城門，嵌有閃閃生輝的貴金屬，頂上有大象拉著凱旋而歸的雕像。進城門後是一條寬廣大道，兩旁林立著白色大理石府邸、遼闊的廣場，以及充斥來自歐亞非奇異商品的市場。

舉目四望，都可見到已消失的古代世界留存下來的精美鑲嵌，以及令人屏息的藝術品。公共廣場上聳立著馳名的古典雕像，黃金與斑岩石棺裡躺著那些傳奇皇帝們的遺體。[8]最令人肅然起敬的，則是宏偉壯觀的聖索菲亞大教堂，傲然占據了天際線。

世上沒有一座建築像它一樣，在建物低矮、充滿沉重感的時代裡，神聖智慧教堂[9]以優雅高貴的線條聳立著。禮拜者從巨大的正門（一扇鑲銀的大門，據說是用挪亞方舟的木頭建造）進去之後，就會驚愕凝望著多彩的大理石壁面，以及無法想像的內部空間。中央穹頂是千年以來世界上最大的穹頂，聳立在離地面一百八十英尺的高處，天花板覆蓋了一萬六千一百八十七平方公尺的金色鑲嵌。建築者在穹頂底部周圍安裝了襯有黃金的窗戶，當光線流瀉進入這座建築時，穹頂看起來就像是漂浮著，而不是實體。最早期的一位觀察者寫道：「就像是掛在天堂垂下的金鍊上。」[10]

8 作者注：最突出的是取自帕德嫩神廟的雅典娜紀念雕像，在十世紀前搬運到君士坦丁堡來。

9 譯者注：即聖索菲亞大教堂，其名稱意指「神聖智慧」。

10 作者注：甚至連拜占庭人也對這座建築感到驚嘆。傳說中，有位天使趁建築工人午休吃飯時帶著設計圖從天堂下來，卻發現只有一名男孩留守看管工具。天使派這位男孩帶著設計圖去找那些工人，並向男孩保證會代他看管工具直到他回來。當建築師們聽說了這個計畫後，意識到那位神祕人物就是天使，於是將男孩趕出了君士坦丁堡。由於天使承諾過要代替男孩看管工具，直到他回來為止，結果就自此被迫要永遠留下來看守教堂了。

要是這些奇景還不足以燃起羅斯人的貪婪，那麼總還有繁忙的市場讓其垂涎。六世紀期間，拜占庭人派了兩名僧侶到中國的絲廠觀摩，意圖將製絲祕法偷帶出中國。這兩名神職人員摸熟了製絲的奧祕之後，設法在竹杖中藏了些蠶，並帶了足夠的桑葉以便回程時可確保這些蠶存活。回到首都之後，他們種下了該城第一株桑樹，而君士坦丁堡利潤最豐厚的生意就此誕生。

從前羅斯人在巴格達買到的絲綢是進口的，通常價格會隨著運送路程而一路漲價。然而，在君士坦丁堡買到的絲綢由於沒有中間人增加成本，因此羅斯人運回老家轉售時，利潤也就大為增加。這條路線雖然危險，但羅斯人卻不用取得任何人同意而可以自由買賣，如此一來，他們就可以獨占所有利潤了。

維京人稱君士坦丁堡為「米克拉加德」（Miklagård，偉大的城市），顯然這座城市值得他們一路冒險犯難，歷經艱險湍流、跟蠻人作戰。羅斯人知道該城的存在可能已有一段時間，最早關於雙方的接觸，是八三八年有個羅斯人代表團去了君士坦丁堡，當時都城的富裕景象必然讓他們目瞪口呆，城牆之雄偉也同樣讓他們瞠目結舌。君士坦丁堡受到三重防線保護；第一重是護城河，寬約六十六英尺，深二十三英尺，並有七英尺圍柵加強防禦工事。倘若一名攻擊者設法越過了護城河，就還得再攀爬過三十英尺高的外城牆，與此同時，防禦者則可因應戰略而經過無數的小城門撤退。最後一道防線也最強大，這道內城牆高達四十英尺，寬二十英尺，寬到必要時整批連隊士兵都可同時衝上牆頭去。這最後一道城牆穿插了九十六座塔樓以加強防禦工事，使得防禦者可以幾乎三百六十度全方位發射致命的弩箭。配備以充分的部隊之後，這些城牆就固若金湯，堅不可摧了。

對於多數人而言，如此規模的防禦工事是很令人退避三舍的。[11]但顯然羅斯人卻視之為一項挑戰。君士坦丁堡也許是世上最宏偉的城市，四百年來其防禦工事抵禦了無數次攻擊，但由於城市是興建在一座半島上，三面環水，在羅斯人看來則如魚得水。

此次攻擊先在基輔籌備，阿斯克德和迪爾在那裡集結並裝備了約兩百艘船，當他們抵達黑海後，發現全無戒備，於是設法沿著海岸潛行，完全沒引起帝國任何巡邏隊的注意。八六〇年六月十八日，就在太陽正要下山時，羅斯艦隊來到了君士坦丁堡龐大的城牆前。不知是運氣好還是計畫得好，總之他們選了最完美的時機來攻擊，因為皇帝正好遠行，君士坦丁堡宛如完全未設防。

11作者注：甚至連匈人阿提拉（Attila）在見到這些城牆時，也認為攻城並非好主意。

第十六章　偉大的城市

恐懼和黑暗剝奪了你的理性……。

——牧首佛提烏

在拜占庭帝國與伊斯蘭的長期鬥爭中，前者始終處於劣勢，如今終於見到了形勢扭轉。這一方面要歸因於哈里發的力量暫時衰弱，另方面則因為歷任皇帝悉心治理帝國，他們放慢腳步，讓國家休生養息，為收復過去兩百年所失去的土地而準備著。弗里吉亞王朝（Phrygia, 820-867）已從這次的復興中獲得了好處，但卻未在戰場上取得成功，因此拜占庭人急於擺脫外界的竊竊議論，認為拜占庭人生性怯懦。當時機降臨，拜占庭可以在阿拉伯邊界取得一些進展時，皇帝米海爾三世（Michael III，他更為後世所知的稱號是「酒鬼」米海爾）就率軍去攻打穆斯林了。

米海爾三世頗為明智地帶了大批海軍前往，因為伊斯蘭人雖然在陸戰上威力無窮，但缺乏勢均力敵的海軍兵力，而拜占庭海軍還可以緊貼著海岸航行，隨時為登陸的軍隊補給。於是拜占庭人就留下毫無防備的君士坦丁堡出征了。這座城市多年來始終屹立著，從未真正感受過來自黑海的威脅，因此當羅斯人的艦隊出現時，那種震驚對拜占庭人來說宛如泰山壓頂。

這就像是羊圈中突然有隻狼現身了。就拜占庭人所知，東北方是杳無人跡的荒野，是用來防禦遠方敵對部落的有效屏障，因為這地區既沒有城市也沒有人口聚落可以補給一支軍隊，沿岸也沒有船塢可供建造艦隊。然而，這些龍形船首的怪異船艦，以及來勢洶洶的羅斯戰士卻出現在本來不該有船隊出現的地方。

此時皇帝已帶著大部分軍隊遠行，捍衛此城的任務就落到了牧首佛提烏（Photius）身上，這座城市彷彿癱瘓了，誠如佛提烏後來所描述的：「就像霹靂從天而降……恐懼和黑暗剝奪了你的理性……你曾由歐洲、亞洲和地中海東部敵人那裡奪得許多戰利品，此刻卻受到手持長矛的暴虐野蠻人威脅，他們會讓你成為戰利品！」

羅斯人擄掠絲毫未受到保護的城外郊區時，百姓只能驚恐萬分地眼睜睜看著，來不及脫身的人就在羅斯人將他們的家園付之一炬時，被砍倒或淹死。

城民可以從帝國的港口看到羅斯艦隊轉移方向朝海岸邊的島嶼航去。王子群島（Princes Islands）既用來做為靈修之地，也用來囚禁流放的政治犯，這些監獄曾經充當好幾位被弄瞎的皇帝們的最後居所，當時還關了佛提烏的前任牧首。羅斯人登陸後，欣喜地發現島上的岩石之間也坐落著許多修道院。

維京人花了數星期去掠奪這一連串的島嶼，給了佛提烏時間準備好抗敵。這位牧首是位了不起的人物，他不僅是個博學足以擔當牧首的人，而且也是個手握大權、熱衷政治的政治家。[1]他先下令號召僧侶保衛此城最神聖的遺物，聖母瑪利亞穿過的一件衣服。然後讓僧侶們持此聖物在城牆周圍遊行。雖然看不出此舉對羅斯人產生什麼效果，但確實提高了軍民們的士氣，因為這提醒他們這座城市會受到上天的護佑。

看起來似乎也的確如此，但我們卻不清楚接下來的發展，因為我們所擁有的當代

1 作者注：佛提烏把讀過的書編成目錄，每一本還加上了閱讀感想，但大部分已佚失。事實上，他創造了世上最早的書評。

資料來源隻字未提後來的發展，而晚出的編年史又是一片混亂。最有可能的狀況是，好幾艘帝國軍艦抵達現場，再加上一場及時降臨的暴風雨之助，把這些北方人驅散了。[2]羅斯人落荒而逃回到黑海，結束了這趟遠征。

羅斯人見識到了君士坦丁堡的防禦力有多強大，儘管守城大軍不在，他們也沒法攻破此城，這就是鐵證。他們也對帝國海軍耿耿於懷，這是羅斯人第一次遭遇能在海上與之匹敵的強手。他們要不就得發動更大規模的進攻，要不就得另謀出路如透過經商或當傭兵來取得這座城市的財富。

而對拜占庭人來說，也是驚魂未定，這場攻擊猶如敲醒外交警鐘，東北方不知打哪兒冒出了一股新勢力，得要去收服它才行。於是拜占庭火速派出大使前往基輔，與對方達成協議，允許羅斯人在君士坦丁堡城內從事貿易。如果羅斯人一直以來的目標就是這個（或許也的確如此），那這就是很輝煌的成就了。

就在羅斯人高唱凱旋之際，羅斯的留里克黯然從歷史上逝去了。他已經建立俄羅斯第一個中央集權的國家（要不起碼也接受人們如此的讚揚），而且也成為俄羅斯歷代王朝偉大的祖先。在接下來的七百年裡，有抱負的領袖們會盡量跟留里克的世系扯上關係來抬高自己的身價，取得信譽。[3]

然而在留里克之後，羅斯人的國家並非在他當年統治過的諾夫哥羅德，其繼任者海爾基[4]將都城遷到了基輔，並自封為「羅斯大公」。頭幾年裡，他集中力量實施統治，向南擴張領土，並控制了第聶伯河沿岸繁榮的貿易城鎮。

到了九〇七年，海爾基自覺江山已鞏固，可於在位期間發動對君士坦丁堡的大攻勢。這次不同於早期的試探出擊，而是一場全面入侵，且得到一位「大公」的全面支持。[5]海爾基仔細研究過帝國海軍的習性，並且很巧妙地避開海軍，順利無阻地來到了都城近郊。帝國港口的入口處有巨型鐵鍊封鎖住，於是海爾基就和手下步行經過陸路，利用兩千艘獨木舟渡海來到君士坦丁堡北面。

如果說君士坦丁堡的哪一段城牆防禦最薄弱，那就屬東北的這一段了，因為城牆

2 作者注：博斯普魯斯海峽是惡名昭彰的險惡水域，但根據拜占庭後來的文獻指出，這場風暴是源自佛提烏把聖母的斗篷帶到海邊浸入水裡而造成的。

3 作者注：留里克王朝於一五九八年費奧多爾一世（Feodor I）死後便告結束。

4 作者注：如今海爾基的斯拉夫名字「奧列格」（Oleg）更為人所知。

5 作者注：《俄羅斯編年史》的記載很荒謬，宣稱共有兩千艘船與八萬人參戰。拜占庭的資料則出於很明顯的原因，宣稱沒這回事。

會隨著地勢向下而建於一座山谷中。海爾基率軍隊來到這裡，膽大包天地將自己的盾牌掛在城門上，然後等著敵國軍隊出現。這是一場很壯觀的劍拔弩張，但海爾基可沒笨到以為羅斯人能夠在沒有攻城裝備的情況下，攻破歐洲最難對付的城牆。他之前的留里克已經示範過羅斯人有能力指揮深具威脅性的艦隊，現在海爾基則要顯現出他能帶上戰場的軍隊戰力。

其實海爾基真正想要的是一份正式條約，授予其商人優惠地位，而帝國政府則斷定如果回絕了他會招惹麻煩，這是不值得的。於是拜占庭人列出了具體明確的條款，規範羅斯商人可以怎樣運作，他們也在市區內得到一處特權區。羅斯人得以豁免某些稅項與關稅，不過可出售的貨物則有嚴格管制。拜占庭人甚至准許他們進入市內澡堂，然而最重要的則是，羅斯人得到了成為傭兵的機會。

將來這會成為羅斯人在東方的主業。羅斯人發現拜占庭是中世紀歐洲財政組織最健全，而能「定期」支付糧餉給傭兵的唯一國家。而正如他們所發現的，這位僱主支付的糧餉極為優厚。前後相繼有多位皇帝都僱用維京士兵，其中包括羅斯人以及剛從斯堪地那維亞招募來的新兵，傭兵起得作用很大。其中最有名的是皇帝尼基弗魯斯二世（Nicephorus II），他於九六一年向穆斯林發動一場攻勢，意圖收復克里特島，之前帝國已經嘗試過三次，都落得慘敗。但這回尼基弗魯斯二世這位卓越的將軍帶來了維京人來補足帝國軍隊的不足，利用他們去襲擊海灘，徹底震懾住了那些守衛者，以致不願意再繼續接戰。包圍了克里特首都九個月之後，對方終於投降。

但話雖如此，認為拜占庭與基輔處於和平狀態卻是個錯誤。羅斯人從九〇七年條約所學到的一點就是：只要每隔幾年再入侵都城一次，就可以重新談判出更好的條款。海爾基的繼承人英格瓦（Ingvar，其斯拉夫語名字「伊格爾」〔Igor〕更為人所知）就在九四一到九四四年間發動了兩次攻擊。

在這兩次攻擊中，羅斯人都傷亡慘重，主要是名為「希臘火」這種神祕武器所造成的。這是種以石腦油為主的液體，一經接觸就會點燃，自從七世紀發明此物以來，就成為拜占庭的國家機密。[6]從拜占庭所能得到的最貼切說明，就只有皇帝「智者」利奧六世（Leo VI the Wise）的簡潔描述，說希臘火是「用霹靂所準備的火」。朗納爾的兒子們在襲擊穆斯林的西班牙疆土時就曾碰到過希臘火，但無疑效果始終比不上真正的希臘火。拜占庭人把它存放在陶罐裡，拋擲到船上，當容器摔破時，就會點燃

6 作者注：拜占庭人竭盡全力保護的結果，使得我們到今天仍不太知道希臘火是怎麼製造的。

甲板，要不就用裝在船首的火焰噴射器將之噴灑到對方船上去。由於希臘火成分主要是油，因此遇水情況更糟，會在水面擴散開來，這讓從船上跳入水中的人也會著火。

拜占庭人很節制地使用這種武器，但卻很懂得如何發揮出最具破壞性的效果。[7]在英格瓦來襲期間，帝國艦隊利用水底銅管從吃水線以下來燃燒羅斯人的船隻，在目睹者眼中看來就像是大海著了火。他寫道：「那些羅斯人見到火焰就紛紛從船上跳入海裡，寧要水而不要火。有的因為身上胸甲和頭盔的重量導致滅頂，有的則身上著火。」

羅斯人付出了將近一個世紀的慘痛失敗代價，才明白他們是不可能靠猛攻或陰謀詭計來奪取君士坦丁堡。但一再的攻擊對城民造成傷害，羅斯人這種頑強的毅力也讓拜占庭人刮目相看。他們成了帝國精選的傭兵，九八八年，皇帝巴西爾二世（Basil II）成立了一個特別兵團，日後將成為維京人在東方最有名也最有利可圖的僱主。

九八八年，巴西爾亟需有效能的士兵，而且他就快失去王位了。儘管他的血統無與倫比（他自稱是君士坦丁大帝的後代），但三十二歲的巴西爾二世卻正面臨巴爾達斯·福卡斯（Bardas Phokas）發起的一場嚴重叛亂，此君乃帝國最能幹的將軍之一。雖然巴西爾二世後來終於成為帝國史上最驍勇善戰的皇帝[8]，但在九八八年他登基不久時，卻只有一支靠不住的軍隊以及一個讓人無法信任的宮廷。

這位叛將一路無阻橫越過小亞細亞，沿途掠奪所有效忠於皇帝的城鎮。當他來到博斯普魯斯海峽這道分隔亞洲和歐洲的狹長水域岸邊時，就自行加冕為皇帝，頭戴仿製的帝冠，腳踏帝王紫靴。百姓見風轉舵，趕緊表示恭賀與擁戴。根據一個流傳的說法，這時叛軍規模是出發時的兩倍。

巴西爾的前次軍事行動是在一場伏襲中結束，此時君士坦丁堡只有少數部隊駐守，以及附近一支效忠程度仍存疑的野戰部隊。事情至此已慘澹無望，但這位皇帝很冷靜，甚至在叛軍尚未抵達海峽岸邊時，他的大使就已經火速趕往基輔。英格瓦的孫子弗拉基米爾（Vladimir）喜出望外地接待了他們，並提出一項大膽的提議，他會從斯堪地那維亞招募六千名維京人，交換條件是他要娶巴西爾的妹妹安娜為妻。

7 作者注：拜占庭人唯恐因為過度使用希臘火會讓敵人有偷學的機會，從後來阿拉伯人的例子看來，這種擔憂是正確的。

8 作者注：巴西爾二世的綽號是「保加利亞人屠夫」，在一場戰役之後，據說他挖掉了一萬五千名俘虜的眼睛。

大使們回到君士坦丁堡時可能以為任務失敗了。在漫長的帝國史上，從沒有一位王朝統治者把公主許配給一位野蠻人。這個提案本身就讓宮廷為之譁然，因為弗拉基米爾不但是個野蠻人，而且還是個冥頑不靈的異教徒。他殺了自己的哥哥，強暴嫂嫂，篡奪王位，多年來已娶了七名妻子，後宮更有八百嬪妃，就算情況緊急，一位貞潔的基督徒公主也不能許配給這樣的人。

宮廷以及巴西爾可憐的妹妹都可能被激怒了[9]，但皇帝堅決要得到這些額外的部隊。他同意了這項協定，並附帶一個條件，就是弗拉基米爾必須接受基督教，並放棄某些比較可恥的行徑。雙方都言出必行，弗拉基米爾受了洗，抗議的新娘被送往北方，六千名魁梧維京人抵達了君士坦丁堡。

巴西爾一點時間也不浪費，在黑夜的掩護下，悄然渡過與叛軍之間的一水之隔，在敵軍主軍營外幾百碼之處上岸，曙光初露就衝刺進攻，把對方趕向海灘。

叛軍一點機會也沒有，衣衫不整半醒之中從帳篷裡跌跌撞撞跑出來，就碰上大群揮著巨型戰斧怒吼的維京人。由於屠殺掉的人太多了，因此沒多久維京人就在及踝的血海中做著他們的工作。那些設法逃脫死亡命運的人也還是落得同等的可怕下場，被活活燒死。叛軍從廢墟般的軍營逃往水邊時，一支帝國艦隊用希臘火噴遍了海灘，把每個人都燒死了。

這場勝利既為巴西爾鞏固了皇位，也讓他確信（如果說還有任何疑慮的話）犧牲掉妹妹是對的。換成別人就會謝謝完成任務的傭兵，付錢打發掉他們，但巴西爾卻有別的想法。多年的動盪使他相信有必要徹底改造拜占庭軍隊，因此他打算利用維京人當作軍隊新核心，然後環繞此核心來建立軍隊。

這些北方人向來效忠於黃金，因此再沒有比巴西爾更好的金主了。他們宣誓效忠皇帝後，就成了瓦蘭金衛隊（Varangians，意指有誓約的人）[10]。太平時期他們就成為皇室近衛，戰爭時期則是威震四方的部隊。[11]他們是帝國的首要戰鬥力，堪稱為古羅馬禁衛軍的繼承者，他們為這個帝國打仗，範圍包括從敘利亞到西西里島的地區。

對於一個雄心勃勃的斯堪地那維亞人來說，再沒有比在瓦蘭金衛隊服役更有保障

9 作者注：安娜冷然指控兄長把她像奴隸一樣賣掉。

10 作者注：在其歷史上，瓦蘭金衛隊是出了名效忠皇帝，但卻不見得效忠坐上帝位的人。他們宣誓要為現任登基者效勞，但卻不會去為前任在位者報仇。

11 作者注：他們的職責之中有一項是保管皇帝到訪城市的鑰匙。

的發財途徑，與皇帝簽約就保證會有固定收入，而且也有機會到遠方去襲擊掠奪而不用自己傷神策劃。[12]這些征戰不僅提供了比傳統掠奪更好的生存機會，而且利潤極高。有份拜占庭文獻甚至聲稱，每逢一位皇帝駕崩時，瓦蘭金衛隊可名正言順到國庫去一趟，只要是個人帶得走的，隨便什麼都可以拿走。

接下來幾個世紀裡，斯堪地那維亞各地來的一些最著名的維京人，都會武裝起來在瓦蘭金衛隊待上一段時間。挪威國王、羅斯大公、愛爾蘭貴族、冰島猛戰士，全都從履行瓦蘭金衛隊職責中得到了名望與財富。

後來轉業的人往往認為他們在南方待過的時期是最有成就的。在一場成功戰事中扮演一角可以讓一個人在人們心目中有很崇高的地位。冰島的《拉克斯達拉傳奇》在描述主角博利．波蘭森（Bolli Bollason）歸來時，儼然如希臘神話中的俊男阿多尼斯（Adonis）再世，他和手下不管去到哪裡過夜，「婦女就什麼都不理會，只管盯著博利及其同伴和他們的華麗服飾看。」

南歐到處都有拜占庭維京人所留下的證據。他們在保佑雅典港口比雷埃夫斯（Piraeus）的大理石獅身側刻下了盧恩字母，而在聖索菲亞大教堂的二樓樓廳裡，至少曾有過兩名窮極無聊的衛兵在欄杆上刻下了盧恩字母塗鴉。

為皇帝效力的代價也可從現存的盧恩字母紀錄中窺見一斑。斯堪地那維亞許多石頭上刻有銘文Vard daudri Grikkium，意指「死於希臘人手中」。有些人從此沒回來，因為他們發現南方溫暖氣候中的生活更宜人。有不少「扛著戰斧的野蠻人」都在君士坦丁堡定居下來，以便取得擁有自宅的資格，為皇帝服務的工作通常都是父子相傳。在巴西爾二世逝世一百年之後，拜占庭公主安娜·科穆寧娜（Anna Comnena）就這樣寫道：「至於肩上扛著沉重鐵劍的瓦蘭金衛隊，他們認為效忠皇帝並保護皇帝是家族傳統，一種世代相傳的神聖信賴與傳承。」

然而隨著時間過去，衛隊也開始產生變化。一〇六六年後，大批盎格魯—撒克遜人為了逃避諾曼征服而加諸的沉重枷鎖，紛紛湧入君士坦丁堡。瓦蘭金衛隊也就因此縮減招募維京人。到了十四世紀初，瓦蘭金衛隊中的維京人幾乎已全部消失。[13]

這種改變不僅是因為不同的募兵湧入而已，也因為羅斯人自己不一樣了；並非單

12 作者注：這比較像是現代郵輪旅遊的較危險維京版本，樂趣就在於出遊而不必自己傷腦筋訂飯店或安排吃飯。

13 作者注：有一份該時期的文件裡提到，「瓦蘭金衛隊的語言」是英語。

純跟過去的游牧、劫掠者生涯一刀兩斷而已，而是更深刻地採用了環繞著設防城市，過起定居的生活。儘管羅斯人仍自稱是維京人，或起碼也自認為是斯堪地那維亞人的後代，但已顯現出了某些全新跡象。羅斯人正在轉變成俄羅斯人。

第十七章 拜占庭的拉力

若一隻狼來到羊群之中，牠會奪走整群羊，除非牠被殺了。

——《俄羅斯編年史》

羅斯人盡量在某些方面堅持其維京人身分是頗令人驚訝的。當初那批往返於伏爾加河與第聶伯河水域的維京劫掠者一直都是俄羅斯少數族群，他們所征服的遼闊地區，從位於西北方的諾夫哥羅德到今天烏克蘭的首都基輔，都為斯拉夫人所占據，斯堪地那維亞人只不過是有特權的軍事種姓階層而已。他們娶當地人為妻，雖然瑞典不斷湧入的移民延緩了這過程，但他們還是逐漸融入斯拉夫民族中。

緩慢的演變過程可由基輔大公們的姓名看出來。海爾基（斯拉夫名字「奧列格」），之後是英格瓦（斯拉夫名字「伊格爾」），之後就是純粹斯拉夫語取名的斯維亞托斯拉夫（Sviatoslav），還有弗拉基米爾。隨著名字的轉變，服裝與習慣也跟著改變。有份拜占庭編年史上提到九七一年斯維亞托斯拉夫會見皇帝約翰一世（John I）時的外表，形容他不像維京人的海上之王，反倒更像一位斯拉夫人的可汗。

斯維亞托斯拉夫跟手下一起划著維京船來到，就像個本分的維京人一樣划著槳，但跟北方的相似之處也就到此為止。他只有中等身高，濃眉與短而扁的鼻子遮掩了淺藍色眼睛。頭幾乎都剃光了，只留下頭頂一撮偏向一邊的頭髮，編成辮子，做為其高貴地位的表徵。他穿著簡單的白色長上衣，跟其他手下沒有分別，不過他的衣服比較乾淨，而且除了一隻耳朵上垂著金耳環之外，什麼裝飾品也沒有。

透過與君士坦丁堡的接觸更加快了這個過程。九四五年的條約使得君士坦丁堡向羅斯人敞開大門，讓他們置身在東正教文明的大誘惑之中，當他們終於接納了基督教時，這點比其他任何事都更標示出他們從羅斯人到俄羅斯人的大轉型。基督教需要時間生根，而且過了好幾代也未能完全擁抱它，然而基督教卻把新興的俄羅斯鎖在拜占庭的文化影響範圍內了。

諷刺的是，因為九四〇年間希臘火大敗了羅斯人，這才間接為基督教鋪了路。英格瓦大公意圖攻取君士坦丁堡卻鎩羽而歸回到基輔，附近好幾個受到羅斯管轄壓迫的部落就趁機造反，英格瓦被迫把精力都花在鎮壓他們身上。

這些附庸部落之中最麻煩的是德列夫利安人（Drevlians），這是個東斯拉夫人部落，住在今天烏克蘭的部分地區。當英格瓦打敗仗的消息傳來，他們立即採行挑釁步驟，停止向基輔納貢。英格瓦沒辦法及時回應，因為忙著處理其他事，於是德列夫利安的問題就愈來愈惡化。

等到英格瓦終於平定了基輔，就派人去追討德列夫利安人拖欠的貢金，並威脅他們若膽敢不付或甚至扣留一小筆貢金，就會給他們顏色看。然而由於羅斯人推延許久才催繳貢金，給德列夫利安人留下英格瓦已經無能為力的印象，於是他們的首領馬爾（Mal）就回話說：「平起平坐者不付貢金。」

這位基輔大公立即率軍出發前往德列夫利安人首都伊斯克羅斯堅（Iskorosten），也就是今天的烏克蘭城市科羅斯堅（Korosten）。一見到羅斯人大軍殺到，馬爾大公的逞凶鬥狠之勇立刻煙消雲散。他向英格瓦鄭重道歉，交出拖欠的黃金。如果換一個比較明智的統治者就會息事寧人，就此收手，但在基輔的歸途上，英格瓦卻認為給德列夫利安人的懲罰還不夠，藐視他的權威得要付出更高的代價才行。於是命令手下繼續回首都去，他則帶著侍衛往回走。

馬爾接到通知說要交出更多黃金時，他先採取拖延策略，聲稱需要檢視國庫是否還有資金可用。當他問幕僚如何是好時，其中一位獻策說：「若一隻狼來到羊群之中，牠會奪走整群羊，除非牠被殺了。」馬爾聽進了這話。在他一聲令下，一群德列夫利安人衝出城門，殺掉了英格瓦的侍衛，並俘虜了這位基輔大公。

根據拜占庭的文獻，馬爾採取的報復令人髮指，大概只有維京人才懂得欣賞。英格瓦被壓在地面，然後將兩株小樺樹彎向他，將他兩腳分別綁在樹上，之後鬆開這兩株樹，彈起的樹就把這倒楣的人活活撕裂成了兩半。

少掉了一位年富力強的領導人，對任何一個中世紀國家而言就宛如一場噩夢，因為通常只留下年幼的繼承人，如果攝政沒有牢牢控制好局面，內戰的一切恐怖就會伴隨而來。由於英格瓦的獨子還是名幼兒，因此基輔似乎難逃此種命運，幸好有他那位卓越非凡的妻子奧麗加（Olga）在。奧麗加不僅擁有基輔貴族階層的忠誠，而且，根據《俄羅斯編年史》裡的精采敘述，她也是位比亡夫更能幹的領袖。

緊接著英格瓦的死訊而來的，是馬爾派出的二十人使節團前來求親，這要求乍看不怎麼尋常，但在當時卻並非如此。在中世紀，王室的寡婦是適合的結婚對象，一來他們都想趕快再婚以避免發生動亂，二來這樁婚姻也讓野心勃勃的追求者擁有在政壇上快速崛起的機會。

但這些使節很沒分寸，馬爾理所當然以為新寡的奧麗加是個弱女子，樂於聽取建議，所以使節非但沒有圓滑地避開馬爾謀殺了她丈夫，反而還公然承認。當使節被帶到她的寓所內後，竟然告訴這位悲傷中的寡婦，說英格瓦「像頭貪婪飢餓的狼」，活該被宰掉。現在他們繼續說，奧麗加有機會嫁給一位真正的大公了。

出乎意外的是，她似乎還挺能接受這想法的。人死不能復生，怎麼死法並沒有他已經死了的這個事實來得重要。奧麗加說她需要一天時間考慮，但強烈暗示說這只是形式而已。使節們對於她的務實態度感到高興，於是就回到他們的營地去，同意隔天再來拜訪她。

等到這些德列夫利安人離開之後，奧麗加就命人在其城寨後方掘一道深溝，到了早上已經掘好。當穿上最華美衣服的使節來到，做為對這位即將成為他們大公夫人的女子的敬意，奧麗加卻命人抓住他們，拖到城寨外活埋掉。

就在僕人們還在掩埋那座大塚時，奧麗加已派人送信去給馬爾，說她很願意嫁給他，她說，只要他派出一支排場夠大的迎親儀隊。已派來的二十名使節團對於她這種地位的女子實在不夠榮耀，她要偕同伊斯克羅斯堅最尊貴的男人們抵達，否則婚禮就作罷。

馬爾或許是被她的講究禮儀所打動，趕緊派了城內的所有要人連同一支他所能組成的華麗儀隊前去。當他們來到基輔時，奧麗加堪稱為禮數周到的典範，邀他們使用她的私人浴室，以便洗去長途跋涉的僕僕風塵。然而，等他們全都安然入內之後，奧麗加便命人把門堵上，然後將整座建築付之一炬，完全不理會那些痛苦的慘叫聲。

餘燼仍在燃燒之際，奧麗加已若無其事派人送了最後一封信去給馬爾，要求當她抵達伊斯克羅斯堅之後，准她按習俗主持一場紀念亡夫的忌宴。這位大公仍未察覺有什麼不對勁的地方，急忙同意了。及至見到她帶了大批家臣來到伊斯克羅斯堅時，他騎馬出城迎接她，問他派去的使節在哪裡？她回答說，因為迫不及待要跟他會面，所以就騎馬先行，其他人很快就會加入他們。大公心滿意足護送她入城去出席已經準備好的盛宴。

奧麗加完全表現出一位歡樂新娘的樣子，但卻暗中指示手下滴酒不沾，馬爾及其手下卻都沒有留意到這項命令。等到德列夫利安人都喝得酩酊大醉時，這位黑寡婦發出信號，她的衛兵們拔出劍來，痛宰了主人家醉眼矇矓的所有人。一路衝殺出城之後，奧麗加和她的家臣跟軍隊會合，軍隊就躲在附近，然後又出現在伊斯克羅斯堅城牆前。嚇壞的城民此時既沒有了大公也沒有人出面領導，於是求她饒命，奧麗加竟然答應了，讓他們大大鬆了口氣。她開出的條件不高，沒有要蜂蜜或毛皮（這些都是一般的貢物），她只要了一些鳥兒，每戶人家須交出三隻鴿子和三隻麻雀。不幸的是，這卻是維京人的老把戲，用來對付德列夫利安人。當她收到這些鳥之後，就下令手下在每隻鳥腳綁上浸了易燃物的破布，等到點燃之後，受驚的鳥兒就飛回巢裡，引燃了整棟房子。

沒過多久，風就把零星火焰轉為熊熊烈火，驚慌的城民從毀壞的城門一湧而出，卻正好落入嚴陣以待的奧麗加軍隊手中。他們毫不留情，沒被當場殺掉的就遭圍捕然後販賣為奴。到了早上，伊斯克羅斯堅已成一片焦土，只剩斷瓦殘垣的廢墟，這時奧麗加才終於心滿意足。

無論奧麗加是否真如傳說中那麼冷酷，但她的確是位能幹的統治者。《俄羅斯編年史》以簡潔讚語記載她是「雖為女兒身，但卻有男子漢的勇氣」。她的精明能幹不僅為兒子保住了王位，更增加了其權威。

不管活下來的德列夫利安人有多少，消息很快就傳開來，基輔這位新統治者是不可欺的。值得讚揚的是，奧麗加選擇不用刀劍治國，雖然專注於報仇，但卻沒有讓報仇蒙蔽了雙眼，而且她也夠精明，能夠體認到強迫基輔的附庸部落每年繳納貢金，只會讓他們恨之入骨、積怨日深。因為通常這些黃金都由每個部落首領自掏腰包，而這麼一來就減弱他們獎賞手下的能力，也因此就削減他們的權威。這幾乎就等於確保只要基輔稍微有個閃失，馬上就會有人造反。

為了將這些部落首領從潛在敵人化為堅定盟友，她取消了招人怨恨的納貢，而改為單純向家家戶戶徵稅。[1]當地的領導人由於擺脫了財務負擔，於是得以處理一切小的行政或法律問題。沒多久基輔也會施行法治，實際上，奧麗加已經把心懷叛變的盟友轉型成為她的政府正式成員。在她攝政期間，也建立起許多貿易中心，以及基輔、諾夫哥羅德與普斯科夫（Pskov）興建第一批石造建築。她設計出的制度運作得非常出色，而且也為基輔的永續發展打下堅實基礎。

奧麗加在照顧兒子未成年的時期裡，成功躲開了許多提親，並穩步建立基輔的權勢。然而，攝政雖然很成功，她卻似乎對某個揮之不去的問題很掛心；不管她如何推動各部落在政治上融合，但部落人民仍然自認與基輔的居民不同。除了有一個共同的統治者之外，並沒有真正的團結感，沒有一個大的身分認同可使得個別城市的百姓變成一個統一的國家。

為了修正這點，奧麗加在她充滿大膽之舉的生涯中，採取了最大膽的一步，她在九五五年左右前往君士坦丁堡，表面上是去加強貿易關係，實際上卻是去正式接納基督教。儀式在聖索菲亞的金色教堂裡舉行，由皇帝君士坦丁七世（Constantine VII）擔任她的教父。[2]為表敬意，奧麗加採用了皇后海倫娜（Helena）之名做為教名。

奧麗加個人的皈依可能有助於與君士坦丁堡結盟，或許還可因此索取更多貿易特權，奧麗加本以為她的百姓會群起效之，但很快就改變了這想法。基輔有一個基督徒小社群，但她的子民絕大多數都是異教徒，崇拜各種維京人、突厥人以及斯拉夫人的神明。尤其是貴族，更是索爾大神的鼎力宣揚者。處理得不好，此舉非但未能讓這些百姓團結在她身後，反而有破壞安定的風險，而這安定正是她整個攝政時期所努力維

1 作者注：除拜占庭帝國以外，這是東歐第一個合法的稅收制度。

2 作者注：皇帝在寫給其子的一本書裡詳述了整個儀式過程。

持的。[3]

奧麗加竭力散播新信仰，帶回了聖經、祭司、聖像和法衣，下令在多座城市建造一些教堂，並公開去這些教堂做禮拜，但一切都無濟於事。那些貴族們，尤其是才從瑞典來的，都激烈抗拒，連她大部分家人也是如此。她兒子斯維亞托斯拉夫甚至拒絕考慮信奉基督教，並告知母親，一個以耐心、寬恕與憐憫等溫柔美德為標誌的宗教是個軟弱的宗教，會招致手下嘲笑他。

奧麗加想在她兒子這一代建立基督教也許是失敗了，但她起碼已經播下了種子，在下一代生根發芽。斯維亞托斯拉夫刻意要排斥他母親對拜占庭的和解政策，就率領羅斯人向拜占庭發動最後一次大規模進攻。當他率軍經由陸路出發時（這又是個維京人古老習性淡去的跡象），把基輔交給了他母親負責，三個兒子雅羅波克（Yarolpolk）、奧列格和弗拉基米爾也由他母親來教育。

奧麗加的兩項任務都有令人欽佩的表現，雖然教育孫子要等到多年後才看得出成果。我們看到奧麗加的最後一瞥，是她又當起了軍隊指揮，這也很恰如她的形象。九六九年，一群劫掠者來襲，她組織了一場積極的守衛，得以將劫掠者驅逐出去。幾個月後她去世了，一輩子活得更像個女武神（維京人的神明，因為作戰英勇而成為神明）而非宗教聖人。[4]

奧麗加的統治標誌出歐洲史上大分水嶺的開始。透過皈依基督教，她選擇讓基輔與歐洲相連而非亞洲，從此向西看齊而非向東看齊。羅斯人的維京人根源逐漸被拜占庭的取代，基輔將會深受拜占庭影響，以致三個仍自稱留里克王朝後代的現代國家：烏克蘭、白俄羅斯和俄羅斯，曾繼續自視為古希臘與羅馬的繼承人。[5]

這一切不見得都是奧麗加的功勞，事實上，說不定她到死時還以為自己失敗了，但是她所倡導的東正教信仰有一天終將帶給她的子民一個她所設想的共同身分，終而有可能打造出一個龐大的帝國。

---

3 作者注：這包括每年從斯堪地那維亞湧入的維京人在內。

4 作者注：然而由於她堅定地接受了基督信仰，當然有資格贏得封聖。一五四七年，東正教教會封她為聖人，賜給她「等同使徒」（Isapostolos）的封號。歷史上僅有四名婦女也享有此封號。

5 作者注：君士坦丁堡號稱「第二羅馬」，因為是東羅馬帝國的首都。當它於一四五三年陷落後，東正教俄羅斯基督徒就改稱莫斯科為「第三羅馬」。

第十八章　從羅斯人到俄羅斯人

每一位歐洲國王都娶了一位基輔公主。

——《俄羅斯編年史》

儘管斯維亞托斯拉夫很尊敬母親（他命人按照基督教習俗安葬母親來表達敬意），但奧丁或索爾大神在基輔卻沒有什麼讓位給基督教的危險。他的鄰國接二連三都已經或即將落入基督教手中，例如波蘭、丹麥、挪威和匈牙利，但斯維亞托斯拉夫卻是個積極的異教徒。索爾大神需要勝利，也只有勝利才能保住其手下貴族的忠誠。母親尚在人世時，他前進的第一步就是去對抗哈扎爾人，之前奧麗加與英格瓦一直都默認哈扎爾人是自己的封建君主。經過為期六年的殘暴戰爭，斯維亞托斯拉夫殲滅了對方的部隊，外加蹂躪首都阿德，他顯然繼承了他母親睚眥必報的性格，該城被摧毀得面目全非，無法辨認。十世紀期間的阿拉伯作家伊本·霍克爾（Ibn Hawqal）在那之後不久到該地查訪，記載說：「沒有一顆葡萄或葡萄乾留下來，樹枝上片葉不存。」

這場勝利激發了斯維亞托斯拉夫嘗試西征的雄心，於是他一路猛攻過巴爾幹半島，把今天的保加利亞納入了版圖。他在位的頭十年裡，打造出歐洲最大的國家，領土從現代的羅馬尼亞延伸到哈薩克，這是對古老神明們的表白，戲劇性的證據，證實了「眾神之父」比基督更有威力。

與拜占庭這個新信仰的堡壘發生衝突勢所難免，但不幸對斯維亞托斯拉夫而言，拜占庭那時候正處於復興之中。曾為他母親施洗的學者皇帝已被好戰的約翰一世取代，一連串的激烈交鋒之後，新皇帝擊退了羅斯人，將斯維亞托斯拉夫困在多瑙河畔的一座古羅馬堡壘內。包圍了兩個月之後，這位基輔大公投降了，乖乖划船渡河去跟對方會面。

皇帝約翰一世騎著心愛白色戰馬出面，身穿金甲，頭戴沉重的拜占庭皇冠。他接受求和，條件是羅斯人從巴爾幹半島撤兵，並放棄斯維亞托斯拉夫剛征服的領土。

更糟糕的羞辱還在後頭。回基輔途中，就在他們奮力應付第聶伯河其中一處險湍時，一群蠻人襲擊了斯維亞托斯拉夫，也許是皇帝約翰一世買通他們這樣做的，可見得羅斯人把這位皇帝搞得有多緊張。斯維亞托斯拉夫的頭顱被砍下來做成酒杯，做為對羅斯人的警告，將來勿再輕舉妄動。[1]

斯維亞托斯拉夫的死讓基輔陷入亂局，幾個兒子展開一場蔓延將近十年的內戰，讓情況更惡化，結果逼得小弟弗拉基米爾只好逃亡。

雖然羅斯人正在全面斯拉夫化，但仍跟維京人有很強的聯繫，因此弗拉基米爾就選擇了瑞典做為他的流亡之地。他在那有親人招呼他，還幫他挑了一位瑞典公主為妻，並同意籌集一支軍隊去推翻兄長。

有了幾百名瑞典和挪威的維京人給他撐腰，不用多久弗拉基米爾就拿下了羅斯好幾座最重要的城市。他派人送信給兄長並提議與之共享權力，但當雅羅波克赴約要討

---

1 作者注：斯維亞托斯拉夫的最後一搏顯然讓這些蠻人刮目相看，據說蠻族首領用這頭骨酒杯敬酒祝禱，說但願有一名像這位死去的領袖一樣勇敢的兒子。

論條款時，弗拉基米爾的士兵伏擊了雅羅波克的手下，並將他砍倒。

僅僅奪得兄長的王冠並不能讓弗拉基米爾滿足，他還騎馬前往嫂嫂避難藏身的女修道院，院長堵住大門想要保護她，但弗拉基米爾命令手下用斧頭破門而入，派他們衝進修道院迴廊內，在一個房間裡找到了蜷縮著的嫂嫂。弗拉基米爾強暴嫂子之後，強迫她嫁給自己，以此來減輕手下貴族對這新政權的抗拒。

做為政治手段，婚姻起了作用，於是弗拉基米爾重複使用了這手段六次，沿路納入了（要是俄羅斯的文獻資料可信的話）八百名嬪妃。他把這些嬪妃平均安置在主要大城市裡，這樣一來，無論他走到哪裡都有一大批女伴。

弗拉基米爾的萬丈雄心與其無比貪婪不相上下，透過打垮住在今天斯洛伐克地區的部落來擴張並鞏固邊疆，還強迫立陶宛與保加利亞的部落承認他為封建君主。這番成功既提升了他的威望，也引起鄰國的緊張。波蘭國王波列斯瓦夫（Boleslav）趕忙跟這位羅斯封建君主簽署了聯盟，以阻止他向波蘭邊界進軍。

九八八年，針對他的權勢最可喜的承認到來了。皇帝巴西爾二世請他提供六千名瓦蘭金衛隊成員，並以許配其妹為回報，但言明要他先皈依基督教，不過這點大概沒怎麼困擾到他。對一位有抱負的獨裁者而言，信奉異教也有不好的地方，因為擠滿了斯拉夫與北歐諸神明的萬神殿也準確無誤地反映出他領土中的政治現實，每位大公都各擁堅實壁壘，可以宣告獨立。奧丁大神也許是「眾神之父」，但卻肯定不是萬能的，而且就像這位基輔大公一樣，很可能就被數百名其他小神明給淹沒了。

弗拉基米爾已試圖把索爾捧為最高神明來解決這問題，但這伎倆卻失敗得慘不忍睹。他在基輔建了一座巨大神廟，供奉斯拉夫人和維京人的神明，並將一尊木雕索爾神像供在中央。此舉被視為輕視其他神明，在隨之引起的暴動中，有兩個人遇害。[2]弗拉基米爾頑固保持崇拜索爾大神，但這場仗是輸定了。

這種對信奉異教的不安，可從一本早期斯拉夫編年史裡一個奇特故事窺見一斑，這本編年史有個很精采的書名叫《往年紀事》（*Tale of the Bygone Years*）。弗拉基米爾深信自己需要有一種新宗教信仰，於是派遣特使出去了解世界幾大宗教，也就是基督教、伊斯蘭教和猶太教。伊斯蘭教禁酒，而且還得接受令人心驚肉跳的割禮才算成年，因此就排除了伊斯蘭教。[3]猶太人沒有家園，這在中世紀是很有力的論點，因此

2 作者注：根據一份資料指出，這兩人是基督徒，弗拉基米爾殺他們來做活人獻祭，用來啟用神廟。

3 作者注：據傳弗拉基米爾曾說過：「伏特加是俄羅斯人的喜樂，我們不能沒有它。」

猶太教也不予考慮。剩下的就只有基督教，但是要遵循西方天主教會的教義？還是東正教的？等到外交使節完成任務回來後，這個決定也變得容易許多。派往西方的使節去到了神聖羅馬帝國，見到的都是些低矮、光線黯淡的羅馬式教堂。然而派往東方的使節則在聖索菲亞大教堂裡出席了一場完整的日課。他們驚嘆著向弗拉基米爾報告：「我們不知道自己究竟是置身在天堂還是人間，只知道上帝就住在那裡。」

這個故事也許是杜撰的，但多少道出弗拉基米爾所做的決定。基輔已經向拜占庭看齊而遠離了東方的拉力。[4]基督教，尤其是東正教的版本，較其本地的異教更吸引人。它只有一位神，而且是全能的。這個信仰的神權仿效了拜占庭的專制性，一如天上只有一位上帝，地上也只有一位皇帝。上帝不需要取得任何天使同意或他們的合作，祂只要說出來，事情就發生了。這正是弗拉基米爾想要加諸基輔的模式。

靠攏拜占庭還有其他原因。他深知自己權力的極限，以及在他南面的這個大帝國之根深柢固。眼前不管他看起來有多強，但由其父所發動的攻勢中，他學到了重要的一課。羅斯人沒有拜占庭那種能耐可以承受得起在巴爾幹打那種形態的戰爭，他們缺乏組織、官僚系統、等級制度去真正打入當地。無法改變這一點的話，基輔的權勢就只會是過眼雲煙，難逃其他無數東方王國的命運——今天龐大無比，明天就消失了。

弗拉基米爾得出的結論，也就是皈依基督教，是因為意識到成為君士坦丁堡盟友的話，他能成就的就會遠比身為維京人海上之王還要多。隨著這一步驟，他在精神上與文化上都與維京傳統切斷了關係。

在弗拉基米爾的時代，抱持負面想法的旁觀者很多，他們通常會說弗拉基米爾皈依基督教純然是政治動機。但說來也很奇怪，他似乎真的改變了。這個曾經強暴過嫂嫂的男人，現在竟然組織每天發放食物給貧病者的活動。他為病人擺出自己的飯桌，當人家告訴他說有些人因為病得太嚴重無法前來吃飯時，他就安排貨車運送麵包、魚、蔬菜和蜂蜜酒去給他們。

他打發掉非拜占庭的妻子們以及一大批嬪妃，諷刺的是，他曾經殺人如麻，而今卻廢除了死刑。好些城市裡都興建了學校，每年有一部分稅收留作施捨用途。從弗拉基米爾兒女們看來，提高讀寫能力的努力是非常成功的。他的眾多妻妾生下了好幾個女兒，後來都相繼嫁給歐洲頭戴王冠的人。由於輸出的公主太多了，以致

4 作者注：一般而言，東方的宗教大分野線是沿著森林／大草原的邊緣而定。森林區喝伏特加的人偏向擁抱基督教，而大草原區慣於抽印度大麻的人則多皈依伊斯蘭教。

基輔有企圖心的男人抱怨起來（無疑是壓低了嗓門說的），說國內有資格配上自己的新娘很短缺，他們抱怨說：「歐洲每個國王都娶一位基輔公主為妻。」這些公主的部分吸引力是來自於她們的教育程度。弗拉基米爾的女兒安娜嫁給了法國國王亨利一世（Henry I），由於她相當熟悉宮廷官僚系統，因此擔當他們兒子腓力的攝政。有份她早期攝政的文件上面照例有大量不懂簽名的法國貴族見證人所留下的畫押記號，唯一不辱沒了這張羊皮紙的，是王后安娜的簽名，她親手用引以為豪的西里爾字母[5]簽下了名字。

然而，古老的維京人特徵並沒有全部消失。弗拉基米爾打算要讓基輔成為一個基督教城市，而且不會容忍異議。他的第一個行動是來到首都，燒毀當年為那些古老神明所建的神廟，那尊索爾大神雕像則綁在馬尾，拖到第聶伯河去，用棍棒象徵性打了一頓之後，然後丟到水裡。滿城百姓在矛尖驅趕下來到河邊集體受洗。

弗拉基米爾在異教神廟廢墟上仿君士坦丁堡教堂風格興建了一座宏偉教堂，以其所採用的教名「巴西爾」（Basil）命名之，並將餘生的在位期間都花在強化基輔的神職基礎建設。到他駕崩時，基輔的宗教事務已至少需要有七位主教來管理。

或許弗拉基米爾皈依的最深刻影響，是帶來了西里爾字母。弗拉基米爾需要用書寫文字，而維京人的盧恩字母並不適用於書寫較長或複雜的文本。由於他採用西里爾字母，使得君士坦丁堡深厚的文學傳統向羅斯人開放，更進一步鞏固了與帝國的文化聯繫。等到弗拉基米爾的兒子雅羅斯拉夫（Jaroslav）發布基輔第一部法典時，用的就是西里爾字母，而且是根據拜占庭而非維京人的先例來立法。

在實體上，這個以基輔為中心的王國甚至也開始相像它南邊的鄰國拜占庭。拜占庭的工匠和藝術家湧向北方，維京人的木造大屋也為石造建築所取代。在弗拉基米爾組織管理下，幾乎每座城鎮都有了仿帝國都城的磚與大理石建造的城門，洋蔥圓頂的石造教堂模仿了南方的拱形屋頂。[6]

在弗拉基米爾與兒子領導下，俄羅斯的市集擴大成為人口超過六萬的真正城市，居民是斯拉夫人，但已不再是襲擊對象，而是要保護的基督徒子民。羅斯人甚至也放棄了以牧業為基礎的維京生活方式，務農為先，騎兵部隊亦取代了盾牆戰術。

5 作者注：這是由傳教士聖西里爾（St. Cyril）設計出的字母，他發現斯拉夫人沒有書寫文字，於是就根據自己的希臘母語字母而創出了這套字母。

6 作者注：最好的例子是弗拉基米爾在諾夫哥羅德興建的聖索菲亞教堂。

但與北方的感情聯繫還是有的，弗拉基米爾與兒子都接待過維京人的海上之王，但他們顯然已經開始自視跟對方不同。[7]他們不再採用諾斯語或甚至維京名字，而且不到一個世代，甚至已開始視瑞典人為貿易對手而非盟友了。[8]

弗拉基米爾死後不到一百年，維京人在東方的痕跡已全部消失了，儘管他們曾在建立第一個中央集權國家中發揮過作用，但實際上維京人在東部所留下的遺產大概就只有「俄羅斯」這個名稱，以及烏克蘭國旗上的弗拉基米爾印記。維京人的根就在東羅馬帝國的文化影響下逐漸消失，這個過程在一四七二年最後一位拜占庭皇帝的姪女嫁給伊凡大帝（Ivan the Great）時，終告完成。

然而，若說羅斯人變成了斯拉夫人，他們其實也改變了斯拉夫人。他們賦予了斯拉夫世界第一個中央集權國家，以及第一個持久的朝代。他們為這個動盪地區帶來了秩序，並為日後的斯拉夫帝國奠下基礎。

由於斯堪地那維亞人處在龐大的斯拉夫人群中，始終是小眾，維京人的影響會很快消失，或許是在意料之中。然而，至少當它結束時，起碼有部分理由是因為在弗拉基米爾的時代，維京人世界本身也起了變化。肆意冒險者與潛行海狼的日子已經過去了，斯堪地那維亞已經變成了諸王之地。

7 作者注：起碼有三位挪威國王在基輔接受過招待，分別是「壯漢」奧拉夫（Olaf the Stout）、馬格努斯・奧拉夫森（Magnus Olafsson）和「無情者」哈拉爾。

8 作者注：的確有幾個維京名字苟延殘喘到十五世紀，不過多半發生變化，例如「伊瓦爾」變成了「伊格爾」，「奧拉夫」變成了「奧列格」，諸如此類等等。

第四部　維京故土

第十九章　維京國王

我們的烏鴉呱呱叫個不停……狼在遠方山上呼號。

——《國王哈拉爾傳奇》（*King Harald's Saga*）

維京時代通常是以其對外界文化造成的衝擊影響而定，人們記得這是個充滿破壞的時代，充滿對修道院的殘暴掠奪，摧毀了大部分盎格魯—撒克遜英格蘭、愛爾蘭與法蘭克帝國，但其實維京時代也有建設的一面。冰島與格陵蘭建立了殖民地，諾曼地也打造出了一個公國，都柏林與約克這類大貿易城市蓬勃發展，俄羅斯則有了第一個中央集權國家。然而這一切都集中在對外，反而忽略了維京時代對北歐家園的影響。

最明顯的影響可由數量驚人的贓物看出來：錢幣、白銀、貴金屬條，還有奴隸。根據不同的法蘭克編年史所載，僅在九世紀期間，就大約有四萬五千磅白銀支付給了維京人，這數量可能只占總額的三分之一。十世紀獲利更豐，在盎格魯—撒克遜英格蘭，「決策無方者」埃塞爾雷德（Ethelred the Unready）就付了十八萬磅白銀做為賄賂。大約等於四千萬英國銀便士[1]，這數量對於國王大失民心貢獻很大。

從英格蘭流入的銀量，再加上從愛爾蘭與兩個法蘭克王國掠奪所得，以及從格陵蘭到拜占庭各地市場的貿易收入，可運用的貴重金屬導致錢幣經濟的發展，而非以貨易貨的系統，並進一步使得斯堪地那維亞融入更廣大的歐洲市場。在維京人的大貿易城鎮如赫德比與比爾卡（Birka），維京人甚至根據法蘭克、拜占庭或盎格魯—撒克遜的模式自鑄錢幣。

這財富的絕大部分都流入了以戰士文化為重之地，在這些地方，個人實力很受重視。大人物興建維京長屋，並對其追隨者出手大方，人稱「贈戒指者」，而且還送出鐲子，或戴在手臂與頸項的環飾，還有武器和盔甲，金、銀、鐵錠等等。掠奪物用作個人裝飾品，或囤積埋藏來增加個人聲望。不斷的需求刺激了奢侈品市場的增長，反過來也驅使維京人去開拓更廣泛的貿易路線。

這場開拓引起了第二次也更深入的改變。在兩個半世紀的維京時期中，北歐人較諸世界任何其他單一民族接觸到的文化更加多元。尤其是從盎格魯—撒克遜英格蘭到拜占庭帝國之中選擇了中央集權政府的模式，並將此模式帶回斯堪地那維亞。歸來後的海上之王發現其廣大資源不僅可用於裝扮個人，更可用以養兵。這些逐漸合併的兵力形成了王室軍隊，在拜占庭式的行政管理扶持之下，進一步集中了權力。隨著他們財力的增長，國王的能力也增加了，例如興建石造建築、加高城牆，裝飾宮殿等。

到了十世紀結束時，這個過程已將近完成。強人轉型成為小國王，彼此爭奪斯堪地那維亞的富有市場控制權，維京人昔日想稱霸海上當海上之王的舊夢已消失了，取而代之的是想要在陸地上取得土地。

但出人意外的是，考量到其漫長的海岸線，第一個統一的國家卻是挪威。挪威的建國神話不像大多數國家的起源故事，而是一個愛情故事。西元八六〇年左右，挪威東南部約於今日奧斯陸一帶地區，有個小國王「黑色哈夫丹」（Halfdan the Black）去

1 作者注：雖然隔了這麼多個世代要換算是很困難的，但一個銀便士在十世紀中葉大概可以買到幾隻雞或者十幾條大麵包。

世了，把王國留給了十歲兒子「金髮」哈拉爾。根據冰島記述挪威歷史的《挪威王傳奇史詩》，這男孩愛上了附近一位公主，但公主拒絕嫁給他，除非他成為全挪威的國王。哈拉爾立誓沒做到這件事之前絕不剪髮或梳髮，於是開始慢慢擴張領土。

實際上的情況更可能是，雄心勃勃的哈拉爾持續進行了幾十年的擴張，他最過人之處是利用艦隊，每征服一位小海上之王就增強他的海軍兵力，因此也就使他更加難以抵抗。關鍵戰役發生在哈佛斯峽灣（Hafrsfjord），這位國王在此大敗許多小國王與貴族的盟軍，因而將挪威西部納入掌控。雖然他只不過控制了挪威南部與西部海岸區域而已，但卻是首次有可能成立一個挪威王國。[2]

壓制維京人在夏天出海掠奪的古老傳統，才最符合哈拉爾的利益，因為這種傳統會產生出海上之王來，而這正是他長久以來努力要克服的問題。任何出襲得要由他授權或取得他同意才行，此一事實必然讓許多飽經風霜的海狼們怨恨不已，迫於哈拉爾不肯妥協的控制，其中許多維京人選擇離開挪威到冰島、奧克尼群島或法羅群島去尋找較自由之地。

要是哈拉爾真的是為了一位女子的愛情而贏得挪威的話，那這可是哈拉爾所付的最高代價聘禮了。據稱他在位的五十年間，總共娶了兩百名妻子，生出的兒子多到他不知道該拿他們怎麼辦。甚至過了三個世代之後，挪威每一位貴族幾乎都有證據聲稱跟這位開國之君有血緣關係。

然而，這強大的繁殖力卻讓「金髮」哈拉爾大部分的辛苦努力功虧一簣。他選擇了最愛的兒子「血斧頭」埃里克來接掌，甚至與他共治了幾年。如果想坐上王位的人少些，或者哈拉爾的繼承者能較為自律的話，這一招或許會有效。但是埃里克卻盡其所能減少家族成員（他的斧頭所染的鮮血有不少是屬於其同父異母兄弟們），還砍掉無數反抗他的貴族的腦袋。[3]他有個同父異母弟弟「好人哈康」是在英格蘭被撫養長大，安全遠離埃里克的斧頭，後來帶著一支幫他撐腰的英格蘭軍隊回到挪威。最終埃里克不戰而退，他厭倦了挪威，一如挪威也很受不了他，然後前往英格蘭去找更好的新地方。

哈康是家中老么，當他出生時，父親已垂垂老矣。後來事實證明哈康在行政管理上遠勝他的兄長，除此之外他也是個富有革新精神的將領。當「血斧頭」埃里克的兒

2 作者注：完成目標之後，這位首如飛蓬的國王才剪去長髮，並贏得了「金髮」哈拉爾的綽號。

3 作者注：根據後來的北歐傳奇所言，埃里克殺了十九名兄弟中的十八人。

子們入侵時，哈康在一座山上打垮了他們，這座山後來命名為「流血高地」（Blood Heights），因為這裡曾經屍橫遍野，血流成河。當哈康的侄兒們兩年後再度嘗試時，他沿著一座山脊部署軍隊，分為十個定點，彼此隔著很大的距離，每組軍隊都環繞著一支軍旗，這麼一來就製造出他的軍隊比實際上要大得多的假象。這讓入侵者勇氣全消，轉身逃跑。

除了他的用兵能力之外，試圖把基督教引入挪威的也是哈康，此一宗教將會徹底改變斯堪地那維亞，就像之前曾改變了其他地方一樣。哈康大概是在英格蘭皈依這個新宗教，而基督教之所以值得提倡，不但是因為它提供了中央集權的模式（就像弗拉基米爾所意識到的，上帝絕不容忍挑戰其天國權威的人），而且也帶來了免費禮物般的識字能力。一個識字的國王，或起碼能僱用識字者的國王，就能不用面對面的接觸而能傳達旨意。從前靠個人魅力的那一套就只能發揮在國王本人可到之處，但書寫的諭令卻可送往更遠的地方。識字能力意味簽訂的合約、統一的法律以及官方文件，是讓一個王國黏合起來的膠水。

可惜對於哈康以及隨後的挪威歷史而言，當時的百姓都是堅定的異教徒，因此國王試圖將基督教強行加諸百姓，只會造成大部分臣民的疏離。或許假以時日他會成功，但在九六一年，那些侄兒們又再度入侵，儘管哈康的軍隊取得了勝利，他卻在作戰中受了重傷而不治。

埃里克的長子「灰袍」哈拉爾（Harald Greycloak）獲選為新國王，但卻沒有什麼實權。就在挪威飽受內訌之苦時，南方興起了強大諸王，並統一成為丹麥王國，「血斧頭」埃里克的兒子們就是向這些統治者求援，當他們入侵挪威時，為一支丹麥軍隊打前鋒。「灰袍」哈拉爾贏得了他的王位，但向丹麥人求助的代價卻是得接受丹麥國王為封建君主。在獨立不到一個世紀後，挪威又陷入了亂局。

第二十章　藍牙哈拉爾

……哈拉爾為自己征服了整個丹麥與挪威，並使得丹麥人成為基督徒。

——耶靈石碑銘文（Inscription on the Jelling Stone）

中世紀的丹麥比起今天的現代化身要大得多，領土橫跨部分日耳曼、瑞典與挪威，擁有最密集的人口，到那時為止，是斯堪地那維亞王國之中最強大的王國。其實力絕大部分要歸功於十世紀期間的一個傑出家族，他們以丹麥半島東側的耶靈（Jelling）為據點統治著這片領土。

這個家族的大家長是「老人高姆」，他以典型的維京海上之王起家，但卻設法殺掉周圍小國王或讓他們保持中立，統一了日德蘭半島大部分地區，使之落於其掌控之中。[1]他是老一輩典型的維京人，是奧丁、索爾大神以及弗雷（Frey）聲嘶力竭的崇拜者，自稱是朗納爾的後裔，每年夏天都在襲擊中度過。

高姆通常對基督徒抱持懷疑，也許是因為強大的日耳曼王國就在他南邊的緣故，而且據說他竭盡所能地殘酷面對日耳曼人。他有理由需要擔憂，這肇因於一個世紀前法蘭克皇帝「虔誠者」路易授意的宣教活動，因此日德蘭半島有了一個基督徒小社群，他們會讓日耳曼國王「捕鳥者」亨利（Henry the Fowler）有絕佳藉口來干涉丹麥內政。

我們並不清楚亨利究竟是利用了哪個藉口，但在高姆在位的早期，日耳曼曾派了一支軍隊來到丹麥長城，迫使高姆承認南邊鄰國是他的封建君主。但這卻沒辦法遏止高姆的襲擊活動，雖然他似乎通常都會避開日耳曼人的領土。高姆的這些劫掠活動大多數都是夥同他的長子卡努特（Canute），這個兒子跟他一樣是個厲害的劫掠者，兩人洗劫了法國北岸以及不列顛群島。高姆較小的兒子「藍牙」哈拉爾（Harald Bluetooth）則跟其母蒂拉（Thyra）待在一起，她是個女中豪傑，曾率丹麥軍隊抵抗入侵的日耳曼人。[2]她在基督徒之間的名聲比丈夫好，雖然她是個異教徒，卻可能起碼讓兒子接觸過這新宗教的形式。

高姆餘生最後幾年並不快樂，妻子先他而去世，於是這位悲痛的國王樹立了一塊大石來榮耀她，石上用盧恩字母深深刻著「丹麥之光」。[3]高姆自己的結局則因為叛變而蒙上陰影。隨著他逐漸年邁，高姆開始掛慮起最愛兒子的性命，誓言誰敢威脅到卡努特，或甚至通知國王他的死訊，一律殺無赦。於是當消息傳到宮中，說卡努特在意圖奪取都柏林時遇害，眾人都可以理解誰都不願去告訴國王。最後，蒂拉想出了巧妙的解決辦法[4]，當高姆出門時，她在王位廳裡掛了黑色以表哀悼。等到國王回來，馬上就意識到是怎麼回事，於是大喊：「我兒子死了！」由於是國王自己脫口而說出的，因此就沒有人遭到處決，但該來的死亡仍免不了。兩天後，高姆因為傷心過度而去世。

這起碼是個傳說，但也有些暗示可能涉及謀殺。卡努特是在觀看某些遊戲時被暗箭射背而死，這實在不像是個維京人的死法。事情發生時，卡努特、哈拉爾兩兄弟在

1 作者注：他也被稱為「瞌睡高姆」（Gorm the Sleepy）或「高姆一條蟲」（Gorm the Worm）。在傳統說法中，他是小國君哈拉爾．克拉克的女婿，哈拉爾．克拉克為了爭取法蘭克人的支持而皈依了基督教。

2 作者注：哈拉爾的綽號被認為是來自於一顆怵目驚心的爛牙。

3 作者注：這是文獻首次提到「丹麥」是一個國家，因此這塊大石也就被稱為該國的「出生證明書」。

4 作者注：顯然編年史作者搞混了，因為蒂拉在這時早已去世。

一起，因此有很多人竊竊私語說是哈拉爾的雙手沾染了卡努特的血。

十世紀的斯堪地那維亞是個暴力之地，然而，要是新國王領導有方的話，這類不愉快就很容易得到寬恕。首先得做的是讓高姆遺體入土為安，哈拉爾舉行了盛大的葬禮，用粗石為他父親堆了很大一座丘墳。丘墳中央有間富麗的木造墓室，裡面擺滿了丹麥第一位真正的國王的珍貴物品。然後他又樹立了第二塊刻有盧恩字母銘文的大石碑，告訴後人他是為了榮耀父母而立。

照顧好先人的遺體之後，「藍牙」哈拉爾此時可以號令全王國了，這點他做得徹底到連其父也黯然失色。若說老人高姆創立了丹麥王國，那麼他兒子「藍牙」哈拉爾則創立了丹麥這個國家。他把日德蘭半島上不同的部落團結起來成為一個民族。讓他們暫時與挪威和瑞典南部聯合。

「藍牙」哈拉爾需要有個統一理念來把人民綁在一起，這必須是個比一個共同國王或普通法更大的理念才行。他在基督教找到了所需，於是在九六五年正式皈依基督教。他似乎經過深思熟慮才做出此決定，當代撒克遜史家維杜金德（Widikund）形容「藍牙」哈拉爾是個「熱切聆聽但遲遲開口」的人。

這位編年史家繼續描述那場導致「藍牙」哈拉爾皈依基督教的精采辯論。正如人們所預期的，放棄那些原有神明引起了激烈爭辯，終而使得幾名宮廷成員和一位日耳曼傳教士波波（Poppo）爭論得面紅耳赤。丹麥貴族願意承認基督是神明，但也認為祂的威力一點也不如索爾或奧丁大神。波波反駁說那兩個其實也不過就是巨魔而已，基督才是唯一的神。「藍牙」哈拉爾在整個爭論過程中緘默不語，但這時劍已出鞘，他打斷爭論，大聲問波波是否願意接受測試來支持自己的說法。

這位神職人員毫不猶豫就同意了。於是國王命人將鐵條燒紅，讓這位僧侶赤手抓住。波波宣告他對基督的威力的信心之後，就伸手到煤炭裡抓住燒紅的鐵條，當著全體廷臣面前舉了起來，直到哈拉爾請他放下為止。他很冷靜地向每位貴族展示毫無損傷的手。刮目相看的國王當場就皈依了。

還有另外一個令人信服的洗禮理由就在「藍牙」哈拉爾的南部國界，「捕鳥者」亨利的兒子鄂圖一世（Otto I）前往羅馬加冕成為新「羅馬帝國」的皇帝。除了神聖羅馬帝國領土之外，鄂圖一世還擁有義大利北部、低地國家、部分法蘭西，及大部分中歐。他還算年輕，正順利要贏得「大帝」稱號。[5]像這樣的人總是會想要擴張版

5 作者注：「藍牙」哈拉爾皈依基督教時，鄂圖一世五十三歲，後來繼續在位十一年。

圖，而且有各種理由可以相信丹麥將會是帝國盤子裡的下一道菜。將基督教福音傳給異教徒丹麥人正是一個有良心的皇帝該做的事。

透過接受洗禮，「藍牙」哈拉爾很巧妙打消了日耳曼人的入侵藉口。基督徒君王不會彼此打仗（或起碼沒得到教宗祝福時是不會打仗），而哈拉爾則做到確實讓大家都知道他和他的王朝都已經成為了基督徒。他在首都耶靈埋葬異教徒的丘塚處建了一座木造教堂，並掘出父親的遺骸，高姆的骨骸用富麗織錦仔細包好，轉移到新教堂的墓窖裡。

他在為其父樹立的紀念石碑上刻上從異教糾結荊棘與盤曲蛇身中出現的基督聖像[6]，此圖扼要表述了「藍牙」哈拉爾的統治願景，這將成為丹麥的新時代，從過去的雜亂中解放出來，由一個未來的信仰與光輝的新朝代來領導。

自上而下的皈依向來都不會產生很快的轉變，古老宗教仍流連不去幾十年。但哈拉爾接納基督教卻為丹麥與整個斯堪地那維亞標示出了轉捩點。[7]不像挪威的好人哈康，「藍牙」哈拉爾的皈依扎了根，他也成功克服來自異教徒的大部分抵抗。

他得以做到這點，或許是因為經常顯示出實力之故。他在位的其餘時期都花在大批重量不重質的公共工程，讓有心篡位者為之震懾。那條古道「哈維真」（Hævejen，

「行軍之路」）沿著日德蘭半島分水嶺而築，向南通往漢堡的市場，被位於耶靈以南六英里左右的瓦埃勒峽灣（Vejle Fjord）分割開來。為了要讓他的軍隊通過，「藍牙」哈拉爾就在這條河以及沼澤地上建了一座大橋，其規模令人驚訝，難以想像；橋有半英里多長，二十多英尺寬，可以承受將近六噸的重量。為了承受重量，打入地面的巨大橋柱有一千多根，為了提供所需原木，砍掉了一整座橡樹林。

僅試圖建立這樣一座橋梁就是一種實力的表述。即使最密集排列的木材也會在沼澤地快速腐爛，而整座建築到時又需要重建一次。但這不是為了要經年持久或永續傳承，而是一個眼前當下表現實力的訊息。丹麥沒有其他人，不管是在哈拉爾之前或在當時，能做得到這樣的事，或這麼輕而易舉做到。

「藍牙」哈拉爾的興起受到了周圍國家的注意，當羅洛的孫子「無畏的理查」

6 作者注：一般認為這是北歐最早描繪基督的圖像。現代丹麥護照上就有哈拉爾的耶靈石碑的象徵圖。

7 作者注：這點從維京人的墳墓最能看出來。丹麥人開始坐東朝西來埋葬死者，以便能面對歸來的基督，但他們還是配備了索爾大神的槌子象徵物及其他物品，以便到了英靈神殿時可以派上用場。傳統的船葬仍然繼續採用，不過到這時通常已改為只用鐵釘排出船形輪廓而已。

（Richard the Fearless）公爵在十世紀中葉暫時被驅逐出諾曼地時，就曾去找哈拉爾求助。哈拉爾不僅幫助他恢復領土，二十年後當理查的鄰國入侵時，他又再度拔刀相助。

不過，獲利最豐的求援卻是來自挪威。多年前，「藍牙」哈拉爾把妹妹嫁給了「血斧頭」埃里克，後者被推翻時，其子「灰袍」哈拉爾來丹麥求助。「藍牙」哈拉爾很精明地給了外甥一些部隊，交換條件是要他立誓效忠。九六一年，艱苦的奪位過程完成之後，他前往挪威，強迫很不情願的「灰袍」哈拉爾承認他為封建君主。

結果外甥成為很有作為的國王，這是「藍牙」哈拉爾始料未及或不想要見到的。「灰袍」哈拉爾掌握了東海岸的貿易路線，將其勢力擴張到現代的芬蘭和俄羅斯，減少對其舅舅的依賴。這情況顯然不可容忍，於是在九七〇年，「藍牙」哈拉爾就派人行刺了這個雄心勃勃的外甥，並奪得挪威西部的控制權，指派一位柔順得多的附庸在他置身丹麥時負責處理事情。

哈拉爾在北方的勝利是他在位的全盛時期，南邊鄰國則不時有不滿的危險跡象，年邁的鄂圖大帝已留意到這日益嚴重的威脅，但他於九七三年駕崩了，於是威脅也就解除了。可惜哈拉爾卻自己惹火上身，危及統治。多年來他一直很小心安撫南面鄰國，向日耳曼人納貢，但鄂圖一世的駕崩以及在挪威獲勝似乎沖昏了他的腦袋，因此當年輕的鄂圖二世（Otto II）使節來到並索取慣例貢金時，他一口拒絕了。

但這回哈拉爾嚴重看錯了鄂圖二世。這位神聖羅馬帝國皇帝的資源遠比哈拉爾的年輕王國雄厚，而且還有一支更有紀律又有凝聚力的軍隊。儘管維京人頭幾場仗打得很好，但帝國軍還是將他們驅回了丹麥長城，於是哈拉爾被迫求和。

本來這損失也不會拖垮他，因為哈拉爾仍保持拒帝國於丹麥疆土之外，但這時他卻顯露出維京人世界的根本罪孽——軟弱，因而熱切信仰索爾大神，加上憎恨哈拉爾的宗教與政治控制的挪威國王起而造反，脫離丹麥的掌控。

一切好像當下都崩垮了。哈拉爾設法保住了丹麥大局，但就在他準備向南挺進去對抗日耳曼人時，向來在其父權威下忍氣吞聲的長子「八字鬍」斯萬（Svein Forkbeard）卻造反了。這位措手不及的國王只好逃難到波羅的海南岸的要塞據點約姆斯堡（Jomsborg）。

這個避難所選得再好不過，約姆斯堡的維京人是斯堪地那維亞最有名的戰士群，年齡介於十八到五十五歲之間，是個厲害又忠心的團體，憑其勇氣而精心挑選出來。[8]

8 作者注：其中唯一例外是個十二歲的男孩，他在單打獨鬥中打敗一名約姆斯堡維京人而贏得成員資格。

他們發重誓為遵守獨特的榮譽規則而活，雖然是堅定的異教徒，但誰付錢給他們就忠實為對方效勞。他們的堡壘位於港口邊，容易通往海上，而且幾乎堅不可摧。

「藍牙」哈拉爾躲在約姆斯堡城牆裡很安全，但卻沒有機會利用此地做為復興基地。他在城門外一場小衝突戰中受了傷，幾天後就死了，遺體被送回耶靈，安葬在他的教堂裡。許久以前當他在勝利年代裡樹立耶靈大石碑時，就已經寫下了自己的墓誌銘，就像他做的許多事情一樣，銘文表面是要表現出孝心，實則是在宣揚自己有多了不起。他寫道：「此石乃由哈拉爾所立，他為自己征服了全丹麥與挪威，並使丹麥人變成了基督徒。」

兩項宣稱都不太可信。挪威只有部分被控制，而且是很微不足道的部分，而且基督教也沒有取代古老神明在丹麥人心中的地位，不過墓誌銘倒是顯示出「藍牙」哈拉爾想要後世記得他是怎樣的人。征服與皈依，他藉由這兩件事建立了丹麥這個國家，後來瑞典與挪威的同儕們也依樣畫葫蘆。哈拉爾臨終前，有位瑞典小國王「勝利者」埃里克（Eric the Victorious）已經鞏固了現在斯德哥爾摩周圍一帶的領土，他與其子兼繼承人奧拉夫．斯特科農（Olof Skötkonung）已被許多附屬統治者接受為瑞典國王，他們仿照了丹麥模式，皈依基督教，以此來聯合各大部落。9

諷刺的是，「藍牙」哈拉爾及他這類人的成功，恰好就是維京時代開始衰落的證據。乘風破浪、浪跡天涯的海狼日子過去了，昔日斯堪地那維亞的大部分活力也虛擲，夏季來臨，自由自在的年輕人拖著長船入峽灣出海之際，可能也同時見到王室稅吏抵達向他們收稅。三個維京王國正在加入其他歐洲國家，逐漸形成中央集權君主國家。雖然仍有未開化的部分，尤其是挪威，既沒有接受基督教也沒有專制君主的概念，但維京時代已到了日暮窮途之際。

9 作者注：很貼切地，哈拉爾的名字在今天仍無所不在，成為結合各種不同設備的科技。一九九四年一家瑞典公司愛立信（Ericsson）設計出藍牙，可透過無線方式在電話和手機之間傳遞訊息，不受操作系統和製造廠的限制。一如十世紀期間那位維京國王聯合了激烈的競爭對手一樣，一部三星手機現在可以和蘋果電腦通訊。藍牙科技的現代標誌就是用這位國王名字的盧恩字母縮寫設計而成。

第二十一章　英國白銀的誘惑

怪念頭主宰著孩子、天氣以及田野。

——智者薩蒙德，〈埃達〉

「藍牙」哈拉爾被兒子趕進了墳墓，如今這老頭已經礙不了事，「八字鬍」斯萬就加冕登基了。這位新國王跟他父親一樣，表面上是基督徒，但卻已經擁有令人敬畏的戰士名聲，這名聲大半得自於他經常在夏季襲擊基督教鄰國。

這不單只是延續悠久的維京傳統這麼簡單，「藍牙」哈拉爾的實質成就，例如加強丹麥長城的防禦工事、建造堡壘與橋梁、重金犒賞手下們，都需要極大量的白銀才能成事。到了十世紀，維京人已經是金屬貨幣方面的專家，他們能夠辨別來自伊斯蘭、拜占庭或西方世界的貨幣。而無論是貨幣額度或純度，質量最好的莫過於阿拉伯的銀幣「迪拉姆」（dirham）。數以百萬計的這種銀幣流入了日德蘭半島，使得高姆和「藍牙」有財力去維持王室的派頭。從許多方面來說，丹麥王國是靠阿拉伯白銀打造出來的。

然而到了十世紀中葉，阿拉伯白銀的供應開始枯竭，更糟的是，來自東方的銀量已經不足了，品質還嚴重下降；維京人剛開始跟阿拉伯人貿易時，迪拉姆的含銀量大約為百分之九十；到了十一世紀，已暴跌到百分之五。要是斯萬想要追上父親跟祖父的成就，就得找到新的白銀來源。但幸好對這位丹麥國王來說，有個很熟悉的現成供應地。

英格蘭剛從異教大軍的蹂躪中恢復過來，這點不容小覷。在阿爾弗雷德大帝去世之後，他的兒子與孫子都相當傑出，建立了王國，還甚至在短期內迫使蘇格蘭人臣服。在此過程中，他們從威塞克斯國王轉型成為英格蘭國王。他們創造了一個安定繁榮的國家，這點我們可以從英格蘭人為他們取的綽號略知一二，例如「公正的埃德蒙」、「公平的埃德維」與「和平者埃德加」。[1]

英格蘭躋身於西歐最繁榮的國家之中，遠超過國勢衰頹的加洛林帝國。[2]經過阿爾弗雷德家族四代統治之後，為英格蘭帶來了難得的安全感，並看到了盎格魯—撒克遜英格蘭的黃金時代。但不幸的是，就在維京人另覓新收入來源時，這種安定就開始崩潰。

麻煩始於「和平者」埃德加駕崩時，他留下兩名兒子，兩人中較大的是十三歲的「殉教者」愛德華（Edward the Martyr），接受加冕登基，但由於他可能是私生子，因此不為北部大多數地區接受。經過短暫卻動盪的在位期之後，愛德華於不明情況下遇刺[3]，十歲的同父異母弟弟「決策無方者」埃塞爾雷德就成了國王。

從一開始就有人懷疑埃塞爾雷德的手下涉嫌謀殺愛德華，雖然看來並沒有取得他的同意。慘遭殺害的國王遺體也很粗魯隨便地被丟到墳墓內，「沒有王室的體面」。

---

1 編按：公平的埃德蒙（Edmund the Just）即為埃德蒙一世，是阿爾弗雷德大帝的孫子。公平的埃德維（Eadwig the Fair）跟和平者埃德加（Edgar the Peaceful）都是他的兒子。

2 作者注：到了十世紀，查理大帝的舊帝國已分裂為三部分：西法蘭克王國由糊塗查理所統治，東法蘭克則由「童子路易」（Louis the Child）統治，而中央的王國由「瞎子路易」（Louis the Blind）統治。

3 作者注：愛德華在到訪多塞特的王室大廳時遭人刺死。

但顯而易見的是，這兩兄弟都控制不了政府，就像多數君王一樣，被挾天子以令諸侯的野心廷臣所操縱。政府的政策方向開始不明，權力則下移到貴族手中。

「決策無方者」埃塞爾雷德（Ethelred the Unready）可說是英格蘭歷史上最不幸的綽號之一。盎格魯—撒克遜語中的ræd（red）意指「忠告」或「商議」，因此國王的名字Ethelred就可譯為「崇高的忠告」。而Unræd（Unready）的意思是「沒有接受過忠告」，可能是指國王沒從廷臣那裡得到什麼好建議，而不是說國王沒做好準備。這也是拿國王的名字來玩雙關語，意指「沒有接受過忠告的崇高忠告（埃塞爾雷德）」。諷刺的是，這可能代表埃塞爾雷德開始逐漸成為一位強勢的國王，在他在位的前十年裡努力打壓權臣們的勢力，將權力集中在自己手裡。埃塞爾雷德想要凡事都自己做主。

然而對埃塞爾雷德來說不幸的是，就在他正要把政府大權抓到手裡時，維京人回來了。第二次的維京人侵襲就像第一次時一樣，由挪威人發起。西元九九一年，一支九十多艘船的艦隊抵達英格蘭，由冒險家奧拉夫．特里格瓦森所率領。[4]當地兵力孱弱無法抵擋敵人的兵鋒，於是維京人就肆意掠奪了埃塞克斯。最終到了八月，一支盎格魯—撒克遜軍隊在身經百戰的老將比爾特諾斯（Byrhtnoth）指揮下，挺身而出迎戰維京人。這位英格蘭指揮官忠勇有餘但才智卻不足，竟愚蠢的讓維京人從他們所待的島上渡海登上英格蘭。雙方一交戰，英格蘭軍隊就潰敗了，留下來繼續戰鬥的人被殺得一個不剩，其餘則驚慌失措逃命去了。

這場災難讓埃塞爾雷德深信他的軍隊靠不住，於是他選擇用賄賂打發挪威人離開這個短期解決方案。但這麼一來就造成大量白銀從英格蘭流失，既顯現出英格蘭是多麼富饒，也顯現出這個方法是多麼的不管用。埃塞爾雷德付了一萬磅白銀給維京人，但維京人拿了白銀之後，奧拉夫仍照樣劫掠英格蘭，而且這回還加入了剛加冕的「八字鬍」斯萬，帶著丹麥人一起來湊熱鬧。

他們倆掠奪了英格蘭南部的每一座大城鎮，唯有倫敦例外，因為他們在這被打得慘敗而逃。但縱使有這場小勝利，埃塞爾雷德卻還是用徵收「丹麥錢」的方式來支付一萬六千多磅白銀給維京人，好打發他們離開。此外這回英格蘭國王還附帶了常見的洗禮條件，等到國王很尷尬的發現這兩位維京人早已是受洗過的基督徒時，洗禮才改成了堅信禮，由埃塞爾雷德擔任奧拉夫堅信禮的保證人。

4 作者注：他是「金髮」哈拉爾眾多曾孫之一，挪威首位國王。

這下兩個維京人滿意了，不久就各自回到老家。就奧拉夫而言，堅信禮沒什麼大不了，隨之而來的幾千磅白銀才是重點。奧拉夫打算當挪威國王，現在則有了本錢可以做這件事。

「八字鬍」斯萬興致盎然地看著事態發展。奧拉夫的年紀較長，兩人是親密的盟友，但斯萬可能是懷著愈來愈緊張的心情看著盟友的崛起。西元九九七年，奧拉夫成功由斯萬那裡取得了挪威王位，著手在特隆赫姆（Trondheim）建立新首都。建立新都的第一批計畫中有一個項目是興建教堂，這會是挪威第一座教堂，未來將用來做為政治宣傳工具，強迫挪威百姓皈依基督教。

這位憑藉驚人實力而聞名的新國王必然是氣焰很高的人物，他不僅迫使不情願的貴族皈依了基督教，而且還把基督教強加諸在挪威的偏遠領地。結果到了一〇〇〇年，基督教已傳播到法羅群島、奧克尼群島、冰島和格陵蘭。也就是在同一年，已經皈依基督教的萊夫・埃里克森告別奧拉夫的宮廷，展開自己的發現之旅。

雖然深受許多臣民怨恨，但讓奧拉夫功虧一簣的卻非他推行的宗教。幾年前，「八字鬍」斯萬把妹妹嫁給了波羅的海一位部落首領，這樁婚姻並不幸福，在違反斯萬意願之下，這女子逃到了挪威，不僅在那裡得到奧拉夫的庇護，奧拉夫更娶她為妻。這起事件來得很不是時候，丹麥國王斯萬自此把奧拉夫當成了敵人。

八字鬍對他的老盟友早已存有戒心，因為奧拉夫之所以能夠成功讓百姓們皈依基督教，是靠了他的巨大旗艦「長蛇號」，這艘船艦在峽灣南北巡弋，耀武揚威，展示國王的權威。[5]奧拉夫想要擴張領土可說是路人皆知，他曾試圖迎娶瑞典王國的守寡王后，而且有人還認為他現在打算藉由暗示自己已成為丹麥的王室成員，而要當起全斯堪地那維亞半島的國王。

這引起了丹麥跟瑞典的恐慌，兩國結成了聯盟，並組了一支七十艘船的艦隊，設法在奧拉夫航行往返於丹麥與挪威之間時伏襲他。最終，挪威僅有的十一艘船艦隊寡不敵眾，只有「長蛇號」稍稍能夠抵禦。等到奧拉夫眼見連他的旗艦也敗下陣來時，他就縱身跳入海中，緊抓著武器沉入海底，免遭受俘虜的屈辱。

得勝的「八字鬍」斯萬與其盟友瓜分了挪威，自己占有大部分南部的領土。現在斯萬成了斯堪地那維亞最強大的國王，恢復他父親時期的大部分領土。就在斯萬的事業如日中天之時，「決策無方者」埃塞爾雷德卻犯了他在位期間最大的錯誤。

5 作者注：此船有一百四十八英尺長，靠六十八名槳手來划動。

就在斯堪地那維亞諸王忙著打仗時，埃塞爾雷德仍在徒勞無功地阻止日益高漲的維京人浪潮，他利用賄賂打發奧拉夫和斯萬等人離去，反而證明了向埃塞爾雷德勒贖很管用。於是在緊接著的幾年內，埃塞爾雷德在不斷增加的分期償付中，交出了多達十萬零八千磅的白銀。[6]在埃塞爾雷德倍感挫折之際，他認定住在北方丹麥區的子民中必然有人窩藏維京人，或鼓動維京人入侵英格蘭。因為埃塞爾雷德生性多疑，很容易相信丹麥人密謀要取他的性命，於是在一〇〇二年十一月十三日，埃塞爾雷德下令殺光王國境內的所有丹麥人。

這場屠殺被銘記為「聖布萊斯日大屠殺」（St. Brice's Day Massacre），發生在聖布萊斯的瞻禮日，這是埃塞爾雷德做過的最愚蠢的事情之一。丹麥區的百姓或許仍留有一點斯堪地那維亞傳統的痕跡，但從埃塞爾雷德祖父那代開始，這些人就一再向英格蘭王室表示效忠。在成千上萬死於屠殺的丹麥人中，有一位是「八字鬍」斯萬的妹妹甘赫爾德（Gunnhild），她偕其丹麥夫婿定居在英格蘭。[7]如此一來，埃塞爾雷德不僅大失民心，而且還招來目前正處在權力高峰的丹麥國王的敵意。

斯萬一點時間也不浪費，隔年就來到英格蘭蹂躪西部，但卻意外碰上由當地組織、拚死抵抗的地方衛隊，而且饑荒也讓丹麥人難以在那裡維生。就在斯萬加派增援部隊前往當地時，卻有別支獨立的維京人逐漸逼近，約姆斯的維京人在其首領「身材高大的托基爾」（Thorkell the Tall）的率領下，向坎特伯里發動一場有利可圖的劫掠，從埃塞爾雷德政府那裡淨賺了四萬八千磅白銀。[8]本來戰利品還不只這些，因為他們俘虜了坎特伯里的大主教，也就是那位曾經幫奧拉夫主持過堅信禮的僧侶。但這位頑固的主教拒絕支付維京人任何一毛錢，於是惱火的維京人就把主教活活打死了。

到了一〇一三年，「八字鬍」斯萬準備好了，於是率軍入侵英格蘭，但不是去懲罰埃塞爾雷德，而是要去推翻他。這位倒楣透頂的英格蘭國王在位之初曾有如斯承諾，而今卻遭到他大多數子民的唾棄。阿爾弗雷德的曾孫埃塞爾雷德喪盡顏面地逃到諾曼地去了，丟下了英格蘭。倫敦於十二月投降，而「八字鬍」斯萬就在一〇一三年聖誕節加冕為王。

6 作者注：研究者在斯堪地那維亞發現的盎格魯—撒克遜錢幣是在英格蘭發現的六倍之多，最大量的一筆錢幣發現於斯德哥爾摩。

7 作者注：二〇〇八年，研究者發現這次屠殺中一些受害者的遺骸，他們的遺體被扔進牛津一道溝渠裡。

8 作者注：他們是在一場盛宴中達成協議，據說是用晚餐吃剩的骨頭來締結契約。身材高大的托基爾聽到後感到很厭惡，於是立刻換邊站，改為去幫埃塞爾雷德打仗。

斯萬做到了連凶猛的「無骨者」伊瓦爾也沒能做到的事，但他也沒能享用這頂新王冠多久，因為不到幾個星期，斯萬就病倒了，並在二月時與世長辭。斯萬十幾歲的兒子克努特（Cnut）將父親的遺體洗淨、防腐、處理好，然後送回丹麥安葬。征服英格蘭的大夢似乎才剛開始就告結束了。

不過諷刺的是，也只有到了這時，就在維京精神已大半遭到馴服，海狼的日子逐漸消失之際，維京人歷史上最成功（也最未受到重視）的海上諸王到來了。

第二十二章　北海皇帝

克努特國王長眠於此，因其作為而顯赫。

——克努特墓誌銘原文

「八字鬍」斯萬堪稱有了兩頂王冠，但這兩頂在他心目中並非同等重要。他心愛的長子哈拉爾二世（Harald II）受加冕為丹麥王，而治理尚未完全征服的英格蘭則交給了克努特，這是吃力不討好的工作。但起碼這個年輕人很適合這差事。有關克努特的最早期記載說他「身材高大，力大無窮，有一頭濃密金髮和清澈銳利的眼睛」，紅潤臉色上的唯一瑕疵是他的鼻子，長得「細長而且是鷹勾鼻」。

但不幸對這位新王而言，他的子民已厭惡丹麥人的統治，丹麥區的人民承認了他的統治，但其他地方的人民卻未跟著這麼做。他們也許畏懼他的父親斯萬，但卻不認為有理由該禮敬斯萬的兒子。為了表達驅逐這位入侵者的決心，他們派了一個代表團去召回「決策無方者」埃塞爾雷德。

這位灰頭土臉的盎格魯—撒克遜國王花了三十五年毀掉自己的名聲，此時卻見到有望在幾個月內恢復。他與妻子艾瑪（Emma）和兩個兒子一直住在諾曼地，待在他那位諾曼人妻舅「好人理查」（Richard the Good）公爵的宮廷裡。然而英格蘭人卻並非完全熱烈歡迎他，在准許他回來之前，要他先發誓不會懲處任何支持過「八字鬍」斯萬的人，而且要答應制定一些貴族所提出的改革措施。[1]

埃塞爾雷德同意了，於是率領一支由諾曼人與英格蘭募兵組成的軍隊渡過英吉利海峽。克努特已先採取了明智步驟，從那些最重要的貴族手中要來人質，以確保他們會效忠。但因為準備的不夠充分，克努特的軍隊被打了個措手不及。克努特了解到自己的處境無望，於是逃往位於南部海岸桑威治（Sandwich）的艦隊。克努特在桑威治稍作停留，狠狠殘害了手上的人質，任憑他們在海灘上自生自滅，讓那些背叛自己的臣民們去給他們收屍。

對於埃塞爾雷德來說，不用打一場仗就收復了他的王國，必然是很痛快的一刻，是一帖舒緩長年以來羞辱的良藥。但可悲的是好景卻不長，不到一年，他的兒子「鐵漢」埃德蒙（Edmund Ironside）就造反了，在丹麥區自立門戶，並公然違抗父親企圖管束他的任何嘗試。

此外，更嚴重的事情是克努特並未就此放棄，這位流亡的國王直接航行回兄長的宮廷，哈拉爾二世熱烈接待了他，並協助他一支軍隊去收復英格蘭。哈拉爾這麼做可不是為了手足之情，而是不願見到自己的王國裡出現一個潛在的競爭者。但不管是出於哪一種心態，總之此舉有了效果。不到兩年，克努特就擁有一支兩百艘船的艦隊，載運多達一萬名的維京士兵。

這場入侵在埃塞爾雷德重登王位後不久就來到，但此時的埃塞爾雷德已是個又老又病的國王，入侵對他造成了打擊。國王沒有親自上陣捍衛英格蘭，而是把這些責任交給了兒子「鐵漢」埃德蒙及女婿「斂財者」伊德里克・斯特雷奧納（Eadric Streona

1 作者注：這是英國國王與子民的第一份有紀錄的協議，亦即後來《大憲章》（*Magna Carta*）和其後的憲法歷史的鼻祖。

the Grasper）。有埃德蒙在，英格蘭起碼是交託給了能手，他積極防守倫敦贏得父王的子民的欽佩。等到幾個月後埃塞爾雷德終於駕崩，埃德蒙便在毫無異議之下當選為國王，接掌這個王國的剩餘部分。

埃塞爾雷德實在活得夠長，還要承受最後一個屈辱。他的女婿伊德里克發動倒戈，公然叛變去投靠克努特，在英格蘭史上贏得遺臭萬年的叛徒惡名。這支丹麥與英格蘭聯軍追擊埃德蒙至威塞克斯，兩軍在此打了兩場勝負難分的戰鬥。[2]

克努特撤退到麥西亞，「鐵漢」埃德蒙竟然出人意外地窮追不捨，逼他再撤退得遠一點。這場小勝利使得搖擺不定的「斂財者」伊德里克深信該重新加入英格蘭陣營。對於伊德里克的回歸，埃德蒙大表歡迎，因為他的部隊需要補充人力。接下來埃德蒙就率軍經由埃塞克斯出發了。然而就在他行軍經過原野時，克努特出其不意發動突擊。這場仗打得非常激烈又血腥，來到最關鍵時刻時，「斂財者」伊德里克再度拋棄了自己的同胞，將勝利拱手讓給了丹麥人。

「鐵漢」埃德蒙在作戰中受了傷，手下大部分貴族也遇害了。他帶著殘軍逃往格洛斯特郡（Gloucestershire）的一個島上，在那裡與克努特達成一項協議。泰晤士河以北的英格蘭歸丹麥人，他則保有以南地區。此外，約定哪一位國王先離世，國土就要保留給尚在人間的那位國王，而這位國王的兒女將成為整個王國的統治繼承人。

該條約等同無條件投降，因為雙方都可看出受了傷的埃德蒙不會活得太久，而克努特卻還在盛年。但事實上，這不僅僅只是個圓滑的協議而已，它也許嘉獎了埃德蒙英勇保衛王國的行為，避免英格蘭統治者蒙受流亡之辱。

總之，克努特不用等多久就可以得到勝利了，不到幾個星期，埃德蒙就因傷重而亡。一〇一七年一月六日，克努特加冕成為英格蘭的第一位維京人國王。從阿爾弗雷德打敗維京人後才一個世紀出頭，他的後代就把整片江山拱手讓給了丹麥人。

要是歷史有教會克努特什麼教訓的話，那就是維京人無法安穩輕易地戴上英格蘭的王冠。克努特已經經歷過一次失敗的加冕，因為英格蘭寧願選擇不得人心的本土君主也不願迎接外國人為王。這回他在不存有任何幻想，期待情況會有所改變的狀況下，加強了對英格蘭的控制。

2 作者注：在第二場戰役中，埃德蒙的軍隊正占了上風時，伊德里克找到了一個長得很像這位英格蘭國王的人，砍掉對方腦袋後，他揮舞著這個血淋淋的東西大喊說「鐵漢已死」。英格蘭士兵亂成一片，要不是埃德蒙的本尊英勇挺身而出的話，英方就會被打垮了。

克努特毫不留情地剷除了任何潛在的威脅，「鐵漢」埃德蒙的弟弟遭到處決，其他曾支持過已故英格蘭國王的本地伯爵也遭逢相同命運。克努特還展現出兩位前任國王所欠缺的高度判斷力，他命人殺掉「斂財者」伊德里克，將其首級掛在倫敦橋示眾。[3]然而，也不是所有效忠過埃德蒙的人都受到懲罰，尤其是一位擁有一半丹麥人血統的貴族戈德溫（Godwin）。戈德溫曾堅定不移的效忠前任英格蘭國王，因此當他後來向克努特宣誓效忠時，曾遭受懷疑。新國王問他：我為何要信任一個不久前還是死敵的人呢？戈德溫的回答是：我對前任國王的始終不渝就是讓您打消這些懷疑的證明。戈德溫接著說：國王反而應該要提防那些在戰爭期間隨時換邊站的人。而且從另一方面看來，我在我方陣營顯然注定要完蛋時卻依然忠心耿耿，請問您的英格蘭盟友們是否也能做到相同的事呢？克努特聽了大為激賞，於是就冊封戈德溫為首任威塞克斯伯爵，甚至准許他迎娶自己的妻子的妹妹。於是原本名不見經傳的貴族就成了英格蘭最有勢力的本土伯爵。

為了加強政權合法性，克努特跟本土王室聯姻。「決策無方者」埃塞爾雷德的諾曼地寡婦艾瑪既有資格又相當年輕，而且也樂得丟下兩個兒子來重獲王室權力。至於此前克努特已經娶了一名英格蘭女子（北安普頓的艾爾夫基弗，Aelfgifu of Northampton）

的事實就被巧妙地隱瞞了。艾爾夫基弗就此悄然淡出，新歡艾瑪則遷入住所與克努特雙棲雙宿。這樁婚姻非常美滿，不久艾瑪就為克努特生下一名兒子，兩人將兒子命名為哈德克努特（Harthacnut）。另外克努特跟前妻也生了兩個兒子，分別是斯萬跟「健步如飛的哈羅德」（Harold Harefoot），現在連王位繼承人也很妥當了。

克努特已經打垮所有反對他統治的人，於是就解散了軍隊，只留下四十艘船及船員做為常備軍。為了資遣這些軍人，他需要籌一筆為數七萬兩千磅的巨額白銀，這已差不多是「決策無方者」埃塞爾雷德在位期間所付出總數的一半。克努特能做到這點，就可以測試他對英格蘭的控制力，以及英格蘭財政的穩定性。但諷刺的是，克努特採用的募資方法正是前任英格蘭國王為了賄賂維京人而設立的，克努特照樣派出稅吏去向英格蘭人收取最後一筆「丹麥錢」，用來發給曾經征服了英格蘭人的軍隊。然而就在克努特遣散軍隊不久後，他的兄長丹麥國王哈拉爾二世駕崩了。

3 作者注：有一份英國資料很有意思地宣稱這場處決是因為跟國王下棋造成的。儘管克努特有含蓄地警告過伊德里克，但伊德里克還是將了國王一軍，而且一反常態堅持自己的決定，拒絕更改。因而造成這番結果。

克努特手上只有一小支英格蘭軍隊可用，但他募集了一些維京傭兵，啟航前往丹麥爭取王位。這場最新的戰事頗有些諷刺意味，在英格蘭被凌虐了兩百多年之後，情勢終於轉變，現在輪到英格蘭軍隊出發前去征服丹麥。克努特在戈德溫伯爵與其他英格蘭貴族陪同下，一路劫掠到丹麥首都耶靈，橫掃一切阻力。[4]這場戰事開創了在維京歷史上一場無與倫比的十年征服。不到一年，丹麥人就承認克努特是他們的國王，將他視為斯堪地那維亞半島的統治者。

瑞典人和挪威人都很抗拒克努特的勢力增長，但他們此時卻都正好進入了國勢衰退期。一〇二六年在海爾加戰役（Battle of Helgeå）中，克努特的長船大敗敵人的聯合海軍，因此也登上挪威與瑞典部分地區國王的寶座。

克努特回到英格蘭後，接待了三位來歸順的蘇格蘭國王，其中包括莎士比亞筆下的馬克白（Macbeth），可能還有位統治都柏林的維京人代表。愛爾蘭的克朗塔夫戰役發生於一〇一四年，這一年克努特已準備好要入侵英格蘭。如今成為一片散沙的愛爾蘭維京人勢力，在當地留下了權力真空狀態，這讓克努特得以控制愛爾蘭及其重要的貿易往來。

克努特已登上統治的高峰，遠超過那些在八世紀時從斯堪地那維亞湧出的第一批海盜們所能想像的地步。他統治著一個遼闊的北方帝國，從波羅的海延伸到愛爾蘭海，從斯堪地那維亞半島到奧克尼群島、設得蘭群島以及曼島。他已成為最偉大的海上之王，史上唯一北海帝國的統治者。

然而，克努特卻不單單打算做個征服者而已，他的目標是要把這些各有差異的領地結合成為一個單一的國家。於是他在斯堪地那維亞鑄造出了英式錢幣，以便商賈無論是在哥本哈根或倫敦兜售貨品，都可用類似的錢幣支付。克努特也把他的度量衡制度與君士坦丁堡使用的制度結合，希望他的領土融入更廣大的歐洲市場。[5]

到了一〇二七年，當教宗以個人名義邀請他出席新羅馬皇帝康拉德二世（Conrad II）加冕典禮時，也確認了克努特躍升成為歐洲首屈一指的君王之一。儘管克努特以朝聖者身分輕鬆旅行到羅馬，但這趟旅程卻是公關宣傳上的勝利。新皇帝跟他年齡相仿，兩人一見如故，在遊行隊伍中並肩而行，在公開場合毗鄰而坐。日耳曼人的領土什勒斯維希（Schleswig）是神聖羅馬帝國與丹麥王國之間的陸橋，世代以來一直是

---

4 作者注：戈德溫在這場戰事中努力表現，讓自己與眾不同，他率軍大膽夜襲了克努特的一支敵軍。

5 作者注：他最終還創造出維京版的歐元和歐洲共同市場。

兩個國家的衝突之源，為了向這位新結識的兄弟君主表示心意，康拉德將該地捐贈給克努特，而克努特則回報將女兒甘赫爾德許配給康拉德的兒子。

這場加冕典禮給克努特留下了久久不忘的印象，一回到英格蘭，他就委託工匠打造一頂依樣畫葫蘆的皇冠，傳達他苦心經營帝國的統治形象，雖然他沒有皇帝的頭銜。他統治英格蘭將近二十年，大體而言也很英明。一〇三五年當克努特駕崩時，英格蘭人是真的發自內心為他哀悼。他的遺體最後被送到溫徹斯特，安葬在當地主教座堂的墓窖中。

克努特本應該是英格蘭歷史上最偉大的君王之一，但說來奇怪他卻離我們相當遙遠。其中原因是克努特所建立的大部分功績都在他死後不久消亡了。不到十年，他的子女都死光了，而他的帝國也崩塌化為塵土。英格蘭又回歸到本土王朝統治，丹麥也被一位挪威國王征服了。

克努特是個夾在兩個世界之間的人。他太像基督徒，以致無法在北歐異教吟遊詩人口中化為不朽；他又太像異教徒，以致無法成為基督徒的英雄。在很多方面，這位最偉大的維京海上之王根本就不算是個維京人，他費盡苦心把自己塑造成公正有序的統治者，去羅馬朝聖了兩次，並運用其影響力使其臣民可以不用支付羅馬的通行稅。

他與他的祖先形成強烈對比，克努特的祖先是以教堂為目標下手掠奪，而贏得「海狼」的惡名，克努特則資助興建許多宗教建築，並捐獻無數寶貴聖餐杯、十字架以及泥金手抄繪本給他廣大國境內的教堂。

克努特一生最知名的形象，並非戰場上的英勇或者樂於分享戰利品，而是他坐在王座上勒令海浪退去。這不是異想天開的自大，而是要給他那些諂媚奉承的朝臣上一課——即便是最偉大國王們的權力到頭來也終究是一場空，只有上天才應該受到膜拜。

儘管這位國王有很多虔誠的舉措，諸如奉獻供品、豁免稅捐、興建教堂，但卻始終未能擺脫維京人的異教徒名聲。[6]當他捐贈一些禮物給一座法國主教座堂時，教堂主教表示驚訝，他聽說克努特是「異教徒君王」。血淋淋的戰役與不清不楚的婚姻更助長了旁人這種憂心，而且關於他生平為人稱道的輝煌記述也很少見。儘管克努特的英格蘭子民很欣賞他，但卻從未完全接納他成為他們的一份子。

克努特在英格蘭史上模稜兩可的地位正好可由維京人本身反映出來，維京人的世界也在迅速轉變中。維京年輕人出外冒險、掠奪修道院、探索海洋，然後以海上之王

6 作者注：克努特的慣例是在他的重要戰役地點上興建一座教堂或禮拜堂，紀念陣亡的人。

的身分歸來，這種躁動不安的日子已經過去了。雖然基督尚未完全打敗奧丁大神，但這些劫掠者已經大部分轉行成為商人，吟遊詩人也轉為神職人員。維京人在造船業的本事轉為發揮在建造宏偉的木造教堂上，傳教士在北歐各地也十分活躍。[7]

政治的變革幾乎也同樣深刻。維京人一度曾以其獨立性而自豪，如今，同一個民族卻很自豪地告訴一位法國大使說他們不管是什麼國王，只管老實向君主納稅、服兵役。隨著維京諸王鞏固了自己的勢力之際，昔日的探險精神也開始沒落；他們放棄了文蘭，也不再與格陵蘭聯繫，斯堪地那維亞人逐漸不再稱霸海上。[8]只有半開化的挪威西部還閃爍著一點昔日的維京之光。

7 作者注：斯堪地那維亞每個國家的國旗上都有顯著的十字架圖案，這就是最終全面皈依基督教的證明。

8 作者注：斯堪地那維亞人除了出海的原動力日減之外，也沒有能維持其海上封建君主地位的人口數。到了十四世紀，漢薩同盟（Hanseatic League）的日耳曼人船隻洗劫了哥本哈根，並在斯堪地那維亞大部分地區保有貿易壟斷權。

第二十三章　一個時代的結束

強大的哈拉爾衰落了，我們也因此陷於危險中……

——國王哈拉爾之傳奇

再沒有哪個家族比這對同母異父兄弟，「壯漢」奧拉夫與「無情者」哈拉爾更適合用來象徵轉變中的維京世界了。他們的母親是一位傑出的女子，名叫阿絲塔·古德布蘭達戴（*Åsta Gudbrandsdatter*），她先後嫁給了挪威東南部兩個小國家的國王。兩兄弟中，奧拉夫的出身較顯赫，因此可以宣稱其父系源自挪威首任國王「金髮」哈拉爾。至於「無情者」哈拉爾則是阿絲塔第二次婚姻所生的小兒子，父親是溫和、無足輕重的「播種者」西格德（Sigurd the Sow）。哈拉爾的個性叛逆又野心勃勃，得自母親的遺傳，但他卻很敬仰哥哥。[1]

奧拉夫十三歲的時候，離家去波羅的海一帶襲擊，證明自己是個有天分的軍人。一〇一四年，他率軍攻擊倫敦，協助破壞克努特早期統治的安定，並迫使他落荒而逃。[2]後來這名年輕的維京人渡過英吉利海峽，在諾曼地公爵「好人理查」宮廷裡過冬，他在那裡接受了基督教，並在盧昂受洗，由公爵擔任他的教父。

這位新基督徒奧拉夫帶著願景回到老家，要用這個新信仰把挪威團結起來，就像其先祖「金髮」哈拉爾曾在政治上的成就一樣。起初一切很順利，奧拉夫打垮了一連串的敵人，不到一年，他擁有的領土面積比之前任何一位挪威國王都要來得大。奧拉夫牢牢地控制住了奧克尼群島，將丹麥貴族趕出挪威，並娶了一位瑞典國王的私生女為妻。與此同時，他還建立了一套有效能的行政系統，使得治理整個國家成為可能。

然而，國王奧拉夫卻很不得民心，雖然他是個非常聰明的人，也是個有造詣的詩人兼天才戰略家，但卻過分維護自己的權威，有時甚至接近傲慢自大。他跟貴族的關係向來不好，而這些貴族則是不習慣受制於一位國王，他試圖要讓農民基督教化也引起他們敢怒不敢言的不滿。有一次奧拉夫割掉了一個人的舌頭，只因為這個人拒絕皈依基督教；另一次則弄瞎了一位貴族，只因為這位貴族不聽話。有人懷疑，驅使奧拉夫這些行為的原因並非純粹出於虔信宗教。誠如《奧拉夫．哈拉爾森傳奇》中所形容的，奧拉夫「寡言……但貪錢」。人民對奧拉夫極為不滿，只需要有星星之火便可引起燎原的造反。

結果提供這把星星之火的是克努特，因為奧拉夫成功降低了丹麥對挪威的影響力，這讓克努特非常不滿。於是在一〇二八年，英格蘭國王克努特就用錢財來煽風點火，讓挪威人日益增長的民怨化為顛覆奧拉夫王座的造反暴動。

民變發生後奧拉夫被迫流亡，逃往妹夫基輔大公「智者」雅羅斯拉夫的宮廷。奧拉夫花了一年時期招募招兵買馬，意圖在一〇三〇年奪回王位。他率領一支由丹麥人、瑞典人和挪威人所組成的維京軍隊進入瑞典，卻碰上十五歲的同母異父弟弟「無

---

1 作者注：後來哈拉爾也宣稱他的父親是「金髮」哈拉爾的後代，這當然是有可能的，不過這更有可能是哈拉爾為了強化自己的開國野心而編造出來的故事。

2 作者注：在那場攻擊中，據說奧拉夫命令手下用繩索綁住倫敦橋，然後往上游划去，拖垮了整座橋。雖然聽起來非常不可能，不過這段故事被認為是童謠《倫敦鐵橋垮下來》的起源。

情者」哈拉爾，哈拉爾帶了六百多名手下。

如果奧拉夫認為他從前的子民會歡迎他回挪威，或起碼可以用兵力來震懾他們，那他可就要失望了。七月二十九日，奧拉夫試圖從北方一座農場斯蒂克萊斯塔（Stiklestad）附近進入國境時，遇上一群由挪威農夫與貴族組成的聯軍，攔住他去路。

這場挪威史上最著名的戰役，至少根據詩人斯諾里的熱血敘述，是在日食的黑暗中開打。國王的軍隊奮勇作戰，但可能寡不敵眾。奧拉夫親自在作戰最激烈的中央陣線督軍，但卻不幸傷了膝蓋而倒下，頸部也受了重傷。奧拉夫倒臥在一塊石頭上，腹部又遭受一次致命的打擊。

國王一死，軍隊就瓦解了，將士四散而逃。貴族乘勝追擊，直到太陽下山追擊不易才鳴金收兵。奧拉夫的遺體被悄悄地安葬在鄰近的河岸上，至於那些保住一命的殘兵也隱姓埋名改去從事別的行業。

然而，奧拉夫潰敗的影響卻是從他的死後才開始。由於挪威在外族人統治下日漸衰落，於是挪威人就開始復興本土國王的統治。不到一年後，人們挖掘出奧拉夫的遺體，奇蹟似地發現屍體尚未腐敗。奧拉夫是在黑暗中作戰陣亡，因此有幸跟耶穌在髑髏地被釘上十字架時的暗無天日類似，人們認為這是國王神聖的證明。於是在同一年，奧拉夫得到了教宗的祝福，受冊封為聖徒。[3]奧拉夫的墓地蓋起了一座宏偉的主教座堂，並圍著讓他致命的石頭處建起主祭壇。

奧拉夫死後比生前還更有影響力。他成了窮人與受壓迫者的守護者，商人和水手的偉大捍衛者，基督信仰的傳播者。至於那些不太光彩的細節都悄悄地被拋到腦後，諸如他在斯蒂克萊斯塔戰役所指揮的軍隊大部分是由外國異教徒組成，殺死他的是挪威人，有時是個引起分歧、緊抓權力、「沉迷於後宮嬪妃」的君王。這位曾被挪威人驅逐的國王如今成了「永遠的挪威國王」（rex perpetuus Norvegiae）、挪威的主保聖人與民族偶像。

奧拉夫的同母異父弟弟「無情者」哈拉爾則是個完全不同的人物。他是個巨人，據說身高七英尺半，體型魁梧，性格也豪邁。他遺傳了母親早熟的野心與狡猾的腦袋，這兩個特點都已經在斯蒂克萊斯塔戰役中表露出來。十五歲的哈拉爾英勇作戰，但卻受了重傷，他藏身在溝渠裡的一些屍體之下，等到天黑才逃得性命。

3 作者注：當時封聖通常是由地方教堂負責，但因為奧拉夫在斯堪地那維亞這個地處偏遠的角落傳播基督教，因而贏得羅馬教會的讚賞。

哈拉爾逃到了挪威東部一處偏遠地方，設法藏身在一座農場，等到傷勢好得差不多時，就動身出發。哈拉爾還活著的傳言無疑開始散播出去，等到時機允許，他就投奔到東邊「智者」雅羅斯拉夫的宮廷。不過這是趟危險的旅程，而且要恢復他在挪威的地位的機會很渺茫，但哈拉爾的信心絲毫不減，一如他的個性。少年哈拉爾在路上做了一首詩，歌頌自己的過去與未來：「我一路騎著馬前行，傷口不斷流血；經過一林又一林，我悄然潛行；底下的貴族邁著大步，用劍砍殺傷者。誰會知道呢？我心想終有一天他們會來追隨真命天子。我會揚名祖國。」

哈拉爾在基輔待了幾年，為大公提供了寶貴的效勞。雅羅斯拉夫正需要一位經驗豐富的指揮官以及哈拉爾帶來的五百名維京人，於是哈拉爾就成了受重視的隊長，領導好幾次針對鄰國波蘭與不同草原游牧部落的出擊。為了想進一步提升自己的地位，哈拉爾請求雅羅斯拉夫將女兒許配給他，但卻遭到斷然拒絕。雖說他為基輔打贏了幾場戰爭，但還沒有贏得足夠聲望來追求大公的女兒。

如果哈拉爾想要有足以配得上其雄心的聲望，就只有一個地方可以實現他的野心。於是，哈拉爾在羅斯人的土地待了三年之後，他跟他的手下就勇闖第聶伯河的湍流，往君士坦丁堡而去。

維京人稱君士坦丁堡為「米克拉加德」（意指偉大的城市），一〇三四年當哈拉爾抵達時，這座城市完全符合其崇高的聲譽。當時君士坦丁堡正舉行過新皇帝米海爾四世（Michael IV）的登基典禮，盛況空前。哈拉爾底下的五百名維京戰士加入了遠近馳名的瓦蘭金衛隊，這對皇帝米海爾四世來說是意外的生力軍，因為當時都城內謠言四起，說皇帝正在計畫一場新的軍事行動。

就算米海爾四世跟哈拉爾曾面對面相見，哈拉爾也大概不會讓皇帝留下深刻的印象。米海爾四世是黑海南岸一名農民的兒子，未登基之前是錢幣兌換商，生意做得不錯，有人還說他特別有偽造錢幣的天分。他能平步青雲完全靠的是長相跟他的大哥，他的兄長是很有勢力的宦官，把弟弟介紹給了新近守寡的女皇佐伊（Zoë）。佐伊瘋狂愛上了米海爾，不顧自己比對方大了三十多歲，嫁給了他並扶持他當上皇帝。但米海爾報答佐伊的方式卻是將她關進後宮，完全將她排除在外，不讓她共享權力。

米海爾也許是個忘恩負義的莽漢，但卻是個足堪大任的管理者，在他的統治下，拜占庭帝國的經濟稍稍繁榮了起來。但可惜米海爾患有癲癇症，一發作起來就什麼都不能做，因此無法率軍作戰。這是個令人擔憂的嚴重問題，因為此時拜占庭帝國正四面楚歌。巴爾幹有掙脫帝國控制的塞爾維亞人，希臘北部遭受劫掠；小亞細亞的幾座重要城市則遭受阿拉伯人的掠奪。米海爾迫切需要能幹的軍人來解救他，因此哈拉爾的到來必然有如天賜珍寶。

哈拉爾在君士坦丁堡的日子是他人生中成果最豐碩的時光。他的這位僱主不僅需要他的效勞，而且手裡有著無窮無盡的財富。但由於拜占庭不太願意讓斯堪地那維亞的王室成員加入瓦蘭金衛隊，因此哈拉爾的貴族身分就成了小問題。不過要隱瞞哈拉爾的身分不難，而且米海爾現下的處境也不容許他挑三揀四。

對於被視為最後的維京人的哈拉爾來說，首次軍事行動是在海上執行實在再適合不過。拜占庭海軍的任務是要肅清地中海東部的阿拉伯海盜，哈拉爾率領他的長船發動了多次攻擊，然後受委派到小亞細亞將阿拉伯人趕出拜占庭的領土。

在這些戰事中，哈拉爾的英勇為他贏得瓦蘭金衛隊多數人的效忠，而他也很快就被任命為衛隊指揮官。哈拉爾的戰旗是一面名為「焦土者」的渡鴨旗，飄揚在帝國軍隊陣線中央，也是兩軍交戰時打得最激烈的交鋒點。

為帝國效勞期間，哈拉爾來到中世紀世界的天涯海角，「焦土者」旗幟在帝國各個角落飄揚，甚至在某些情況還飄揚在帝國之外。短短五年裡，哈拉爾從敘利亞一路打到了高加索，摧毀一場保加利亞人的造反暴動[4]，襲擊北非以及愛琴海的基克拉澤斯群島（Cyclades），甚至成為耶路撒冷代表團的成員，沐浴於約旦河。在一連串非凡卓越的攻擊行動中，據說他攻占了八十個阿拉伯據點，只有在抵達幼發拉底河之後才停了下來。

像這類勝利皇帝都留意到了，於是提拔他為貴族，並鑄了一枚錢幣來榮耀他，用來獎勵這位衛隊指揮官。同一年，米海爾四世發動了他最具野心的戰事，入侵西西里，希望能驅逐阿拉伯人，讓該島重回帝國掌控。奉命監督此次軍事行動的將軍是體格魁梧的喬治・馬尼亞斯（George Maniaces）[5]，他可一點也不敢掉以輕心。除了瓦蘭金衛隊之外，他又召集了一支龐大的傭兵軍隊，包括由「鐵臂威廉」（William Iron-Arm）率領的一支諾曼人部隊。[6]

4 作者注：他對待造反者的嚴苛使他得到了「保加利亞人焚燒者」的稱號。

5 作者注：從體格上來說，維京人哈拉爾對馬尼亞斯的尊敬會遠多於矮小皇帝。有位希臘編年史家稱這位將軍的外表「既不溫文也不令人愉快，而會讓人想到暴風雨……他的雙手看來似乎可拆掉城牆或者砸爛銅門」。

6 作者注：威廉會在一場跟敘拉古埃米爾的戰鬥中打敗對方而贏得持久名聲及其稱號。他的一位兄弟「詭詐的羅貝爾」會率軍去攻打君士坦丁堡，另一位兄弟羅傑則會征服西西里，並建立強大的諾曼王國。

即使置身於大軍之中，「無情者」哈拉爾也很快脫穎而出。馬尼亞斯把瓦蘭金衛隊當矛尖使用，派他們衝鋒陷陣，深入敵軍陣線中央。他也屢次派瓦蘭金衛隊襲擊敵方，希望打垮西西里島上阿拉伯人的意志。哈拉爾靠著武力和謀略攻陷了好幾座城市。有一次，他曾包圍一座防守非常堅實的城鎮，他了解手下的士兵無法靠猛攻破城。然而他留意到有好幾種鳥類會利用茅草屋頂來築巢，而每天早上這些鳥兒會飛到城外鄰近的鄉間覓食，傍晚再飛回來。於是哈拉爾決定仿效奧麗加的計謀，叫手下盡量多抓些鳥回來。這讓鎮民們大開了眼界，眼看有幾百名維京人到處亂竄抓鳥，這情景非常有趣。

不過，他們的笑聲很快就被隨之而來的恐懼掩蓋了。哈拉爾在鳥背綁上上了蠟的木刨花，然後點燃。受了驚嚇的鳥兒一等鬆開就會徑直飛回巢去，鎮上的每座建築都因此著了火。

雖然哈拉爾的戰功彪炳輝煌，但帝國在西西里的戰事卻並不成功。馬尼亞斯為了營地問題而跟諾曼傭兵起了一場小爭執之後，就疏遠了他們。過不久，暴躁易怒的馬尼亞斯打了一名無能指揮官的耳光，這人卻碰巧是皇帝的妹夫，於是米海爾四世就不顧其顏面地召回了馬尼亞斯，這場戰事也就此以失敗告終。

「無情者」哈拉爾躲過了這場慘敗的任何指責，但他的事業卻也突然止步不前。米海爾四世的癲癇症愈來愈嚴重，等到哈拉爾從西西里回來時，任誰都看得出皇帝就快死了。全身水腫的皇帝還竭盡全力尋找天上地下的各種療法，但直到一〇四一年十二月，他終於還是駕崩了。米海爾四世的妻子佐伊一再請求來看望他，但都被他拒絕了，逼她繼續待在金碧輝煌的後宮牢籠裡，還脅迫佐伊要立他侄兒米海爾五世做為她的繼承人。

新皇帝對於哈拉爾來說，是個可厭得多的老闆，而他自己的欲望也開始讓他惹禍上身。哈拉爾至少被逮捕了兩次，雖然這兩次關於他的懲罰經過聽起來都有點怪誕。第一次是皇帝下令，哈拉爾「因為誘拐良家婦女，而將他和獅子關在一起」，身為名副其實的維京英雄好漢，哈拉爾勒斃了那頭猛獸，然後被目瞪口呆的守衛放了出來。第二次比較嚴重，哈拉爾遭指控獨占他所應得以外的戰利品，這在當時是一項非常嚴重的罪名，但以哈拉爾的品行來說，卻也相當可信。[7]

7 作者注：後來有部北歐傳奇宣稱哈拉爾第二次被捕的真正原因，是六十五歲左右的佐伊女皇愛上了他，但當哈拉爾回絕女皇的示愛時，女皇就把他關進了牢裡。

哈拉爾運氣好，軟弱的米海爾五世只做了四個月皇帝就在一場血腥政變中被推翻了。哈拉爾在混亂中得以逃出監獄，加入戰鬥，據說是他弄瞎了皇帝，報復皇帝給他的牢獄之災。

到這時，「無情者」哈拉爾已受夠了拜占庭，於是就帶著金字招牌的名聲回基輔去迎娶他的新娘。[8]哈拉爾帶著過去十年來累積的戰利品，他把這些財寶全部都送到雅羅斯拉夫那裡幫忙保管。大公二話不說就把女兒嫁給了他，因而很戲劇性地提升了哈拉爾的地位。雅羅斯拉夫的其他女兒分別嫁給了法蘭克國王和匈牙利國王，兒子則娶了拜占庭皇帝的女兒。

雅羅斯拉夫這回願意接納哈拉爾，部分是因為他的財富。哈拉爾在東方賺得的財富是如此之多，以致當他要把掠奪品裝載上長船「巨龍號」時，差點就要把船弄沉了。據維京人的說法，哈拉爾的財富幾乎就跟他的軍事技能一樣傳奇，他們聲稱：「從沒見過有哪個人擁有的東西這麼令人大開眼界的。」[9]這樁婚姻也等於認可了哈拉爾的指揮能力以及他傳遍北方的名聲。如今他與當時大多數的君王平起平坐了，他現在缺的就只有一頂王冠了。

為了彌補這最後一項缺憾，哈拉爾帶著新婚妻子航行回到挪威，他的侄兒馬格努斯已登基成為挪威國王。一如典型的維京人，他向這位親戚重新介紹自己，並要求國王把一半財富和國土分給他。當馬格努斯拒絕後，哈拉爾就高高興興撐起那面「焦土者」旌旗開始耀武揚威。[10]

為阻止叔叔奪權，狗急跳牆的馬格努斯想盡了辦法，包括派人趁他睡覺時行刺他。但哈拉爾在床上放了根原木，自己卻睡在地板，因而輕易打發了搞不清楚狀況而對著毯子亂砍一通的刺客，躲過了這次的暗殺。兩年後內戰結束了，因為馬格努斯突

---

8 作者注：據維京人所說，他繞過了防守帝國港口的巨型鐵鍊，方法是把手下部署在船尾，當船頭越過了鐵鍊後，他就把大家都趕到船頭，使船尾翹起而翻過了障礙。

9 作者注：哈拉爾的財富顯然讓丹麥國王斯萬·埃斯特里德森大開眼界，尤其是哈拉爾帶回來的其中一枚錢幣，是米海爾四世時代通用的拜占庭金幣（現在已相當罕見），為這位丹麥國王的錢幣提供了範式。丹麥國王後來發行了一分錢銀幣，就是完全仿照自拜占庭的錢幣。

10 作者注：有個說法稱這面旗幟是導致內戰的原因。當丹麥國王斯萬·埃斯特里德森問哈拉爾，他最寶貴的東西是什麼，哈拉爾回答說是「焦土者」，因為只要持有此面旗幟，他就從沒打過敗仗。但這回答卻未能說服多疑的斯萬，他隨口說，要是哈拉爾能連續三次打敗一名真正的敵人如馬格努斯者，且證明這並非僥倖，他才會相信這說法。

然去世，又沒有留下子嗣，於是就很寬大為懷的指定哈拉爾為繼承人。[11]

十九年的統治生涯讓哈拉爾贏得了「無情者」或「鐵腕統治者」的稱號，並因此聞名於後世。當他在南方的拜占庭時，獲得的不僅僅是財富而已，也見識到真正的專制統治是如何施行，他打算也在北方依樣畫葫蘆。他有位同父異母的哥哥奧拉夫因為貴族造反而失去了王位，但哈拉爾可不會對貴族留情。有不少頑固的貴族都被迫「親吻了鋒利的斧頭」；可怕的「焦土者」也不枉其名，那些膽敢藐視他的人，或太慢聽命於他的人，他們的土地都遭到掠奪和破壞。丹麥重要的貿易中心赫德比遭到洗劫，心驚膽戰的商人開始稱哈拉爾是「北方的霹靂」。

哈拉爾也許堪稱是很無情的國王，但在位期間卻並非僅有破壞而已。拜占庭讓他嘗到了專制的滋味，但也讓他懂得王室贊助的影響力以及出手大方的重要性。當冰島遭受一場很嚴重的饑荒時，哈拉爾派了幾艘滿載食物的船前去賑災，既保住了短期的民心又贏得了吟遊詩人長期的讚美。然而人們卻不可以把慈善與心軟混為一談，他幫助冰島的同一年裡，也殘酷鎮壓了挪威高地的一場叛亂。一〇五〇年，為了做為權力的象徵，他在奧斯陸峽灣頭興建了一座新城市，用來威嚇南方。[12]

然而很諷刺的是，哈拉爾大部分的私人活動卻是興建教堂。雖然他對基督教的了解很空洞，但他的妻子卻是個徹頭徹尾的東正教徒，嫁過來時帶來許多教士與傳教士。哈拉爾支持這些妻子的傳教活動，這位曾靠著掠奪修道院致富的強盜也搖身一變成為教堂的保護者。

哈拉爾唯一永不厭倦的是他對冒險的熱愛，這通常都是發揮在作戰上，偶爾也發揮在探險之旅上。在二十幾年裡，他將奧克尼群島、赫布里底群島與設得蘭群島都納入掌控中，並至少嘗試過一趟遠征西方之旅。他死後多年，冰島的吟遊詩人唱出他曾經「探索了北大洋的浩瀚……最終見到一個衰敗世界的黑暗邊緣……」。

人們並不清楚，「無情者」哈拉爾究竟是何時抽空去從事這趟北方巡洋之旅，因為他幾乎年年都在打仗。在擊敗侄兒馬格努斯之後，他又想要把丹麥也納入自己王國的版圖，於是十五年中大部分時間都在跟丹麥國王斯萬・埃斯特里德森打仗。

11 作者注：馬格努斯，人稱「好人」，曾在一張羊皮紙上寫下挪威的法律，因為羊皮紙的顏色而被稱為「灰鵝律法」（Grey Goose）。律法內容驚人地開明，內容涉及度量衡到貧病救助。這份律法後來透過漢薩同盟傳到歐洲各地，成為大部分現代歐洲海洋法的基礎。

12 作者注：屆時，奧斯陸將成為國家的首都。

到了一〇六四年，甚至連「無情者」哈拉爾也倦於爭鬥了，原來斯萬是個異常滑頭滑腦的對手，他拒絕跟挪威人進行一決勝負的激戰，而拖垮了挪威人。挪威人年年的襲擊既沒有削弱丹麥人對其國王的支持，也沒有給予哈拉爾的手下什麼特別的回報。既然挪威國王感到厭倦了，而斯萬又不會主動罷手，於是雙方就達成和平協議，同意承認彼此的主權領土，並就此收手不再互相攻擊。

哈拉爾之所以願意談和，有可能是因為他的注意力已經轉移到北海對面的英格蘭，英格蘭國王「懺悔者」愛德華（Edward the Confessor）顯然快要死了，這位盎格魯─撒克遜君主沒有子嗣，而「無情者」哈拉爾自認有充分理由去爭取王位。對於一個老維京人來說，再沒有比英格蘭更大的獎品了，這似乎是個誘人的良機。

正式的入侵理由通常，或甚至不在維京人事後的考慮之中，但這回「無情者」哈拉爾卻還真有個入侵的理由，也許是這個可能性激起了他對英格蘭的覬覦。

在挪威人眼中，愛德華當初根本就不該成為國王。二十年前，克努特的兒子哈德克努特，因為沒有子嗣而指名讓挪威的馬格努斯當他的繼承人，自此就規定馬格努斯和他的繼承人有權繼承英格蘭的王位。然而就在馬格努斯還沒能繼承王位之前，愛德華反而在戈德溫伯爵的協助下奪得了王位。馬格努斯始終未能糾正這個疏漏，但仍無損他有索討英格蘭王位的權利。現在由於「無情者」哈拉爾繼承了馬格努斯，因此自然就有權繼承英格蘭王位。

當然，英格蘭人可不打算把國家交給維京人，更不要交給有「無情者」名聲的人，於是當愛德華在一〇六六年一月五日駕崩時，他們就為戈德溫伯爵的兒子哈羅德（Harold Godwinson）加冕，擁立他為國王。

這消息可能是由新國王的弟弟托斯提格（Tostig Godwinson）帶來給哈拉爾的。托斯提格遭到英格蘭流放，正想要招募一支軍隊回去推翻兄長。一〇六六年春天，托斯提格到訪挪威宮廷，並說服「無情者」哈拉爾去提出王位索討權。他大概還誇大了承諾，說本地的英格蘭人會支持他。

集合了兩百四十艘船組成的龐大艦隊，載了大約九千人，維京人就渡過北海，先襲擊了蘇格蘭，然後再回到海上繼續南航至諾森布里亞海岸。他們在約克城外九英里遠處登陸英格蘭領土，迎戰他們的是一支匆忙湊合起來的盎格魯—撒克遜軍隊，由兩名十幾歲的伯爵率領。

這場戰役短暫又血腥，雖然兩名伯爵都逃過一死，但英格蘭軍隊卻被擊潰了。「無情者」哈拉爾順利無阻，打著「焦土者」渡鴉旗進入了約克。哈拉爾或許是聽了托斯提格的勸告，維京人沒有掠奪此城。托斯提格在流亡之前曾擔任諾森布里亞的伯爵，因此希望能完整無缺收復這塊伯爵領地。於是「無情者」哈拉爾只要求興建該城的主要代表來談條件。

經過短暫會議之後，該城父老同意交出人質，要求給予幾天時間以便蒐集規定的貢品，雙方同意在斯坦福橋（Stamford Bridge）附近地點交出人質與貢品，這地點是德文特河（Derwent）的一個便利渡口。「無情者」哈拉爾心滿意足地回到船上去蒐集補給並休息。

當接收俘虜的指定日子來到時，「無情者」哈拉爾決定兵分兩路，留下一部分人守船，其他的則行軍幾英里路到斯坦福橋去。由於那天很熱，他手下大多把鎖子甲以及大部分武器都留在長船上。

當維京人軍隊抵達斯坦福橋，見到約克那邊的方向沙塵滾滾，托斯提格還有點天真地向「無情者」哈拉爾保證說，是他從前伯爵國的百姓前來投降了。等到沙塵逐漸靠近，挪威人可以看到陽光映照金屬發出的閃亮，受騙的伯爵還軟弱地聲稱那是百姓扛著的貢品，但原來卻是英格蘭國王率領的盎格魯—撒克遜軍隊。

哈羅德·戈德溫森從倫敦行軍到斯坦福橋的經過，成為早期中世紀史上最令人印象深刻的軍事壯舉之一，當敵軍入侵的消息傳到他那裡時，這位國王人在倫敦，立即出發北上，四天之內就行軍將近兩百英里。此外他還預做了防範措施，在主要道路上放哨，防止他抵達的消息傳到維京人耳裡。因此當他突然出現時，完全讓維京人大感意外。

「無情者」哈拉爾此時處境宛如噩夢，他和他的船艦分隔兩地，將士又處在半武裝狀態，雜亂無序。所幸在他匆忙命令手下聚攏到「焦土者」旗幟下時，一群英格蘭人騎馬向前要求談判。帶頭的是哈羅德．戈德溫森，身材矮小（從哈拉爾的標準看來）的英格蘭國王，他請求弟弟托斯提格能夠撤退，若他願意和平離去，就分一半的王國給他。當托斯提格問英王說，會給「無情者」哈拉爾什麼時，據說國王的回答是：「六英尺的英格蘭土地，由於他比較高大，可能再多給一點。」

結果，這是兩個多世紀以來英格蘭人與維京人戰役中最慘烈的一場，理所當然雙方都殺得你死我活，毫不留情。「無情者」哈拉爾派了三名飛毛腿去把守船的手下叫來，這來回跑一趟就是十六英里多的路，接著他就雙手各揮舞著一把巨大戰斧，怒吼著發動了攻擊。

即使維京人此時是半武裝狀態，但最初看起來也是無堅不摧的樣子。英格蘭人撞向他們的盾牆，結果卻被反彈並遭到可怕的屠殺。在片刻的停頓中，「無情者」哈拉爾運用戰略率軍撤退過了橋，在橋的另一邊重組他的盾牆。[13]在這短暫的片刻中，維京人的勇氣乍看會勝過擁有人數優勢的盎格魯—撒克遜人。「無情者」哈拉爾徑直往前衝，像孤獨的一匹狼轉頭面向追逐牠的獵犬。但就在他高舉雙斧時，一名英格蘭弓箭手射中了他的喉嚨，讓他當場斃命。隨著「北方的霹靂」的陣亡，英軍如潮水般淹沒了「焦土者」，粉碎瓦解了維京殘軍。[14]這場殺戮非常可怕，少數幾名幸運者設法逃回到船上，但多數都在斯坦福橋陣亡了，要不就是企圖游到安全地帶時溺斃。一星期前登陸的大批船隻，現在只需要十分之一就夠把生還者都載回挪威去。

從某些方面而言，這樣的結局很適合維京時代。經過三個多無情世紀的北歐寒冬之後，諸神的黃昏終於來臨，讓這些古老神明死在血腥的戰場上。女武神已經在召喚著她們的英雄。儘管「無情者」哈拉爾名義上是基督徒，但肯定很適合置身其中，而原有的秩序也一掃而空。

沒有人可以比這位頭髮花白的國王更可以代表這個消失的時代。他曾縱橫維京世界，從流經基輔的寬闊第聶伯河到通往燦爛的君士坦丁堡的湍急激流；他見識過皇帝們傳奇的殿堂，金碧輝煌，林立祕密通道；他曾漫步於西西里島的橘子園，在巴勒斯坦的大理石噴泉沐浴，還見過迷霧籠罩的北大西洋島嶼。

沒有幾個人像他那樣見識過維京人的世界，在這時代的遲暮之中見識到一切逐漸衰敗的壯麗。他贏得了不少稱號如「鐵腕統治者」、「行走耶路撒冷者」、「軍隊領袖」以及「詩人」，這些讚譽是任何一位維京人都會相當自豪地冠上的。當他終於安葬在挪威的首都特隆赫姆時，維京時代也終告日落了。

13 作者注：據說此橋只由一名北歐巨無霸一夫當關，遏止了整支盎格魯—撒克遜軍隊不得前進，並用他調遣的四十名手下的死屍堆成防禦牆。最後有個大膽的英格蘭人浮水橋下，從下方刺傷了這名巨無霸，才終於殺死了他。

14 作者注：在記述一〇六六年這場戰役的貝葉掛毯中繡有兩面渡鴉旗。

結語 維京遺產

注定要在黎明殞命的人，沒有一個能活到傍晚。

——智者薩蒙德，〈埃達〉

維京人留下的世界跟將近三世紀前他們所闖入的那個世界，基本上完全改變了。在這個轉型過程中，他們帶來的通常是破壞，即使到今天，「無情者」哈拉爾在斯坦福橋死後將近一千年，他們的不朽形象是狂野的蠻人，從長船上一躍而下，揮著嗜血的斧頭。

但儘管他們是暴力的，而且以受害者無法抵禦的凶殘來發動戰爭，但他們帶來的破壞最終還是有創造性的。誠如有位史學家所形容，焚燒的稗子（tare）可以為下次的種植帶來比較肥沃的土壤。無論他們去到哪裡，都改變了當地的政治與經濟的格局，從愛爾蘭到俄羅斯，他們在建立西歐的基礎上發揮了關鍵作用。

是維京人暴露出查理大帝的龐大帝國的問題，揭露了這個想成為羅馬的帝國在組織上的根本缺陷。當維京人的鎚子敲碎它之後，倖存者就被迫創建較小、較有效能的國家。從維京人襲擊過後的灰燼之中，興起了中世紀四個西歐強權：法蘭西、英格蘭、神聖羅馬帝國以及西西里王國。

這四個國家都是維京時代的直接產物，其中三個更是由維京後代所建立或鞏固的。在北方人來到之前，英格蘭政治分裂，組織鬆散。維京人把他們統統消滅掉，只剩一個本土王國，確保了它會在威塞克斯王室統一之下成為一個國家。

從長遠來說，蘇格蘭也同樣因為維京人的掠奪而受益。曾經主宰過它的本土皮克特人（Picts）、斯特拉斯克萊德的布立吞人（Strathclyde Britons），以及諾森布里亞人全都被消滅了，使得原本不可能成為統治者的蘇格蘭人（操蓋爾語的愛爾蘭移民），統治了不列顛北部的三分之一。

維京人在法國建立了一個國度，諾曼地公國，它將使歐洲版圖重新繪過。就在

「無情者」哈拉爾陣亡後兩天，維京人羅洛的玄孫「征服者威廉」（William the Conqueror）登陸英格蘭，在黑斯廷斯（Hastings）打敗了哈羅德・戈德溫森，加冕成為英格蘭國王，將該島納入了西歐更寬闊的政治版圖上。威廉的繼承者們入侵了愛爾蘭，在此之前愛爾蘭輝煌燦爛的修道院文化已經在維京襲擊下破壞無遺，威廉的子孫將蘇格蘭及其周圍島嶼都納入了西歐的政治版圖。

其他一些諾曼人則南下或西向，在西班牙與義大利北部作戰。他們渡海來到西西里島，在那裡建立了西方最富庶的中世紀王國，堪與強大的君士坦丁堡分庭抗禮。與此同時，東部的維京貿易商正在建立起市集城鎮以及與拜占庭銜接的貿易路線，終將把羅馬的典章制度帶到遠於古羅馬帝國疆域之外的地方。他們所建立的中央集權國家終會發展成為今天的烏克蘭、白俄羅斯與俄羅斯。

這些維京海狼不僅只有蠻力而已，他們也是法律的制定者，如「法律」（law）一詞就是源自於古諾斯語，而且他們還把由陪審團審判的新穎制度引進了英格蘭。維京人在造船業上歷經一個世紀革新後，登峰造極地創造出了龍形船，這種船隻可以遠渡重洋或航行在峽灣與河流。這項技術成就堪稱為劃時代之作，使得他們可以建立起複雜的貿易網，從巴格達一路延伸到北美洲海岸。

但維京人最了不起的特質或許不是他們的武力或領航技能，而是非凡的適應力，不管遇到什麼樣的當地傳統，他們都有將之吸收的天分，並融合為充滿活力的新形式。在法蘭西，這些「神創造出的最骯髒生物」打造出騎士國家的典範，他們在冰島建立了以個人權利為基礎的共和國，而在俄羅斯則成了東正教的專制捍衛者。

在沒有本土基礎可以從事創建的地方，維京人就展現出勇於實驗的企圖，並結合頑強的務實精神。他們聲稱奧丁大神就曾發出忠告：「一個人能帶著上路的最好包袱就是豐富的常識。」尤其是在冰島，維京人有很多機會把這種信念付諸實踐。當生態條件顯然迫使他們得放棄某些權利時，他們就投票表決，很樂意歸順於挪威王室管轄之下。在同一場集會上，他們也同意接納基督教以避免一場宗教戰爭，儘管大多數人都還是異教徒。反過來說，冰島的基督徒則保留了他們的異教徒過去，忠實地記錄了北歐神話及其異教徒祖先的豐功偉業。

這種維京務實主義也回流到斯堪地那維亞。克努特把盎格魯—撒克遜風格的錢幣引進維京人的家園，並藉由建立在部分拜占庭模式基礎上的政府來發行。歸來的維京人所帶回的南方農業知識與社會制度，比他們一同帶回的財富，對斯堪地那維亞造成的改變更大。但最深遠的改變卻是基督教造成的，他們從歐洲大陸輸入了基督教，源自距離北歐天涯海角的羅馬與俄羅斯等地。真實的物理距離也橫跨在這新信仰的精神層面上。聖人奧拉夫在全歐洲都是一家親；他在天主教的盧昂受洗，又在諾夫哥羅德接受東正教的庇護。

從某方面而言，維京人這種「外來者特性」，放在現代世界裡，正是他們適應力強的確證。今天的北歐國家是社會民主的典範，以其安定、有序、處變不驚的公民而馳名。他們的國旗全都自豪地展現了十字架。他們是和平獎的頒發者，而不是對外襲擊者。比起把中世紀攪得天翻地覆的殘暴、嗜血的異教徒戰士，可謂天差地別。

然而那個集異國情懷的美與暴力、狡猾劫掠者與狂野不羈冒險家的逝去的時代，卻有些什麼很令人著迷，至今我們仍到處可見到他們的影響。從郵輪到美國太空總署名為「維京人」的探測器，從常見的航海術語到法語字尾為bec，或英語字尾為by的城鎮名。[1]此外就是一星期有三天的名稱是源自於維京神明，而某位維京國王的名字則使得藍牙這項連接電話與電腦的獨特無線科技更添光彩。[2]

---

1 作者注：在古諾斯語中bekk意指「溪流」，而by則源於「農莊」一詞。

2 作者注：英文中的星期三源自於奧丁大神之名，星期四則源自索爾大神，星期五則是弗雷大神。

誠如一位無名的流放者在那首盎格魯—撒克遜詩中所沉思過的，也許這是對一個時代的渴望，這個時代「已經在夜幕籠罩下逐漸黑暗，彷彿從來未曾如此過」。又或許是對那些曾在兩個半世紀中對抗世界並扛起眼前一切的個人所起的共鳴，不管是哪一種，我們都會忍不住猜想維京人應該會高興於能永垂不朽，他們喜歡說：「人皆有一死，唯有青史留名。」

參考書目

主要資料來源

Alighieri, Dante. *The Divine Comedy*. Trans. John Ciardi. New York: New American Library, 2003.

Choniates, Nicetas. *O City of Byzantium: Annals of Niketas Choniates*. Trans. Harry J. Magoulias. Detroit: Wayne State University Press, 1984

Comnena, Anna. *The Alexiad*. Trans. E. R. A. Sewter. New York: Penguin Books, 1969.

Falcandus, Hugo. *A History of the Tyrants of Sicily*. Trans. G. A. Loud and T. E. J. Wiedemann. Manchester: Manchester University Press, 1998.

Houts, Elisabeth van, ed. *The Normans in Europe*. Trans. Elisabeth van Houtes. New York: Manchester

University Press, 2000.

Jumièges, William of. *The Gesta Normannorum Ducum of William of Jumièges, Orderic Vitalis, and Robert of Torigni: Volume 1: Introduction and Books I-IV*. Trans. Elisabeth M. C. van Houts. London: Oxford Medieval Texts, 1992.

Jumièges, William of. *The Gesta Normannorum Ducum of William of Jumièges, Orderic Vitalis, and Robert of Torigni: Volume 2: Books V-VIII*. Trans. Elisabeth M. C. van Houts. London: Oxford Medieval Texts, 1995.

Psellus, Michael. *Fourteen Byzantine Rulers*. Trans. E. R. A. Sewter. New York: Penguin Books, 1966.

Poitiers, William of. *The Gesta Guillelmi of William of Poitiers*. Trans. R. H. C. Davis and Marjorie Chibnall. London: Oxford Medieval Texts, 1998.

Savage, Anne, ed. *The Anglo-Saxon Chronicles*. Trans. Anne Savage. Wayne: BHB International Inc, 1997.

Vitalis, Ordericus. *The Ecclesiastical History of England and Normandy*. Trans. Thomas Forester. Charleston: BiblioBazaar, 2009

現代作品

Barbera, Henry. *Medieval Sicily: The First Absolute State*. Brooklyn: Legas, 2000.

Barlow, Frank. *Edward the Confessor*. London: Yale University Press, 1997.

Benjamin, Sandra. *Sicily: Three Thousand Years of Human History*. Hanover: Steerforth Press, 2006.

Brown, Gordon S. *The Norman Conquest of Southern Italy and Sicily*. London: McFarland & Company, Inc., 2003.

Brown, R. Allen. *The Normans and the Norman Conquest*. Woodbridge: The Boydell Press, 1985.

Chibnall, Marjorie. *The Normans*. Malden: Blackwell Publishing, 2006.

Gibbon, Edward. *The Decline and Fall of the Roman Empire*. 7 vols. New York: Alfred A. Knopf, Inc., 1993.

Gravett, Christopher and David Nicolle. *The Normans: Warrior Knights and their Castles*. New York: Osprey Publishing Ltd., 2007.

Kreutz, Barbara M. *Before the Normans: Southern Italy in the Ninth & Tenth Centuries*. Philadelphia: University of Pennsylvania Press, 1991.

Neveux, François. *A Brief History of The Normans: The conquests that changed the face of Europe*. Trans. Howard Curtis. Philadelphia: Running Press, 2008.

Norwich, John Julius. *The Normans In Sicily: The magnificent story of 'the other Norman Conquest'*. New York: Penguin Books, 1970.

Runciman, Steven. *A History of the Crusades, Volume 1.*

Cambridge: Cambridge University Press, 1951.

【Historia歷史學堂】MU0012X

維京傳奇：來自海上的戰狼

The Sea Wolves: A History of the Vikings

作　　者❖拉爾斯・布朗沃思 Lars Brownworth
譯　　者❖黃芳田
封面設計❖徐睿紳
排　　版❖張彩梅
校　　對❖魏秋綢
總 編 輯❖郭寶秀
責任編輯❖郭棤嘉
行銷企劃❖力宏勳

事業群總經理❖謝至平
發 行 人❖何飛鵬
出　　版❖馬可孛羅文化
台北市南港區昆陽街16號4樓
電話：(886)-2-25000888
發　　行❖英屬蓋曼群島商家庭傳媒股份有限公司城邦分公司
台北市南港區昆陽街16號8樓
客服服務專線：(886)2-25007718；25007719
24小時傳真專線：(886)2-25001990；25001991
服務時間：週一至週五9:00～12:00；13:00～17:00
劃撥帳號：19863813 戶名：書虫股份有限公司
讀者服務信箱：service@readingclub.com.tw
香港發行所❖城邦（香港）出版集團有限公司
香港九龍九龍城土瓜灣道86號順聯工業大廈6樓A室
電話：(852)25086231　傳真：(852)25789337
E-mail：hkcite@biznetvigator.com
馬新發行所❖城邦（馬新）出版集團【Cite (M) Sdn. Bhd.(458372U)】
41, Jalan Radin Anum, Bandar Baru Seri Petaling,
57000 Kuala Lumpur, Malaysia
電話：(603)90563833　傳真：(603)90576622
Email：services@cite.my
輸出印刷❖中原造像股份有限公司
初版一刷❖2018年7月
二版一刷❖2025年5月
紙本書定價❖450元
電子書定價❖315元

ISBN 978-626-7520-83-3
EISBN 9786267520871

城邦讀書花園
www.cite.com.tw

國家圖書館出版品預行編目資料

維京傳奇：來自海上的戰狼／拉爾斯・布朗沃思（Lars Brownworth）作；黃芳田翻譯. -- 二版. -- 臺北市：馬可孛羅文化出版：英屬蓋曼群島商家庭傳媒股份有限公司城邦分公司發行, 2025.05
面；　公分
譯自：The sea wolves : a history of the Vikings
ISBN 978-626-7520-83-3（平裝）

1.CST: 維京人　2.CST: 歷史　3.CST: 通俗作品
4.CST: 北歐

747.01　　114004108